AF535803

Peter Bahn · Heiner Gehring

Der Vril Mythos

Geheimnisvolle Urkraft, Raumkraft & Lebensenergie

Omega

Omega-Verlag ist ein Imprint des Verlages "Die Silberschnur" GmbH

ISBN: 978-3-89845-602-9
1. überarbeitete Neuauflage 2018

Umschlaggestaltung & Satz: XPresentation, Güllesheim
Druck: Druck: Grafoprint, Gornji Milanovac
Papier: FSC zertifiziert, MIX-Papier aus verantwortungsvollen Quellen

Verlag »Die Silberschnur« GmbH · Steinstr. 1 · 56593 Güllesheim
www.silberschnur.de · E-Mail: info@silberschnur.de

Inhalt

– TEIL I –

Auf den Spuren eines Mythos

Peter Bahn

– Einleitung –

Fährten durch Zeit und Raum

Die Spuren führen durch halb Europa und Nordamerika. Sie wurden gelegt von Alchemisten und Rosenkreuzern, einem französischen Okkultisten und einem englischen Lord, einem österreichischen Postmeister a. D. und einer Berliner Studiengruppe, einem in die USA emigrierten deutschen Raketentechniker und einem ganzen Tross von Berufenen und weniger Berufenen, die alten Legenden viele neue hinzufügten. Sie schillern, irritieren zunächst, verlieren sich im Erträumten und Erdichteten und treten erst beim näheren Hinsehen wieder schärfer hervor: in einem englischen Roman aus der viktorianischen Zeit, einigen populärwissenschaftlichen Traktaten der zwanziger und dreißiger Jahre und einem Zeitschriftenaufsatz aus dem Jahre 1947. Fährten durch die Zeit und über den Raum zweier Kontinente, Fährten zu einem Mythos - und vielleicht zu noch mehr ...

Unser Mythos hat einen Namen: Es geht um "Vril", um die geheimnisvolle "Urkraft", "Raumkraft" und "Lebensenergie". Und es geht um die Legenden über eine Organisation, die durch die tatsächliche oder vermeintliche Beherrschung eben dieser Kraft in der Zeit zwischen dem Ende des Ersten und dem Ende des Zweiten Weltkriegs über gewaltige Macht geboten haben soll - die "Vril-Gesellschaft". Grausam und gefährlich sei diese Macht gewesen, behaupten die einen, ein Fluch für die Menschheit und eine Quelle satanischen Wirkens. Die Schaffung eines "Lichtreiches" auf Erden habe sie bewirken können und werde sie in nicht allzu ferner Zukunft mit Sicherheit auch tatsächlich noch bewirken, entgegnen die anderen. An "Vril" und der mysteriösen "Vril-Gesellschaft" scheiden sich die Geister. Bemerkenswert ist dabei, dass die Debatten um und die Literatur zu "Vril" in dem Maße zunehmen, in dem der Abstand zum eigentlichen zeitlichen Bezugsrahmen der Spekulationen und Legenden - den Jahren zwischen 1918 und 1945 - wächst.

Wo endet die Wirklichkeit, wo beginnt der Traum? Was ist Realität, was ist Legende bei all den Berichten und Vermutungen zur Vril-Kraft und zur "Vril-Gesellschaft", die in den letzten Jahren und Jahrzehnten ihren Niederschlag auf dem Buchmarkt und in zahlreichen Zeitschriftenbeiträgen fanden? Die Beantwortung dieser Fragen steht im Mittelpunkt dieses Buches. Die Ausgangshypothese dabei war, dass keineswegs alles, was über "Vril" an zum Teil höchst fantastisch anmutenden Behauptungen geäußert wurde und wird, als "Märchen" oder "Science-Fiction" abgetan werden kann, sondern dass der Fülle von Berichten und Darstellungen irgendwo zumindest ein realer Kern zugrunde liegen muss. Es stellte sich somit die konkrete Aufgabe, diesen realen Kern aus dem immer üppiger wuchernden Geflecht der technischen, zeitgeschichtlichen und politischen Fantastik herauszuschälen, das sich inzwischen über das gesamte Thema gelegt hatte wie die Dornenhecke um das Dornröschen-Schloss.

Von Vornherein ausgeschlossen war damit jeder Versuch, der Vielzahl von bereits vorhandenen Spekulationen noch eine weitere hinzuzufügen. Eine Lösung der gestellten Aufgabe erforderte vielmehr eine Methodik, die tatsächlich belegbare Fakten streng von Erdachtem und Erdichtetem trennte und selbst plausible, aber nicht schlüssig beweisbare Vermutungen als das kennzeichnete, was sie sind: als nicht auszuschließende Möglichkeiten, deren

Realisierung aber erst noch nachzuweisen sein wird. Aus diesem methodischen Anspruch ergab sich die Aufgabe, den Spuren des Mythos anhand der vorhandenen und nachprüfbaren Quellen nachzugehen, diese zu sammeln, zu sichten, zu vergleichen und schließlich in einer möglichst schlüssigen Weise zu interpretieren. Insofern stellten die Arbeiten am vorliegenden Buch hinsichtlich der "Vril-Gesellschaft" eine ähnliche Herausforderung dar, wie sie hinsichtlich der "Thule-Gesellschaft" - und damit einer verwandten Thematik - von Detlev Rose in seiner 1994 erschienenen Monografie überzeugend gelöst wurde.

Nun ist der Mythos um Vril und die "Vril-Gesellschaft" in starkem Maße ein literarischer Mythos. Die Ursprünge liegen in einem Roman, in dem 1873 erschienenen Werk "The Coming Race" des englischen Autors Edward Bulwer-Lytton. Alle späteren Verwendungen des Vril-Begriffs haben hier ihren Ausgangspunkt, ganz gleich, ob mit unmittelbarer Bezugnahme oder nicht. Von daher stellt "The Coming Race" eine der wichtigsten Primärquellen überhaupt dar, eine Quelle allerdings, die bei allen bisherigen Interpretationen entweder gröblich verzeichnet oder - vor allem bei der neueren Literatur zu Vril und der "Vril-Gesellschaft" - gänzlich ignoriert wurde. Deshalb war es bei den weiteren Recherchen zunächst einmal notwendig, die Entstehungsgeschichte dieses Romans und die in ihm wirkenden Einflüsse einer näheren Prüfung zu unterziehen, was letztlich nur durch die Einbeziehung bestimmter Aspekte aus der Biografie seines Autors möglich war. Deutlich wurden dabei lange zurückreichende Traditionslinien in der Alchemie und im Rosenkreuzertum, die dem Vril-Mythos ganz bestimmte Konturen in einem sehr viel weiter zu fassenden geistesgeschichtlichen Kontext geben.

Die Geschichte des Mythos selbst ist eng mit der Rezeption von "The Coming Race" außerhalb des engen literaturwissenschaftlichen Bereiches verbunden. In diesem Kontext setzt auch die Legendenbildung um die sogenannte "Vril-Gesellschaft" ein. Sie gründet sich auf einige wenige Quellentexte: ein paar Broschüren aus der Zeit um 1929/30 und den 1947 erschienenen Aufsatz des deutschen Raketenforschers Willy Ley in einer amerikanischen Zeitschrift. Diese Quellentexte sind - übrigens ohne größere Schwierigkeiten - per Fernleihe oder als Kopie in öffentlichen Bibliotheken Deutschlands und der USA zu beschaffen. Aus ihnen erschließen sich vielfältige Hinweise und Zusammenhänge auf den realen Hintergrund der "Vril-Gesellschaft" und zu Verbindungen des Themas mit Forschungen auf dem Gebiet der Freien Energie, wie sie in den zwanziger und dreißiger Jahren in Österreich und zum Teil in Deutschland stattfanden. All dies ist in mehreren Kapiteln dieses Buches ausführlich dargestellt und anhand der dabei immer wieder genannten frei zugänglichen Quellen auch für jeden Interessierten konkret nachvollziehbar.

Die etwa um 1960 einsetzende Legendenbildung hat diese Quellen entweder kaum zur Kenntnis genommen oder aber - was noch viel schlimmer ist - bewusst ignoriert und unterschlagen. Es mag sein, dass sie bei den wechselweise vorgetragenen Dämonisierungen und Verherrlichungen des Themas ganz einfach störten, denn Fakten haben nun einmal die oft als unangenehm empfundene Eigenschaft an sich, dass sie weder schwarz noch weiß sind und sich zur Konstruktion einfacher Weltbilder daher nur schlecht eignen. Es mag aber auch sein, dass von interessierter Seite reale Zusammenhänge bewusst verschleiert werden, die mit der Vril-Thematik eng verbundenen Fragestellungen zur Freien Energie enthalten zum Teil eine derartige Brisanz, dass gezielte Desinformationen nicht auszuschließen sind. Spekulationen und Fantasien, die ernsthafte Forschungen auf diesem Gebiet in die Nähe des Absurden und Lächerlichen bringen, mögen bei derartigen Strategien ganz hilfreich sein. Mancher Titel aus der wuchernden Legendenliteratur sollte gerade unter diesem Aspekt sehr aufmerksam gelesen werden ...

Umfangreiche Literaturrecherchen, Nachforschungen bei in- und ausländischen Archiven und die Korrespondenz mit einer Reihe von Gewährsleuten in Deutschland und in Österreich haben es möglich gemacht, in diesem Buch Fakten zu präsentieren - Fakten, die Aufschluss über den realen Kern des Vril-Mythos, seine Hintergründe und eine Reihe von weiterführenden Zusammenhängen geben. Dennoch beantwortet die Darstellung dieser Fakten bei Weitem noch nicht alle Fragen, die im Rahmen des Themas entstanden sind und laufend weiter entstehen. Vieles musste noch offen bleiben und manches eher "konjunktivisch" und ohne die letzte Sicherheit der Beweisführung angesprochen werden. Doch gerade hier mögen Anregungen zum Weiterforschen liegen. Wenn es trotz gewisser Desiderate gelungen ist, die Nebel der dämonisierenden oder glorifizierenden, in jedem Fall aber desinformierenden, Legendenbildungen ein wenig zu lichten und damit auch den Blick auf durchaus positive, mit dem Thema verbundene neue Perspektiven frei zu machen, dann hat die "Fährtensuche durch Zeit und Raum" ihren eigentlichen Zweck erfüllt.[1]

Mein Dank gilt allen, die durch Korrespondenzen, die Zusendung von Unterlagen und die Nennung weiterführender Literatur die Vorarbeiten zu diesem Buch unterstützt haben. Dies gilt besonders für Heiner Gehring, der nicht nur Ko-Autor, sondern auch kompetenter Korrespondenz- und Gesprächspartner eines intensiven und zuweilen durchaus kontroversen Meinungsaustausches seit 1994 war, sowie für Frau Herta Hörmandinger, die aus ihren Unterlagen manche wertvollen "Schätze" über den Erfinder Karl Schappeller, die "Raumkraft" und Schloss Aurolzmünster in Österreich zur Verfügung stellte. Ein besonderer Dank gilt auch Detlev Rose für Anregungen und Informationen; sein

Buch über die "Thule-Gesellschaft" war zugleich ein wichtiger Impuls, sich in einem ähnlich intendierten Werk auch den Legenden um die "Vril-Gesellschaft" zuzuwenden. Schließlich habe ich Adolf und Inge Schneider vom Jupiter-Verlag, Bern, zu danken, die mich bei den Vorarbeiten für dieses Buch unterstützten - und nicht zuletzt meiner Frau Ingrid für ihre endlose Geduld an langen Abenden des Recherchierens und Schreibens ...

– 1 –

"The Coming Race": Eine abenteuerliche Geschichte

Den ersten und auch besten Zugang zu unserem Thema bietet ein Ausflug in die bunte Welt der Romanliteratur. Dies mag zunächst überraschen, doch ist, wie wir noch sehen werden, gerade dieser scheinbar leichte Zugang zugleich auch der zentrale. Er führt mitten hinein in eine Geschichte, die ebenso abenteuerlich wie romantisch und ebenso fantastisch wie geheimnisvoll anmutet. In ihrem Mittelpunkt steht das Schicksal eines jungen und vermögenden Amerikaners des 19. Jahrhunderts: eines lustvollen, fröhlichen Weltenbummlers, dem die plötzliche väterliche Erbschaft ein unbeschwertes Leben voller Reisen und unverbindlicher Interessen ermöglicht.

Gemeinsam mit seinem Freund, einem Montaningenieur, besichtigt er auf dessen Einladung hin in einem nicht näher bezeichneten – und für den weiteren Gang der Handlung auch ganz und gar unwichtigen – Land die Schachtanlagen eines Bergwerkes. Während die Interessen des Freundes in erster Linie auf die Möglichkeit noch unentdeckter Bodenschätze ausgerichtet sind, fasziniert den jungen Amerikaner die ganze Atmosphäre der Gewölbe und unterirdischen Gänge, sie spricht ihn emotional in merkwürdiger Weise an. Nach einer längeren Wanderung durch die ausgedehnten Schächte und Stollen gelangen die beiden Männer in eine Höhle, aus deren Tiefe ein intensives und offensichtlich künstliches Licht zu ihnen heraufscheint. Für dessen Vorhandensein und möglichen Ursprung gibt es zunächst keine plausible und rational nachvollziehbare Erklärung.

Selbstverständlich sind angesichts dieser höchst ungewöhnlichen und geheimnisvollen Erscheinung die Neugier und der Forscherdrang rasch geweckt. Die beiden Freunde beschließen, gleich am nächsten Tag, versehen mit einer hinreichenden Ausrüstung, das seltsame und rätselhafte Lichtphänomen gründlicher zu untersuchen und dabei weiter in die geheimnisvolle Höhle tief unter der Erde hinabzusteigen. Die entsprechenden Vorbereitungen dazu werden umgehend getroffen.

Doch bei der Realisierung des gewagten Plans passiert - wie könnte es anders sein - ein tragisches Unglück: Der Ingenieur stürzt beim Hinablassen in die Tiefe ab und kommt dabei ums Leben.

Der junge Amerikaner aber überlebt durch seine Geschicklichkeit und glückliche Umstände. Durch einen Schacht von gewaltiger Tiefenausdehnung gelangt er in eine weiträumige Höhlenwelt weit unter der Oberfläche der Erde, aus der es für ihn keinen Ausweg mehr zu geben scheint. Doch ist er dort keinesfalls allein, worauf bereits das mysteriöse künstliche Licht hingedeutet hatte. Bereits nach kurzer Zeit und unweit des Schachtes stößt er auf Angehörige einer bisher unbekannten, doch durchaus menschenähnlichen Rasse, die diese unterirdische Welt nicht nur bewohnt, sondern sie im Laufe von vielen Jahrtausenden nach ihren Vorstellungen geprägt und ausgestaltet hat. Nachhaltig, respekteinflößend, ja furchteinflößend ist sein Eindruck gleich bei der ersten Begegnung mit einem Vertreter dieser fremdartigen Wesen:

> "Die Gestalt war nicht riesenhaft, aber sehr groß, überragend die Formen mir ähnlicher Menschheit. (...)

> Aber das Gesicht! Das war es, was in mir Furcht und Schrecken erzeugte. Es war das Gesicht eines Menschen, und doch, es war nicht der Typus uns jemals bekannter Rassen. Im Umriß und Ausdruck verwandt dem Antlitz aus Stein gehauener Sphinxe – so regelmäßig, so ruhig, so geistvoll, von so geheimnisvoller Schönheit! Eine eigenartige Farbe der Haut, der roten Menschenrasse ähnlicher als anderen, und doch wesensverschieden von ihr, von ausdrucksvoller Schattierung, darinnen die tiefgründigen, schwarzen, großen und leuchtenden Augen lagen, und Brauen gewölbt wie ein Halbkreis. Das Gesicht war bartlos. Ein eigentümliches Etwas sprach aus diesem Antlitz, von innerer Ruhe, beherrscht und ausdrucksvoll, ja schön. Doch es erweckte in mir jenen Instinkt vor der Gefahr, wie ihn der Anblick der Schlange gibt oder die Nähe des Tigers."[1]

Doch entgegen dieser anfänglichen Befürchtungen erweisen sich die Angehörigen der unterirdischen Rasse, die "Vrilya", als durchaus friedliche und umgängliche Zeitgenossen. Weder besondere Gefahren noch Aggressionen scheinen von ihnen auszugehen. Sie nehmen den jungen Amerikaner vielmehr freundlich auf und behandeln ihn mit ausgesuchter Höflichkeit. Sie versorgen und verpflegen ihn, kleiden ihn nach ihrer Art und gewähren ihm, dem unfreiwilligen Besucher aus einer fremden Welt, gar ihre Gastfreundschaft und überhaupt ihre "fürsorgerliche Aufmerksamkeit".[2] Geduldig erklären sie ihm die Besonderheiten ihrer Welt und ihrer Art zu leben.

Und mehr noch: Sie stellen sich als Träger einer hochstehenden und materiell in bester Weise ausgestatteten Zivilisation heraus, deren Errungenschaften all dem weit überlegen sind, was der Held unserer Geschichte aus seiner eigenen, der überirdischen Welt, kennt. Armut, Not und Verzweiflung sind unter den Vrilya ebensowenig bekannt wie etwa Spekulation, wirtschaftliche Krisen,

Regierungswillkür, Korruption und Machtmissbrauch, denn "Einpassung in die Regeln, die von der Gemeinschaft angenommen sind, ist diesen Menschen von Natur zum Instinkt geworden".[3]

Durch eine umfassende Mechanisierung aller lebensnotwendigen Tätigkeiten ist es der überwiegenden Mehrheit der erwachsenen Vrilya möglich, ein angenehmes und weitgehend sorgenfreies Leben in Wohlstand zu pflegen, das in starkem Maße der künstlerischen und wissenschaftlichen Kontemplation gewidmet ist. Lediglich die Kinder sind einige Jahre lang mit der Betreuung der alle erdenklichen Arbeiten verrichtenden Maschinen und einer Art Wachdienst an den Grenzen der inneren Erde beschäftigt, an denen man sich zuweilen noch grausiger, vorzeitlicher Ungeheuer zu erwehren hat.

Während die Vrilya weder tierisches Fleisch zu sich nehmen noch berauschende Getränke genießen, sind sie für die verschiedensten Arten des Kunstgenusses, so für die Malerei, die Literatur und insbesondere die Musik höchst aufgeschlossen:

> "In einer besonderen Art sind sie Freunde eines wirklichen Luxus, aber ihr Luxus ist stilvoll und unschuldig. Man könnte sagen, sie leben in einer Atmosphäre von harmonischen Tönen und Düften. Jeder Raum enthält zahlreiche Instrumente, die eine sanfte, melodische Tonwelt erzeugen, die dem Weben der sphärischen Harmonien vergleichbar ist. Diese Menschen haben sich derart an die tönende Umgebung gewöhnt, daß sie selbst im Gespräch und im einsamen Denken dadurch niemals gestört sind. Nein, sie sind sogar fest überzeugt, daß der Mensch, wenn er eine mit Tönen verwobene Luft atmet, sich die Funktionen des Denkens und Lebens erleichtert".[4]

Die Unterschiede der Jahreszeiten existieren in der innerirdischen Welt der Vrilya naturgemäß nicht, das Klima dort ist stets gleichmäßig: angenehm warm, "wie ein italienischer Sommer".[5]

Dies begünstigt nicht nur die Vegetation und die immer wieder reichen Ernten, sondern offensichtlich auch die Lebenserwartung der Vrilya selbst, die in der Regel mindestens hundert Jahre alt werden. An die Stelle von Leidenschaften und ehrgeizigem Streben individueller oder auch kollektiver Art ist bei den meisten Vrilya schon vor langer Zeit eine abgeklärte Weisheit getreten, die - auf dem erreichten hohen zivilisatorischen Niveau - zur bewussten Selbstbescheidung führt.

Dies gilt auch für das Gebiet der Politik. Nur noch wenige, weit entlegene Stämme am Rande der unterirdischen Welt pflegen noch das Prinzip des Parteienwettstreits und der demokratischen Mehrheitsentscheidungen, eine Verfassungsform, auf die die meisten, durchweg hoch gebildeten Vrilya verächtlich herabsehen. Sie beschränken sich vielmehr auf die Selbstverwaltung in kleineren, kantonsartigen Gemeinwesen, die durch die stillschweigende Übereinkunft und das vernünftige Handeln aller funktionieren und einen nur geringen staatlichen Regelungsbedarf haben. Ihr höchster Anspruch ist dabei die Aufrechterhaltung der inneren Harmonie und Stabilität zum Nutzen all ihrer Angehörigen. Gegenseitige territoriale Ansprüche zwischen diesen Gemeinwesen existieren nicht, denn sie würden "mit der fundamentalen Wahrheit in Widerspruch" stehen, "daß jede Gemeinschaft nur bis zu einem organisch gegebenen Höchstmaß an Umfang noch lebensfähig ist".[6]

In fernster Vergangenheit, so heißt es in den alten Überlieferungen des unterirdischen Volkes, hatten die Ahnen der Vrilya selbst auf der Erdoberfläche gelebt. Durch die Folgen elementarer Katastrophen, die in den Mythen der Menschheit als Sintflut erscheinen, waren die Angehörigen jener Rasse zunächst in Berghöhlen getrieben worden. Von dort aus hatten sie sich durch ausgedehnte Wanderungen, die sie immer tiefer in das unbekannte Innere der Erde führten, einen völlig neuen und andersartigen Lebensraum erschließen können. Unterirdische Dämpfe und

Gase waren es zunächst, die von ihnen zur Gewinnung von lebensnotwendiger Energie, Wärme und künstlichem Licht genutzt wurden. Dann aber hatte man eine geheimnisvolle und mächtige Naturkraft entdeckt und für die Bedürfnisse des innerirdischen Lebens nutzbar gemacht: das "Vril", das den Bewohnern des Erdinneren fortan eine immense zivilisatorische Entwicklung, einen unvergleichlich hohen Lebensstandard, materielle Fülle und eine Gesellschaftsordnung ohne Kriege, Rivalitäten und ernsthafte Konflikte ermöglichen sollte.

Der junge Amerikaner ist von dem Geschauten und Vernommenen anfänglich zutiefst fasziniert, ja geradezu in Bann geschlagen. Selbst persönliche Bande entwickeln sich in Form einer zarten Liebesbeziehung zu Zee, der Tochter eines hohen Würdenträgers der Vrilya. Doch allmählich, im Laufe der Zeit, kommen ihm erste Bedenken, und als er in den Verdacht gerät, auch zu der Tochter des Staatsoberhauptes selbst engere Bande anknüpfen zu wollen, gerät er plötzlich in akute Lebensgefahr: Eine derartige Verbindung hätte die Harmonie und stabile Ordnung in der unterirdischen Gemeinschaft gefährdet und damit ihre wesentlichen Ideale infrage gestellt. Seine zunächst positiven Empfindungen gegenüber den Vrilya, ihrer Gesellschaftsform und ihrer Art zu leben schlagen nunmehr in ihr Gegenteil, eine Mischung aus Angst, Verachtung und Überdruss, um:

> "Ich konnte das Leben dieses außergewöhnlichen Volkes nicht mehr mit einer unbefangenen Neugierde beschaulich beobachten, denn ich vermochte den Gedanken nicht mehr zu bannen, daß ich unter Menschen weilte, die trotz ihrer Liebenswürdigkeit und Höflichkeit es doch jeden Augenblick für notwendig halten konnten, mich zu zerstören. Das friedliche und vorbildliche Leben dieser Leute, das mir, solange es für mich neu war, als ein erstrebenswerter Kontrast zu den Kämpfen, Leidenschaften und Lastern der Welt auf der Erdoberfläche erschienen war, konnte mich auf

> die Dauer mit seiner Gleichmäßigkeit und Einförmigkeit auch nicht befriedigen. Sogar die ständige Ruhe der Luft und des Klimas bedrückten mich. Ich sehnte mich nach einem Wechsel, ja sogar nach einem Winter, nach Sturm und Finsternis. Ich fühlte es jetzt: Wenn auch unsere Träume von Vollkommenheit in rastloser Suche nach einem besseren, einem ruhigeren Zustande hinstreben, sind wir doch als Sterbliche auf der Erdoberfläche gar nicht dafür geeignet und reif, uns für längere Zeit an diesem ersehnten Zustande wirklich zu freuen oder ihn zu genießen".[7]

Mit der fürsorglichen Hilfe von Zee und einer Portion Glück gelingt es dem jungen Wanderer zwischen zwei Welten, aus dem ihm unheimlich und gefährlich gewordenen innerirdischen Reich der Vrilya zu entkommen. Er findet sich schließlich erneut in den verzweigten Schachtanlagen eines Bergwerkes wieder, jedoch in einem völlig anderen Land als jenem, von dem sein Abenteuer einst den Aufgang nahm - ein Hinweis auf die gewaltige Ausdehnung des Reiches im Erdinneren. Er gelangt bald darauf in die Vereinigten Staaten zurück, wo er sich in den folgenden Jahren den verschiedensten Tätigkeiten widmet. Doch über seine höchst mysteriösen Erlebnisse im Inneren der Erde und sein dadurch bedingtes monatelanges Verschwundensein bewahrt er zunächst über lange Zeit hinweg Stillschweigen und weicht allen entsprechenden Fragen bewusst aus.

Allerdings bedrücken ihn während dieser Zeit immer wieder düstere Ahnungen und Ängste. Es sind Schreckensvisionen vom Auftauchen einer mächtigen und der Menschheit technologisch weit überlegenen Rasse aus dem tiefen Inneren der Erde. Als ihm sein Arzt schließlich eines Tages eröffnet, dass er an einer schweren, unheilbaren Krankheit leidet und daher nur noch eine geringe Lebensspanne vor sich hat, entschließt er sich doch, seine abenteuerlichen Erlebnisse im unterirdischen Reiche der

Vrilya niederzuschreiben und zu veröffentlichen, um, wie er inständig hofft, "meine Mitmenschen vor dieser Zukunft der Menschheit zu warnen!"[8]

Diese Geschichte, hier nur in stark geraffter Form wiedergegeben, ist der Handlungsfaden eines Romans, der unter dem Titel "The Coming Race" erstmals im Jahre 1871 veröffentlicht wurde und aus der Feder des englischen Schriftstellers Lord Edward Bulwer-Lytton stammt. Nichts als ein zeittypischer fantastischer Roman also, vergleichbar etwa den Werken eines Jules Verne, vielleicht sogar ein wenig trivialer und klischeehafter, spekulativer und "reißerischer"? Auf den ersten flüchtigen Blick hin mag dies tatsächlich so scheinen. Und vielleicht könnte eine solche Sicht der Dinge letztlich auch dazu verleiten, ein rasches, hartes Negativurteil zu fällen, nach dem dieses Spätwerk Bulwer-Lyttons als ein typisches Produkt des viktorianischen Kitsches schnellstens ad acta zu legen und am besten dem Vergessen anheim zu geben ist.

Doch würde ein derartiges, sehr oberflächliches und unpräzises Urteil gerade diesem Werk in keiner Weise gerecht werden. Es lohnt sich vielmehr, Bulwer-Lyttons Roman und die in ihm enthaltenen vielfältigen Aussagen und Anspielungen zur Kultur, zur Gesellschaft, zum politischen Leben, zur menschlichen Psyche und nicht zuletzt zur Technik und ihren Möglichkeiten sehr viel eingehender und aufmerksamer zur Kenntnis zu nehmen. Ebenfalls einer wesentlich genaueren und detaillierteren Betrachtung wert ist jedoch auch das Umfeld des Werkes. Dies gilt insbesondere für bestimmte Hintergründe und Umstände seiner Entstehung, für eine Reihe von zum Teil höchst merkwürdigen Aspekten seiner Rezeption und nicht zuletzt für seine ebenso langfristige wie erstaunlich weit verzweigte Wirkungsgeschichte. Soweit und in diesem durchaus noch üblichen Rahmen stellt sich eine Analyse von "The Coming Race" zunächst einmal als eine im höchsten Maße reizvolle und dabei überaus spannende Aufgabe der literaturwissenschaftlichen Interpretation dar.

Deutlich wird dann aber sehr bald auch der Charakter von "The Coming Race" als eines Schlüsselwerks - nicht allein seines längst verstorbenen adeligen Autors, sondern vielmehr einer ganzen Strömung in der Geistes- wie in der Technikgeschichte. Dabei wird diese Strömung inzwischen selbst von Mythen und Legenden der verschiedensten Art dicht umrankt. Sie enthält zugleich ein wahres Bündel sowohl philosophisch-weltanschaulicher als auch politischer Assoziationsstränge, die - wie hinter- und untergründig zum Teil auch immer - bis in die Gegenwart hinein in den unterschiedlichsten Zusammenhängen eine ungeahnte und in der Öffentlichkeit allenfalls fragmentarisch bekannt gewordene geistige wie materielle Wirkungsmacht entfalten konnten. Ein ganzes Panorama von Einflüssen und Beziehungen wird bei einer entsprechenden Betrachtung erkennbar, ein Panorama, das letztlich weit über den ursprünglichen Bereich der Literaturgeschichte hinausgreift und ihn in einem überraschenden Kontext zu zahlreichen anderen, nur scheinbar fernliegenden Feldern der Geistes- wie auch der Naturwissenschaften zeigt.

Somit eröffnet die Literatur - teils unmittelbar, teils über die Literaturgeschichtsforschung vermittelt - tatsächlich den zentralen Zugang zum Thema. Doch weisen die Verzweigungen seines Beziehungsgeflechtes in viele andere, oft kaum vermutete und daher um so verblüffendere Richtungen. Im Zentrum steht dabei stets jene geheimnisvolle Kraft, die in Bulwer-Lyttons Roman die Grundlage aller Zivilisation im Reich der inneren Erde darstellt: das "Vril".

– 2 –

Die Vril-Kraft bei Bulwer-Lytton

2.1. Bulwer-Lyttons energetische Konzeption

Es ist die Vril-Kraft, deren geradezu perfekter Beherrschung die Vrilya als Bewohner einer innerirdischen Welt in Bulwer-Lyttons Roman ihren hohen technologischen und zivilisatorischen Standard verdanken. Ohne diese gleichermaßen mächtige wie geheimnisvolle Kraft wäre es ihnen kaum möglich, in den an sich dunklen und lebensfeindlichen Hohlräumen tief unter der Erde nicht nur dauerhaft zu existieren, sondern auch noch ein angenehmes, von Kunstgenuss und Muße, Komfort und Kontemplation, Behaglichkeit und weitgehender Sorgenfreiheit geprägtes Dasein zu führen.

Doch was ist dieses Vril, das es im Rahmen der Romanhandlung in höchst erstaunlicher Art und Weise vermag, im dunklen Inneren der Erde eine lichtdurchflutete Welt mit geradezu paradiesisch zu nennenden Verhältnissen zu schaffen? Bulwer-Lytton entwickelt in seinem Werk eine recht detaillierte Vorstellung von dieser Kraft, die es an mythologischen, historischen und technologischen Bezügen der vielfältigsten Art nicht fehlen lässt und zugleich zahlreiche konkrete Beispiele zu der Handhabung und den Anwendungsmöglichkeiten von Vril präsentiert. Letztlich ist in der romanhaften Darstellung eine ganz bestimmte energetische Konzeption enthalten. Diese Konzeption wird in ihren unterschiedlichen und zugleich doch zusammenhängenden Aspekten recht konsequent entwickelt und dem Leser wie ein "roter Faden" des Romans immer wieder präsentiert.

Bulwer-Lytton nennt das Vril "ein alles durchdringendes Agens"[1], ein "Fluidum", mit dem man "auf alles Seiende in der Natur, ob leblos oder lebendig, den mächtigsten Einfluß ausüben"[2] könne. Es sei, so Bulwer-Lytton, in der von Natur aus eigentlich düsteren und existenzbedrohenden Welt tief unter der Oberfläche der Erde zugleich auch

> "das hauptsächlichste Heilmittel zur Beseitigung von Krankheiten (...), es ermöglicht dem lebenden Organismus, das organische Gleichgewicht seiner Kräfteverteilung wiederherzustellen, so daß es ihm derart dazu verhilft, sich selbst zu helfen."[3]

Damit enthält die im Roman entwickelte Konzeption von Vril von vornherein nicht nur technische, sondern auch therapeutische Aspekte, wozu - wie wir noch sehen werden - auch solche im mentalen Bereich treten.

Die Heilung, aber zugleich auch die massivste Zerstörung von Lebewesen und Dingen, die Erzeugung von künstlichem Licht, die Levitation selbst schwerster Gegenstände und nicht zuletzt das menschliche Fliegen - all dies ist in Bulwer-Lyttons Roman mit der Hilfe von Vril möglich. In zahlreichen Passagen wird dies konkret erfahrbar.

So ist die Vril-Kraft dazu in der Lage, massive Felsen zu zerstören, um Platz für leichter bebaubare Tallagen zu gewinnen.[4] Gerade diese Zerstörungskraft hat wiederum durchaus positive Auswirkungen auf das politische Leben der Vrilya und die Beziehungen zwischen ihren verschiedenen Gemeinschaften; angesichts des zur Verfügung stehenden ungeheuren Machtpotenzials, das keinesfalls in den Händen einiger weniger monopolisiert war, sondern jedem

Einzelnen zur Verfügung stand, waren die Unterhaltung eines stehenden Heeres, die Anlage von Befestigungen und überhaupt das Führen von Kriegen jedweder Art im Inneren der Erde zu sinnlosen Unterfangen geworden. Bulwer-Lytton schreibt hierzu:

> "Konnten doch mit den Vernichtungskräften, die – selbst in der Hand eines Kindes – aus dem Vrilstabe ausgestrahlt wurden, die stärksten Festungen und Panzer zerstört werden, oder mit den richtig geleiteten Vrilstrahlen auch die größten Heere vom ersten bis zum letzten Mann blitzartig vom Leben zum Tode befördert werden. Wenn zwei Armeen feindlich gegeneinanderprallen und auf beiden Seiten diese Kräfte verwandt werden, so kann es nur mit der Vernichtung beider Armeen enden."[5]

Eine wichtige Rolle bei der Nutzung von Vril durch die einzelnen Angehörigen der innerirdischen Rasse spielt der in diesem Zitat erwähnte "Vrilstab". Bereits bei der ersten Begegnung mit einem Vertreter der Vrilya nimmt der Held des Romans "einen schlanken Stab" in der rechten Hand seines Gegenübers wahr, "von leuchtendem Metalle wie von poliertem Stahl".[6] Kurz darauf berührt der gleiche Vertreter des innerirdischen Volkes mit diesem geheimnisvollen Stab zweimal eine zunächst leblose Gestalt, offensichtlich einen Roboter, die sich daraufhin zur Erledigung von Botenfunktionen in Bewegung setzt.[7]

Weiter beschrieben wird er als

> "ein hohler Metallstab, der am Handgriffe mancherlei Tasten und Sprungfedern hat, durch die seine Wirkung auf das genaueste reguliert, verstärkt, geschwächt oder auch völlig in den Funktionen verändert wird – so daß er also durch eine Wirkensart heilt, durch eine andere zerstört – durch das eine Verfahren zersprengt er Felsen, durch das andere ändert er die Zusammensetzung von Dämpfen, auf die eine Art beeinflußt er den leiblichen Organismus, auf die andere gar die Verstandeskräfte und das Bewußtsein."[8]

Die weit über den technischen Bereich hinausgehenden und in mentale Dimensionen reichenden Aspekte in Bulwer-Lyttons Konzeption der Vril-Kraft werden auch daran deutlich, dass ein innerer Zusammenhang zwischen der Anwendung des Vrilstabes und der individuellen psychischen Konstitution besteht. So ist die Wirkkraft bei den einzelnen Trägern durchaus unterschiedlich, sowohl was die Intensität im ganzen als auch bei den einzelnen Anwendungsbereichen angeht. Ferner gibt es bei den Vrilya Personen, die die Zerstörungskraft des Stabes nur in geringerem Umfang anwenden können, sich stattdessen aber wesentlich besser auf seine Heilkräfte verstehen usw. Unterschiede gibt es auch bei der Konstruktion der Vrilstäbe, und jene, die bereits den vierjährigen Kindern zum ersten Gebrauch ausgehändigt werden, sind in der Handhabung einfacher, als jene der Erwachsenen[9]. Bulwer-Lytton betont dabei,

> "daß der volle Gebrauch der Vrilkräfte nur durch die bei der Geburt mit ins Leben gebrachten Begabungen möglich sei"[10]

und somit eine unmittelbare, vorgegebene und nicht erlernbare Beziehung zwischen der Nutzung der in seinem Roman dargestellten Kraft und den natürlichen Anlagen ihrer Nutzer besteht. Nur derjenige, der diese persönlichen Anlagen besitzt, kann sich der Vril-Energie bedienen. Dies allerdings lässt den Gebrauch von Vril in Bulwer-Lyttons Konzeption als exklusive Möglichkeit einer bestimmten Menschengruppe - er spricht selbst von "Rasse" - erscheinen.

Die Wirkungen der Vril-Kraft entfalten sich jedoch keineswegs nur auf kurze Distanz. Vielmehr ist es in Bulwer-Lyttons innerirdischer Welt der Vrilya durchaus möglich, sie auch über größte Entfernungen hinweg anzuwenden, wobei "fünfhundert oder sechshundert Meilen hierfür eine Kleinigkeit"[11] sind. Dies gilt sowohl für die zerstörenden als auch für die heilenden Anwendungsvarianten, was die Möglichkeit eines wirksamen Einsatzes von Vril-Kraft z. B. bei der Durchführung von Fernheilungen impliziert. Doch damit nicht genug: Mit der Hilfe von Vril können auch "große und schwere Gegenstände in Bewegung" gesetzt werden, und zwar ebenfalls aus einer "beträchtliche(n) Entfernung und ohne direkte Berührung"[12] durch den jeweiligen Anwender.

Weiterhin dient die Vril-Kraft der Erzeugung eines künstlichen und zugleich höchst angenehmen Lichtes, eines Lichtes, "das wirksamer, milder und gesünder ist als all das, welches aus brennenden Substanzen gewonnen werden könnte"[13]. Hier tritt in Bulwer-Lyttons Konzeption der Vril-Energie eine zunächst unvermutete und in dem von der Dampfkraft beseelten 19. Jahrhundert höchst ungewöhnliche Ablehnung der Verbrennungstechnologie zutage, die jedoch vor allem im Kontext der späteren Rezeption und Wirkungsgeschichte des Romans noch hochbedeutsam wird. Schließlich ermöglicht es Vril seinen Nutzern auch, sich mittels künstlicher Flügel hoch in die Lüfte der innerirdischen Höhlenwelt zu erheben und damit einen uralten Menschheitstraum praktisch zu verwirklichen.[14]

Zee, die hochgebildete Vrilya-Frau, versucht dem aus der überirdischen Welt gekommenen Helden des Romans in einigen Passagen die Wirkungsweise der Vril-Kraft begreiflich zu machen. Dabei schickt sie zunächst voraus,

> "daß keine der Substanzen im Kosmos träge und bewegungslos ist. Daß die kleinste Substanzeinheit ständig in innerer oder auch äußerer Bewegung und Verwandlung befindlich und von ständig sich ändernden Kräften durchdrungen ist, von denen Wärme die dem Menschen am leichtesten fühlbare, Vril aber die umfassendste und, wenn richtig erkannt und verwendet, die mächtigste Kraft ist."[15]

Es gehört zu der ganz offensichtlich gewollten Entwicklung einer in sich geschlossenen energetischen Konzeption, dass Bulwer-Lytton Zee noch weitere erläuternde Sätze in den Mund legt, die das Zusammenspiel zwischen mentalen und physikalisch-technischen Faktoren seiner Vril-Kraft deutlich erhellen:

> "So hat der Kräftestrom, der von meinem Willen seine Impulse erhält und von meiner Hand in bewußter Weise geleitet wird, eigentlich nur jene Wirkung, daß er die beweglichen Kräfteprozesse, welche sich in allen Substanzen (...) ständig vollziehen, in willkürlicher Weise verändert, in ihrer Bewegung beeinflußt, verlangsamt, beschleunigt oder verstärkt. Wenn ein Stück Metall auch nicht aus eigenem Willensimpuls seine Lage verändern kann, so kann es doch durch die ihm eigene innere Kräftestruktur und Beweglichkeit leicht dem Willen eines Wesens unterworfen und zu beliebigen Bewegungen veranlaßt werden; hier genügt schon ein richtig geleiteter Kraftstrom des Vril, der es dem Willen ganz ebenso unterwirft, wie wenn irgendein sichtbares Etwas die Veranlassung gibt. Das Metall ist durch die seelischen Kräfte, die darauf übertragen werden, derart in Tätigkeit zu versetzen, daß man beinahe meinen könnte, es tue dies alles von selbst."[16]

Mit diesen Darstellungen und Erklärungen nähert sich Bulwer-Lyttons Konzeption der Vril-Kraft in sehr deutlicher Form traditionellen magischen und alchemistischen Denkweisen an – magisch im Sinne des "Ausnützen(s) und Dirigieren(s) von naturgegebenen Kräften", alchemistisch im Sinne einer "Vervollkommnung der Stoffe"[17]. Die herausragende und geradezu fundamentale Bedeutung dieser sehr alten Vorstellungen für die persönliche wie die literarische Entwicklung Bulwer-Lyttons wird an anderer Stelle noch ausführlicher herauszuarbeiten sein; sie stellt den eigentlichen, doch in den bisherigen literaturwissenschaftlichen Interpretationen kaum beachteten Schlüssel für das Verständnis von "The Coming Race" und seiner Entstehungsgeschichte dar.

In der Sichtweise von Bulwer-Lyttons seltsam namenlos bleibendem Romanhelden ist Vril "jene große Urkraft, jenes ewige innerste Agens aller Natur, jene die Welt impulsierende Quelle aller Naturkräfte"[18], und er erklärt:

> "... das wirkliche 'Vril' umfaßt so viele andere Eigenschaften von uns meist noch verborgenen Naturkräften, daß alle unsere übrigen Schlagwörter wie Galvanismus, Magnetismus usw. für eine Definition von Vril nichts bedeuten."[19]

Ganz explizit werden in diesem Zusammenhang auch bestimmte, zur Zeit Bulwer-Lyttons hochaktuelle andere Konzeptionen als ungeeignet und unzureichend zur Beschreibung der Vril-Kraft verworfen, die jedoch bei einer näheren Betrachtung durchaus zu Vergleichen herausfordern; dies gilt z. B. für den sogenannten "Mesmerismus" und die von Karl Ludwig von Reichenbach beschriebenen "odischen Kräfte".[20] Die ausdrückliche Bezugnahme auf diese Konzeptionen belegt dabei nicht nur die für sich schon aufschlussreiche Tatsache, dass Bulwer-Lytton sich mit ihnen einigermaßen intensiv befasst haben muss. Sie deutet vielmehr auch darauf hin, dass die Suche nach einer ebenso ganzheitlichen wie machtvollen "Kraft hinter den Kräften" zu jener Zeit keinesfalls ein exklusives Thema des Autors von "The Coming Race" war, sondern als Idee und geistiger Impuls geradezu in der Luft lag. Allein schon dieser Aspekt verweist wiederum deutlich - und über die reine literaturgeschichtliche Interpretation hinaus - auf einige bemerkenswerte Aspekte in der höchst vielschichtigen Mentalitäts- und Wissenschaftsgeschichte des späten 18. und des 19. Jahrhunderts.

2.2. Parallelen zum Mesmerismus

Der angesprochene "Mesmerismus" geht auf die Forschungen und Theorien von Franz Anton Mesmer, dem "Magier vom Bodensee"[1], zurück. Der zu seiner Zeit bedeutende Arzt und Gelehrte wurde am 23. Mai 1734 in dem Dörfchen Iznang bei Radolfzell am Bodensee geboren. Der Vater war Jagdaufseher des Fürstbischofs von Konstanz. Als Stipendiat des seit 1750 regierenden Fürstbischofs Franz Konrad von Rodt war es dem jungen Mesmer möglich, ab 1752 die Jesuitenuniversität im schwäbischen Dillingen zu besuchen und dort - zunächst - Theologie zu studieren. Dillingen war zugleich aber auch ein traditionelles Zentrum der naturwissenschaftlichen Lehre und Forschung jener Zeit. So war es kaum ein Zufall, dass Mesmer während seiner Dillinger Studienzeit mit der dort bereits im Jahre 1740 erschienenen Dissertation des Jesuiten Augustinus Rodier über das Wesen des Magnetismus in Berührung kam, die ihrerseits wiederum von dem Werk des Universalgelehrten Athanasius Kircher (1601-1689) beeinflusst war, eines Schülers des berühmten Agrippa von Nettesheim.[2] Die Auseinandersetzung mit dieser weit zurückreichenden, natur- und geisteswissenschaftliche Erkenntnisstränge stets miteinander verknüpfenden Tradition sollten noch von wesentlicher Bedeutung für Mesmers weiteren Werdegang sein.

1754 wechselte Mesmer nach Ingolstadt und 1759 nach Wien, wo er ein medizinisches Studium aufnahm und 1766 mit einer Arbeit "De planetarum Influxu" (Vom Einfluss der Planeten) zum Doktor der Medizin promoviert wurde. In seiner Dissertation bezog er sich in starkem Maße auf Isaac Newtons - später von diesem wieder verworfene - Lehre vom Weltäther, die an ältere Vorstellungen des "Pneuma" in der griechischen Antike anknüpfte.[3] Auf das Studium folgten Jahre der medizinischen Behandlungspraxis in Wien, die Mesmer u. a. in einen engeren Kontakt mit

Leopold Mozart, dem Vater des weltberühmten Wolfgang Amadeus, brachten, zunächst aber noch ganz im damals allgemein verbreiteten und akzeptierten schulmedizinischen Rahmen verliefen.[4]

1773 und 1774 begann Mesmer jedoch mit Experimenten, die deutlich von den geistigen Einflüssen seiner frühen Dillinger Studienjahre beeinflusst waren. Bei der Behandlung von Patienten begann er, Elektrisiermaschinen und Magnete einzusetzen, wobei er der Überlegung folgte, dass durch die Zuführung von Elektrizität und magnetischer Energie dem Kranken neue Lebenskraft zugeführt werden könne. Unverkennbar sind bei diesem Verfahren auch die Nachwirkungen entsprechender Ideen von Paracelsus (1493–1541), der bereits im 16. Jahrhundert von einer dem Magnetismus innewohnenden starken Heilkraft und einer den gesamten Kosmos durchwirkenden Kraft, dem "spiritus vitae", ausgegangen war.[5] Die Auswertung der Erfahrungen seiner unkonventionellen Therapiemethoden verdichtete Mesmer schließlich zu seinem Konzept des "animalischen Magnetismus", wobei der Begriff "animalisch" oft fälschlich im Sinne von "tierisch" wiedergegeben, jedoch tatsächlich im Sinne von "beseelt" verstanden wurde.[6]

Mesmers Konzept des "animalischen Magnetismus", das später nach seinem Begründer - so z. B. in "The Coming Race" - auch als "Mesmerismus" bezeichnet wurde, geht von der Grundannahme aus, dass das gesamte Weltall von einer feinstofflichen, verbindenden Kraft - vergleichbar mit Paracelsus' "spiritus vitae" - durchzogen ist und alle Krankheiten auf einer Störung der harmonischen Verteilung dieser Kraft im Körper beruhen. Aufgabe des Arztes sei es folglich, das beeinträchtigte Gleichgewicht wiederherzustellen, was am besten durch Zufuhr der Kraft in den Körper geschehen könne. Als Mittel dazu dient in dieser Konzeption der Magnetismus, der von einem erfahrenen Arzt in und durch den Körper zu leiten sei,

Paracelsus: Porträt nach der Ausgabe der „Astronomica et Astrologica Opuscula", Köln 1567

wobei der mineralische Magnetismus der Stahlmagneten den im Körper vorhandenen animalischen Magnetismus verstärken und positiv beeinflussen könne.[7]

Doch waren die Stahlmagneten für Mesmer offensichtlich nur mechanisches Hilfsmittel. Von zentraler Bedeutung war für ihn die unmittelbare Übertragung des animalischen Magnetismus durch die Hände des Arztes auf den Kranken. Bei seinen eigenen Behandlungen ging er immer wieder erfolgreich nach dieser Methode vor, wobei ihm entsprechende Einflussnahmen sogar über die Entfernung von mehreren Metern, also ohne unmittelbare Berührung des Patienten, und sogar durch eine Mauer hindurch möglich gewesen sein sollen.[8] Gerade in diesem Punkt weisen die Konzepte des Vril von Bulwer-Lytton und des animalischen Magnetismus von Mesmer erstaunliche Parallelen auf, die allerdings nicht zu der recht einfachen Annahme verleiten sollten, dass Bulwer-Lytton bestimmte Anregungen zur Darstellung der Heilkraft

Schreiben
über die
Magnetkur
von
Herrn A. Mesmer,
Doktor der Arzneygelährtheit,
an
einen auswärtigen Arzt.

Wien,
gedruckt bey Joseph Kurzböck, k. k. illyrisch- und
oriental. Hofbuchdruckern und Buchhändl.
1775.

von Vril unmittelbar aus der Mesmerschen Konzeption entlehnte. Vielmehr dürfte hier der gemeinsame Bezug auf sehr viel ältere Überlieferungsstränge und Traditionen der Ursprung sehr ähnlicher gedanklicher Entwürfe gewesen sein.

Wenn Bulwer-Lytton die Bezeichnung “Mesmerismus” für seine Vril-Konzeption ablehnt und betont, dass Mesmers Konzept und ähnliche Vorstellungen “erst ihre wissenschaftliche Erkenntnis, ihren praktischen Wert in der Verwendung des Vril gefunden”[9] hätten, so lehnt er Mesmers Vorstellung nicht rundheraus ab, sieht sie aber letztlich nur als eines unmittelbaren Vergleiches noch nicht würdige Vorstufe seines eigenen konzeptionellen Denkgebäudes an. Und fürwahr: An die Realisierung des Fliegens, an die Erzeugung künstlichen Lichts und die Zerstörung ganzer Felsen wagte Mesmer im Rahmen seines “animalischen Magnetismus” noch nicht zu denken.

2.3. Parallelen zu Reichenbachs odischen Kräften

Ähnliches gilt für eine weitere verwandte Konzeption, die für Bulwer-Lytton gleichfalls nur Vorstufe des Vril-Konzeptes ist: die "odischen Kräfte" des Karl Freiherr von Reichenbach. Reichenbach wurde am 12. Februar 1788 als Sohn einer bürgerlichen Arztfamilie in Stuttgart geboren und entwickelte schon als Kind starke naturwissenschaftliche Interessen. Nach dem Gymnasium folgte jedoch zunächst eine Schreibertätigkeit in der Verwaltung, an die sich erst später ein Studium der Kameralistik in Tübingen mit dem begleitenden Besuch von Lehrveranstaltungen der Physik und der Chemie anschloss. Reichenbachs Beteiligung an revolutionären, gegen den Herzog von Württemberg gerichteten Bestrebungen und entsprechende landesherrschaftliche Sanktionen setzten den Studien aber im Jahre 1808 ein plötzliches, wenn auch nur vorläufiges Ende.[1]

Die folgenden dreieinhalb Jahrzehnte in Reichenbachs Leben waren von regen und vielfältigen Tätigkeiten und Interessen bestimmt, deren Schwerpunkt auf wirtschaftlichem Gebiet und im Bereich der naturwissenschaftlichen und dabei vornehmlich der chemischen Forschung lagen. Beruf und Neigung, Ökonomie und Wissenschaft griffen dabei immer wieder ineinander. Die Mitgift seiner Frau aus der 1810 eingegangenen Ehe ermöglichte ihm ausgedehnte Studienreisen und private Forschungen auf dem Gebiet der Eisenverhüttung und der Holzverkohlung.[2] Weitere berufliche Schritte bauten darauf auf. Reichenbach entwickelte eigene technische Verfahren und gilt u. a. als Entdecker des Paraffins, des Eupions (eines Vorläufers des späteren Benzins) und verschiedener künstlicher Farbstoffe.[3] Zwischen 1831 und 1840 war er als Verwalter der Besitzungen des Altgrafen von Salm tätig, in dieser Eigenschaft leitete er u. a. mit großem Erfolg ein Eisengusswerk in Blansko bei Brünn.[4]

Auch sein Verhältnis zum württembergischen Herrscherhaus entspannte sich wieder, denn im Jahre 1839 wurde er von König Wilhelm I. von Württemberg in den Freiherrenstand erhoben. Bereits 1836 hatte ihm seine Heimatstadt Stuttgart die Ehrenbürgerwürde verliehen.[5]

Alles in diesem Werdegang deutete auf einen typischen und durchaus erfolgreichen Besitzund Bildungsbürger des 19. Jahrhunderts hin, der nach gewissen "Jugendsünden" am Siegeszug der aufkommenden Industrialisierung partizipierte und dem nichts ferner stand als die Beschäftigung mit absonderlichen alchemistischen Lehren und geheimnisvollen Kräften jenseits der positiven Erkenntnis.

Im Alter von immerhin bereits 56 Jahren wandte Reichenbach sich jedoch, angeregt durch Gespräche mit dem Wiener Arzt von Eisenstein, genau diesen grenzwissenschaftlichen Gebieten zu. Die Beobachtung einer Patientin Eisensteins ließ ihn zu dem Schluss kommen, dass die Ausstrahlung von Magneten von besonders sensitiven Menschen als Lichterscheinungen wahrgenommen werden kann. Ähnlich wie Mesmer ging er dabei davon aus, dass der Magnet Lebenskraft enthalte und diese übertragbar sei.[6] Im weiteren Verlauf seiner Forschungen zu diesem und verwandten Phänomenen entwickelte er die Theorie des "Od" (von griechisch "odos" = Hindurchgehen), das er als die grundlegende Kraft aller chemischen und vitalen Reaktionen, des Magnetismus, des Lichts, der Wärme usw. ansah.[7]

Wie nahe die Od-Konzeption des Freiherrn von Reichenbach mit Lord Bulwer-Lyttons Konzept der Vril-Kraft verbunden ist, wird an einigen Passagen aus Reichenbachs 1849/50 in zwei Bänden erschienenen "Untersuchungen über die Dynamide des Magnetismus, der Elektrizität, der Wärme, des Lichts in ihren Beziehungen zur Lebenskraft" deutlich. Darin heißt es u. a.:

"Die wirkende Kraft gehört also nicht bloß gewissen Formen oder besonderen Beschaffenheiten der Körper an, sondern sie wohnt der Materie selbst an und für sich inne.

Nicht im Contakte allein, sondern auch als Fernwirkung schon äußert sich diese Kraft, wie von der Sonne, dem Monde, den Gestirnen, so von der Materie.
(...)
Diese Kraft ist endlich eine das ganze Weltall umspannende Kraft überhaupt."[8]

Die Beziehungen zu Bulwer-Lyttons romanhaft vorgetragener Deutung der Wirkung von Vril durch die "eigene innere Kräftestruktur" der jeweilig beeinflussten Materie[9] und seine Deutung des Vril als "jenes ewige innerste Agens aller Natur"[10] liegen bei diesen Beschreibungen Reichenbachs klar auf der Hand. Doch erscheint auch Reichenbachs Od-Konzept - genau wie der Mesmerismus - für Bulwer-Lytton lediglich als eine Vorstufe seiner eigenen energetischen Konzeption, die er, in belletristisch verschlüsselter Form, als den Abschluss und die Krönung alles vorher Erdachten deklarierte.[11]

Der von Bulwer-Lytton selbst explizit angesprochene Vergleich mit Mesmer und von Reichenbach zeigt, dass sich der Autor von "The Coming Race" mit seiner Theorie des Vril durchaus im Rahmen seinerzeit gängiger grenzwissenschaftlicher Diskussionen bewegte und dabei zugleich - wie Mesmer, allerdings im Unterschied zu dem in dieser Hinsicht weniger exponierten Reichenbach - auf ältere Konzeptionen, etwa von Paracelsus und Kircher, zurückgriff. Sie verbanden sich in seinem Roman dabei mit bestimmten gesellschaftstheoretischen, philosophisch-weltanschaulichen und politischen Denkansätzen, wobei es genau diese Verbindung ist, die die spätere Rezeption so sehr anregte und vielschichtig ausfächern ließ.

Vergleiche mit dem Ergebnis verblüffender Parallelen lassen sich auch zwischen Bulwer-Lyttons Vril-Konzeption und einer Reihe von Vorstellungen im außereuropäischen Bereich anstellen. Zu erwähnen sind etwa die Kräfte des Prana und des Akasha der indischen Mythologie, das Li und das Ch'i der traditionellen chinesischen Philosophie und Medizin, das Ola der Hawaiianer und viele andere mehr.[12] Nach den Deutungsmustern des traditionellen, von der Antike über Meister Eckhard bis in die Gegenwart reichenden westlichen Pantheismus schließlich könnten Vril und vergleichbare energetische Vorstellungen auch als die in aller Natur vorhandene und wirkende göttliche Kraft interpretiert werden, wie sie der deutsche Philosoph Ernst Bergmann zu Beginn der dreißiger Jahre in seiner "Entsinkung ins Weiselose" beschrieben hat.[13]

Das Wissen um derartige Kräfte und ihre Wirksamkeit ist uralt und lässt sich, von Kultur zu Kultur mit unterschiedlichen Begriffen belegt und mit den verschiedensten Bedeutungsattributen versehen, auf der ganzen Welt nachweisen. Gemeint ist dabei im Wesentlichen immer das Gleiche: eine Kraft mit sowohl physikalischen wie mentalen Aspekten, die im Hintergrund zahlreicher sogenannter "paranormaler Erscheinungen" steht - der Levitation etwa, der Telekinese, der Geist-und Fernheilung usw. Für diese Kraft existieren in der Literatur weit über 100 verschiedene Bezeichnungen.[14]

Bulwer-Lyttons Entwicklung der Vril-Konzeption basiert auf entsprechenden Vorstellungen und Überlieferungen, doch verbindet er sie in "The Coming Race" keineswegs nur mit einem gesellschaftstheoretischen Überbau, sondern zugleich mit Aspekten der technisch-industriellen Welt des 19. Jahrhunderts - Lampen mit künstlichem Licht, Energiestäbe mit Tasten und Sprungfedern sowie weitere technische Vorrichtungen tauchen auf, die von der geheimnisvollen Vril-Kraft gespeist werden. Es war gerade diese

Verbindung alter, mystisch wirkender Überlieferungen mit Elementen des seinerzeitigen "High-Tech", das die Fantasie und den Forscherdrang nicht weniger späterer Rezipienten in besonderer Weise entfachte und auch weiterhin entfacht - verspricht doch die Kombination einer derart mächtigen, überall wirkenden und alles durchwirkenden Kraft mit den vielfältigen mechanischen und elektronischen Möglichkeiten der modernen Technik nicht mehr und nicht weniger als die Lösung aller Energie- und Umweltprobleme auf dieser Welt.

Wenn bisher von einem energetischen Konzept die Rede war, das Bulwer-Lytton in "The Coming Race" romanhaft verschlüsselt entwickelte, so steht dies in klarem Widerspruch zu den meisten der landläufigen literaturwissenschaftlichen Interpretationen des Werks und Bulwer-Lyttons Opus überhaupt. Auf die energetischen Aspekte des Romans und ihre vom Autor angedeuteten technologischen wie therapeutischen Implikationen wird dabei allenfalls ganz am Rande eingegangen. Stattdessen stehen in aller Regel die gesellschaftstheoretischen Aussagen von "The Coming Race" sowie bestimmte formale, strukturelle und oft rein werkimmanente Betrachtungen im Vordergrund.

So wird in dem Roman zum Teil eine konservative Satire auf die weit verbreiteten Gleichheits- und Fortschrittsutopien des 19. Jahrhunderts gesehen[15], wobei sich die Frage stellt, ob eine satirische Kritik entsprechender Zeitströmungen nicht besser und zielgenauer ohne weit ausholende technisch-energetische Detailbeschreibungen getroffen hätte. Die Interpretation des Romans als Satire stellt die Literaturwissenschaft nicht zuletzt auch vor das auf dieser Spur kaum lösbare Rätsel, warum der Autor "durch die Aufnahme konservativer kultureller Ideale" die "eigene parodistische Funktion" untergräbt.[16]

Fragestellungen dieser Art zeigen, dass eine rein werkimmanente Interpretation von "The Coming Race" ebensowenig zum

Verständnis führt wie überhaupt die Beschränkung auf die klassischen literaturwissenschaftlichen Instrumentarien. Erst die Einordnung in einen größeren ideengeschichtlichen Kontext, wie er vorstehend - exemplarisch - im Vergleich der Vril-Konzeption mit den Ansätzen Mesmers und Reichenbachs versucht wurde, sowie die Einbeziehung der Biografie des Autors vermag die Entstehung des Werkes wie auch seine Wirkung zu klären. Insbesondere bei der Betrachtung der Biografie Bulwer-Lyttons jedoch stoßen wir auf eine Reihe von höchst bemerkenswerten Details, die das rein literaturhistorische Korsett bisheriger Werkinterpretationen endgültig sprengen.

— 3 —

Edward Bulwer-Lytton: Zur Person

3.1. Die Karriere eines Literaten

Die Biografie von Edward Bulwer-Lytton weist, so wie sie in den meisten der gängigen literaturgeschichtlichen Abhandlungen dargestellt ist, nach Herkunft und Umfeld zunächst eine Reihe von typischen Merkmalen auf, die für die Lebensläufe von Angehörigen der begüterten britischen Oberschicht seiner Zeit durchaus geläufig sind. Als dritter Sohn einer in Diensten des Empire stehenden Offiziersfamilie wurde er am 25. Mai des Jahres 1803 in London geboren. Sein Vater war der Oberst und spätere General William Earl Bulwer of Heydon Hall, seine Mutter die aus einem alten englischen Adelsgeschlecht stammende Elizabeth Barbara Lytton of Knebworth.

Der junge Edward wuchs trotz des frühen Todes des Vaters im Jahre 1807 in einer ebenso wohlhabenden wie wohlbehüteten Umgebung auf. Doch sehr bald schon begann er, auf einem ganz bestimmten Gebiet seiner intellektuellen Entwicklung die Züge eines kleinen "Wunderkindes" zu zeigen. Überliefert ist, dass er bereits im Alter von nur vier Jahren des Lesens mächtig war. Bereits als Siebenjähriger soll er seine ersten Gedichte geschrieben und damit die Anfänge jener großen Passion für das Schreiben gezeigt haben, die ihn zeit seines Lebens nicht mehr losließ. Nicht zuletzt die

Tatsache, dass er sich bereits als Kind nach und nach die reichen Bestände der großväterlichen Bibliothek erschloss, trug zu der weiteren Ausprägung seiner literarischen Ambitionen bei.[1]

Verschiedene Versuche, Edward an einer standesgemäßen Privatschule unterzubringen, scheiterten, er besuchte schließlich die öffentliche Schule eines Mr. Wallington in Ealing. Offensichtlich war genau dies jedoch für seine weitere Entwicklung höchst fruchtbar. Wallington, der ihn schon damals für ein Genie hielt, ermunterte ihn, seine literarischen Interessen weiterzuverfolgen, führte ihn gezielt an die Werke der klassischen Literatur heran und förderte seine rhetorische Ausbildung. Nicht zuletzt auf Wallingtons Anregung hin veröffentlichte er bereits als Siebzehnjähriger, im Jahre 1820, seinen ersten Gedichtband unter dem Titel "Ismael". Nach dem Abschluss der Schule in Ealing war es Bulwer-Lytton möglich, die renommierte Universität von Cambridge zu besuchen. Dort folgten 1826 das Bakkalaureat und 1833 das Magister-Examen. Im August 1827 ging Bulwer-Lytton - übrigens gegen den erklärten Willen seiner Mutter, die ihm daraufhin für eine Weile die jährliche finanzielle Unterstützung aus dem Familienvermögen entzog - die Ehe mit Rosina Doyle Wheeler ein, einer als sehr schön und gebildet beschriebenen Dame irischer Abstammung.[2]

Bereits im Jahre 1825 waren Bulwer-Lyttons literarische Leistungen erstmals öffentlich geehrt worden: Für sein Gedicht "Sculpture" erhielt er die "Chancellor's Medal". Der Entzug der finanziellen Unterstützung durch seine Mutter und der von dem jungen Paar trotzdem bevorzugte recht aufwendige und luxuriöse Lebensstil trugen dann ab 1827 mit dazu bei, dass sich die literarischen Ambitionen und die ökonomischen Notwendigkeiten bei Bulwer-Lytton in starkem Maße miteinander verbanden. Das Ergebnis war der Beginn einer höchst intensiven Romanproduktion, bei der eine ganze Anzahl von Werken rasch aufeinander-

Edward Bulwer-Lytton

folgte: "Falkland" (der 1827 erschienene Erstling), "Pelham", "The Disowned" und zahlreiche weitere.

Es handelte sich dabei nach Stoff und Diktion um geradezu typische Produkte der englischen Romantik. Wie schon bei Bulwer-Lyttons Gedichten in den zwanziger Jahren war auch in seinen Romanen zunächst immer wieder der geistige und stilistische Einfluss Lord Byrons spürbar, ja prägend. Eben dadurch trafen die meisten dieser Romane jedoch genau den Publikumsgeschmack ihrer Zeit. Sie konnten deshalb schon sehr bald - gemessen an den damaligen Verhältnissen - ausgesprochene Massenauflagen erreichen. Der junge Autor befand sich innerhalb einer vergleichsweise kurzen Zeit auf dem Weg zum literarischen und damit auch zum - existenzsichernden - kommerziellen Erfolg.[3]

Doch waren Bulwer-Lyttons Interessen und Neigungen zu vielseitig, als dass sie sich auf Dauer allein im Schreiben von wildromantischen Abenteuerund Liebesromanen erschöpft hätten. So gründete er 1831 das "New Monthly Magazine", eine Kultur- und

Literaturzeitschrift, die er fortan für einige Jahre herausgab. Noch im gleichen Jahr kandidierte er für die Liberale Partei zum Parlament und wurde gewählt, was den ersten Schritt zu einer auch politischen Karriere bedeutete. Allerdings führte gerade die Vielseitigkeit dieses Engagements zu allmählich immer ernster werdenden Zerwürfnissen mit der sich vernachlässigt fühlenden Ehefrau und mündete schließlich 1833 im gesundheitlichen Zusammenbruch. Um wieder zu genesen, aber wohl vor allem auch, um die stark zerrüttete Ehe (aus der inzwischen bereits eine Tochter und ein Sohn hervorgegangen waren) zu retten, unternahm Bulwer-Lytton mit seiner Frau noch im gleichen Jahr eine längere Reise nach Italien. Doch schon kurz nach der Rückkehr folgte 1834 die Trennung, die zwei Jahre später die Scheidung und danach ein lebenslanges, von zahlreichen, auch öffentlichen Attacken der enttäuschten Ehefrau gekennzeichnetes Zerwürfnis zum Ergebnis hatte.[4]

Noch 1834, im Jahr der Trennung von seiner Frau, erschien mit "The Last Days of Pompeii" einer der bis heute bekanntesten (und seit 1908 in Italien, den USA und Frankreich mehrfach verfilmten) Romane Bulwer-Lyttons. In ihn flossen zahlreiche der Erfahrungen und Informationen ein, die er während der ausgedehnten Reise durch Italien gesammelt hatte.[5] "The Last Days of Pompeii" ist dabei inhaltlich wie formal weit mehr als ein üblicher Roman, denn erstmals versuchte Bulwer-Lytton hier, archäologische und historische Fakten und Erkenntnisse in einer systematischen und wissenschaftlichen Form mit dem Verlauf der eigentlichen Romanhandlung zu verbinden. Wir können in diesem für ihn neuen stilistischen Verfahren bereits einen ersten und durchaus gelungenen Ansatz zu jenem literarischen Design sehen, das fast vier Jahrzehnte später in "The Coming Race" zur gekonnten belletristischen Verschlüsselung einer komplexen energetischen Konzeption führte.

1835 folgte mit "Rienzi" ein weiterer historischer Roman Bulwer-Lyttons, in den gleichfalls Motive und Impressionen der Italienreise einflossen. Dieser Roman, die Geschichte des mittelalterlichen römischen Volkstribunen Cola di Rienzo, sollte nur wenige Jahre später das frühe Schaffen Richard Wagners beeinflussen. Die Gestalt di Rienzos war Wagner bei der Arbeit an seinem Opernwerk zunächst überhaupt nur aus Bulwer-Lyttons Roman, nicht aber aus den eigentlichen historischen Quellen bekannt. Wagners Oper, die am 20. Oktober 1842 im sächsischen Dresden uraufgeführt wurde, war ein beeindruckendes sechsstündiges Werk mit wuchtigen und energiegeladenen Partien sowie ungewohnten Massenszenen.[6] Es entfaltete eine großartige Ausstrahlung, die noch Jahrzehnte hindurch das Opernpublikum in Bann schlug. Zu jenen, die von "Rienzi" zutiefst bewegt wurden, gehörte in den Jahren vor dem Ersten Weltkrieg auch ein gescheiterter Kunstmaler, der später einmal bekennen sollte, dass das Erlebnis dieser auf Bulwer-Lyttons Roman aufbauenden Oper und die Figur des römischen Tribunen impulsgebend und von höchster Bedeutung für seinen weiteren eigenen Lebensweg waren. Sein Name lautete Adolf Hitler ...[7]

Im Jahre 1841 sehen wir Bulwer-Lytton abermals als Gründer und Herausgeber einer literarischen Zeitschrift, des "Monthly Chronicle". Es war diese neue Publikation, in der dann kurz darauf das Romanfragment "Zicci" erschien, die erste Fassung seines 1842 in Buchform erschienenen esoterischen Romans "Zanoni". Damit wurde in Bulwer-Lyttons Werk eine neue inhaltliche Komponente deutlich, die Themen und Motive der grenzwissenschaftlichen, "okkulten" Strömungen sowohl seiner Zeit als auch der Vergangenheit aufgriff. Die späteren Romane "A Strange Story" (erschienen 1861) und "The Coming Race" (erschienen 1871) sind dieser mit "Zicci" begonnenen Werkschicht zuzurechnen.[8] Dabei ist es auffällig, über welch langen Zeitraum und mit welch langen Unterbrechungen die literarische Verarbeitung dieses Themenkreises vom Autor aufrechterhalten wurde: Um einmalige

Eskapaden zur Steigerung des ohnehin bereits großen Bekanntheitsgrades dürfte es sich folglich kaum gehandelt haben.

Von besonderer Bedeutung für den weiteren Kontext unseres Themas ist dabei "Zanoni", auf den ersten Blick "gewiss eine der merkwürdigsten Schöpfungen"[9] Bulwer-Lyttons. Im Mittelpunkt seiner in der Zeit der Französischen Revolution angesiedelten Romanhandlung steht die geheime Bruderschaft der Rosenkreuzer, die uns noch mehrfach beschäftigen wird. Der Titel des Romans bezieht sich auf einen seiner Helden, den geheimnisvollen Zanoni, der Angehöriger der Bruderschaft ist und in dessen typologischer Charakterisierung sich bestimmte Züge des berühmten Abenteurers Cagliostro widerspiegeln, dessen reale Existenz genau in jene historische Epoche fiel, die auch den Hintergrund der Romanhandlung bildet. Schauplatz des Werkes ist über weite Strecken wieder Italien, und erneut fließen damit Erlebtes und Geschautes der italienischen Reise Bulwer-Lyttons in die Darstellung mit ein.

Zanoni entpuppt sich im Laufe des Romans als einer von nur noch zwei überlebenden Angehörigen der ursprünglichen, angeblich aus dem Spätmittelalter stammenden, rosenkreuzerischen Bruderschaft.[10] Die Erkenntnis und Beherrschung von verborgenen Kräften der Natur hat ihm ewige Jugend verliehen: Dieses Motiv findet sich später auch bei dem Zauberer Margrave in Bulwer-Lyttons "A Strange Story" sowie in abgeschwächter Form bei der hohen Lebenserwartung der Vrilya wieder, die ihren überragenden Heilerfolgen durch die Beherrschung der Vril-Kraft zu verdanken ist. Auch der in "The Coming Race" fast dreißig Jahre später wieder auftauchende Verweis auf Mesmer fehlt nicht, wobei Bulwer-Lytton jenen auch von seinem Helden Zanoni abgrenzt, indem er feststellt:

> "Unähnlich einem Mesmer (...) machte Zanoni seine geheimnisvollen Künste nicht zu einer Quelle seines Erwerbs."[11]

Schon zu jener Zeit scheint Bulwer-Lytton sich folglich mit Mesmers Arbeiten auseinandergesetzt zu haben, doch das Verhältnis zu dem deutschen Arzt und Naturforscher ist bereits jetzt ein sehr ambivalentes: Mesmer wird die Kenntnis "geheimnisvoller Künste" zwar zugestanden, in "Zanoni" schwingt jedoch der indirekte Vorwurf einer profanen, materiellen Nutzung mit, so wie später in "The Coming Race" die Mesmerschen Erkenntnisse zu einer bloßen Vorstufe der weiterführenden Vril-Konzeption abgewertet werden.

Noch weitere Motive aus "The Coming Race" klingen in "Zanoni" bereits in embryonaler Form an. So spricht der Rosenkreuzer Mejnour, neben Zanoni der zweite Überlebende der ursprünglichen Bruderschaft, von einem "edlere(n) Geheimnis", das er nur andeuten wolle, da es "nach Heraclits weiser Lehre das Urprinzip des Lebens" sei.[12]

Die Anfänge einer Konzeption der "Urkraft" oder eben des "Urprinzips" in Bulwer-Lyttons Werk sind bereits zu erkennen, einer Konzeption, die in "The Coming Race" fast dreißig Jahre später ihre systematische Ausformung erfuhr. An anderer Stelle erklärt Mejnour in diesem Zusammenhang "das Leben" zu dem "eine(n), allverbreiteten Prinzip"[13], das das gesamte All durchwirke, und verweist damit bereits auf Vorstellungen einer universalen, kosmischen Lebenskraft, die überall vorhanden ist: Das Erscheinen von "Vril" kündigt sich, wenn auch noch verschwommen, bereits 1842 an, dabei auf alte philosophische, magische und alchemistische Überlieferungen zurückgreifend. Insbesondere der Bezug zur mittelalterlichen Alchemie ist es, der immer wieder in zahlreichen Passagen des Romans deutlich anklingt.

Die weitere literarische Entwicklung Bulwer-Lyttons - bis hin zu dem Roman "The Coming Race", auf den bis zum Tode des Autors am 18.1.1873 in Torquay noch zwei weitere, weniger bekannte Werke folgten - ist für unseren Zusammenhang lediglich von marginalem Interesse. Neben seinen Gedichten, einem Band mit Erzählungen und seinen zahlreichen Romanen verfasste der vielseitige Lord auch Theaterstücke, u. a. 1851 für die damalige Amateur-Theatergruppe von Charles Dickens, mit dem er befreundet war.[14] Bezüge zur Vril-Thematik sind in dieser Werkschicht allerdings nicht zu erkennen. Bulwer-Lytton, der einer der nach Auflagen und Popularität erfolgreichsten Autoren seiner Zeit war, engagierte sich daneben immer wieder auch für die Unterstützung weniger bekannter und mittelloser Autoren, so u. a. durch die Gründung einer "Guild of Literature and Art" gemeinsam mit Dickens und im Rahmen seiner Zeitschriftenprojekte.[15]

Neben dem Literaten gab es auch den Politiker Edward Bulwer-Lytton. Sein Engagement für die Liberalen bei den Parlamentswahlen des Jahres 1831 stellte dabei nur einen Anfang dar. Später vollzog er den Wechsel zur Konservativen Partei, für die er weitere vierzehn Jahre, von 1852 bis 1866, dem Unterhaus angehörte. Den Höhepunkt seiner politischen Karriere bildeten die Jahre 1858/59, in denen er das Amt des britischen Kolonialministers bekleidete. Angesichts seiner Verdienste um das Empire wurde er 1866 ins Oberhaus berufen, wobei ihm der Titel eines Barons Lytton of Knebworth verliehen wurde.[16]

Lord Edward Bulwer-Lytton: Der erfolgreiche Schriftsteller und angesichts hoher öffentlicher Würden nicht weniger erfolgreiche Politiker erscheint dem Betrachter zunächst als ein typisches "Kind" seiner Epoche, seines Landes und nicht zuletzt seines Standes. Überwiegend in diesen sehr konkreten und positiv unmittelbar fassbaren Zusammenhängen hat ihn die bisherige Literaturgeschichtsschreibung meist auch gesehen und dargestellt. Eben dadurch hat sie übrigens auch zum Vergessen der Mehrzahl seiner Werke und zum Verschwinden seines Namens zumindest aus der breiteren Öffentlichkeit beigetragen: Als Angehöriger der britischen Oberschicht des 19. Jahrhunderts schien er für die Gegenwart nur noch wenig zu sagen zu haben.[17]

Doch andererseits ist der in bestimmten Werken - wie am Beispiel von "Zanoni" und "The Coming Race" dargestellt - immer wieder auftretende Bezug zu Themen wie einer "Urkraft" oder einem "Urprinzip", den Forschungen Mesmers, der Alchemie und den Rosenkreuzern mit diesen vordergründigen biografischen Erklärungsrastern ebenso wenig zu erklären wie mit textkritischen Strukturanlaysen oder anderen rein literaturwissenschaftlichen Verfahren und Hilfsmitteln. Der Literat und der Politiker, der Lord und der Zeitgenosse Bulwer-Lytton mögen als Typologien manches in seinem vielschichtigen Werk erklären - doch sie erklären nicht alles. Und insbesondere bei der ebenso detaillierten wie dezidiert dargestellten energetischen Konzeption des Vril in "The Coming Race" müssen sie schließlich vollends versagen.

Will man Bulwer-Lyttons Persönlichkeit und sein Werk daher in ihrer Gesamtheit erfassen, ist es notwendig, nach weiteren Prägungs- und Entstehungsfaktoren zu suchen. Dies gilt insbesondere für solche, die sich jenseits des öffentlichen Wirkens, gewissermaßen in "verborgenen Winkeln", entfalteten. Am Ende dieser Suche schält sich eine weitere und höchst spannende Gestalt heraus, über die die Literaturwissenschaft bisher meist recht desinteressiert hinwegging, ohne die aber weder "Zanoni" noch "The Coming Race" in ihrer Aussage und ihrer Entstehung zu erklären sind: der Esoteriker Bulwer-Lytton.

3.2. Das Umfeld: Die englischen Rosenkreuzer

Bulwer-Lyttons Roman "Zanoni" knüpft hinsichtlich seines Handlungsrahmens und vieler seiner zentralen inhaltlichen Aussagen an die Legenden, aber auch an die durchaus reale historische

Das unsichtbare Kollegium der Rosenkreuzerbruderschaft.
Theophilus Schweighardt,
Speculum Sophicum Rhodo-Stauroticum, 1616

Existenz einer weitgehend geheimen Bruderschaft an, die in Europa spätestens seit dem Beginn des 17. Jahrhunderts konkret belegbar ist: die Rosenkreuzer. Dabei reichen die Wurzeln dieser Gemeinschaft, wenn man ihren ältesten schriftlichen Überlieferungen glaubt, jedoch noch wesentlich weiter zurück. Bereits im späten Mittelalter soll demnach die Keimzelle der Rosenkreuzer-Gemeinschaft begründet worden sein und, gestützt auf ein vielfältiges, aus uralten Quellen schöpfendes Wissen, ihre ersten Aktivitäten selbstverständlich zum Segen der Mitmenschen entfaltet haben.

In dem auf diese Überlieferung fortan aufbauenden europäischen Rosenkreuzertum und seinen im 19. Jahrhundert u. a. auch in England wieder erneut belebten organisatorischen Ausformungen liegt einer der hauptsächlichen Schlüssel für das biografische

Verständnis und das literarische Wirken des Esoterikers Bulwer-Lytton. Seine jahrelangen persönlichen Verbindungen zu verschiedenen rosenkreuzerischen Gemeinschaften seiner Zeit und zu Personen, die von rosenkreuzerischem Denken beeinflusst waren, sind vielfach belegt, auch wenn ihnen die Literaturwissenschaft hinsichtlich einer adäquaten Werkinterpretation bisher nur wenig Beachtung schenkte und wenn überhaupt allenfalls nur höchst beiläufig zur Kenntnis nahm.

Betrachten wir daher zunächst die Legenden und Überlieferungen der frühen rosenkreuzerischen Tradition. Christian Rosenkreutz, der sagenhafte und zugleich namensgebende Begründer der Bruderschaft, steht mit seiner Lebens- und Entwicklungsgeschichte in ihrem Mittelpunkt. Es heißt, dass er im Jahre 1378 als Spross einer deutschen Adelsfamilie geboren wurde und erst 1484, d. h. im damals geradezu unglaublichen Alter von 106 Jahren verstarb. In der langen Zeitspanne seines Lebens durchlief er zahlreiche Stationen der geistigen Erfahrung und des allmählichen Reifens zur Weisheit. So soll er zunächst in einem abendländischen Kloster studiert und sich dort die Grundzüge des überwiegend christlich geprägten europäischen Weltbildes seiner Zeit angeeignet haben. Danach, so berichtet die rosenkreuzerische Legende weiter, reiste er gemeinsam mit einem älteren Ordensbruder für längere Zeit in den Orient. Dort konnte er sich an verschiedenen, sowohl symbolträchtigen als auch historisch höchst bedeutungsvollen Orten, so u. a. in Jerusalem, in Damaskus, in Ägypten und im marokkanischen Fez, mit den alten Weisheitslehren der Kabbala, der Gnosis, des Islam und gar des Buddhismus vertraut machen. Selbst das berühmte "Liber Mundi", beschrieben als das grundlegende und umfassende Werk der orientalischen Esoterik, blieb ihm dabei nicht verschlossen. Er habe es vielmehr bei seinen ausgedehnten Studien nicht nur einsehen, sondern auch erstmals ins Lateinische, die Sprache der abendländischen Gelehrsamkeit, übersetzen dürfen.

Nach Aneignung dieses großartigen, westliche wie östliche Quellen miteinander vereinenden Schatzes esoterischer Weisheit soll sich Rosencreutz zunächst für die Dauer von fünf Jahren in völlige Einsamkeit und Kontemplation zurückgezogen haben, um vor dem Hintergrund seiner Erkenntnisse an sich selbst zu arbeiten. Anschließend, wieder zurück in Deutschland, gründete er mit anfänglich nur drei Mitbrüdern eine erste Gemeinschaft: Die ursprüngliche Rosenkreuzer-Gruppe war entstanden, zu der später noch vier weitere Brüder stießen. In dieser Gründungslegende wirken alte Vorstellungen von einer Fraternität der Weisen nach, wie sie bereits in den Kreisen der mittelalterlichen Alchemisten gepflegt wurden.

Die Brüder verteilten sich der Legende nach auf verschiedene europäische Länder, kamen aber alle einmal im Jahr zu einem Treffen im Hause von Christian Rosencreutz zusammen. Für den Fall des Todes hatte jeder von ihnen einen persönlichen Nachfolger namhaft zu machen. Die Heilung sowohl körperlicher als auch seelischer Krankheiten mithilfe des verborgenen Wissens war zunächst die zentrale Aufgabe der Fraternität, der sie, im damaligen Europa völlig im Geheimen wirkend, nachging. Schriftliche Aufzeichnungen über dieses frühe Wirken der Bruderschaft sollen ganz bewusst nicht angefertigt worden sein. Als Rosencreutz jedoch - übrigens der Legende nach in England - starb, wurde nach der Überlieferung über seiner Grabkrypta die rätselhafte und zugleich prophetische Inschrift "Post CXX Annos Patebo" ("Nach 120 Jahren werde ich offenstehen") eingemeißelt.[1]

All diese Hinweise fanden sich erstmals in einem 1614 zu Kassel erschienenen und anonym herausgegebenen Sammelband, der drei grundlegende rosenkreuzerische Schriften enthielt: die "Allgemeine und General Reformation der gantzen weiten Welt", die "Fama Fraternitatis, Dess Löblichen Ordens des Rosenkreutzes, an alle Gelehrten und Häupter Europae geschrieben" sowie die

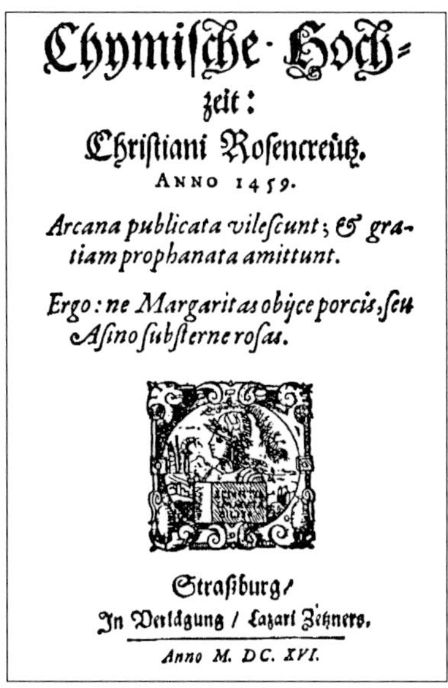

Chymische Hoch-
zeit:
Christiani Rosencreütz.
ANNO 1459.
Arcana publicata vilescunt; & gratiam prophanata amittunt.
Ergo: ne Margaritas objice porcis, seu Asino substerne rosas.

Straßburg/
In Verlägung / Lazari Zetzners.
Anno M. DC. XVI.

Titelbild der 1616 in Straßburg erschienenen Schrift
"Chymische Hochzeit: Christiani Rosencreuz, Anno 1459"

"Kurtze Responsion, von dem Herrn Haselmeyer gestellet". Die Schrift fand einen derartigen Anklang, dass sie noch im gleichen Jahr zum zweiten Mal aufgelegt wurde und bis 1617 insgesamt sieben Nachdrucke, u. a. in Kassel, Frankfurt und Danzig erlebte. Hinzu kamen in der Folgezeit niederländische, englische und französische Übersetzungen. 1616 erschien in Straßburg ein weiterer Text, die in romanhafter Form gestaltete "Chymische Hochzeit Christiani Rosenkreutz, Anno 1459", bei der allein schon durch den Titel suggeriert wurde, dass es sich um die Neuherausgabe einer bereits zu Lebzeiten von Christian Rosenkreutz verfassten Schrift handele. Danach ergoss sich eine regelrechte Welle von Schriften für und gegen die Rosenkreuzer über das geistige Europa, man schätzt die Zahl der allein bis zum Jahre 1620 erschienenen einschlägigen Texte auf mindestens 200.[2]

Es war dabei insbesondere die "Fama Fraternitatis" (das "Gerücht über die Bruderschaft"), die die Legenden über die Frühgeschichte der Gemeinschaft zu Lebzeiten ihres mysteriösen und in seiner realen Existenz bis heute recht umstrittenen Gründers enthielt. Berichtet wird darin auch, dass 120 Jahre nach dem Tod Christian Rosenkreutz' ein Bruder aus der dritten Generation der Fraternität zufällig das verborgene Grab entdeckte und dabei außer dem noch unversehrten Leib des Stifters auch verschiedene seiner Schriften, darunter das Tagebuch der Orientreise, fand. Auf diese Weise soll sich die geheimnisvolle Inschrift auf der Krypta, die von Wiederkehr nach 120 Jahren sprach, im geistigen Sinne erfüllt haben.[3]

Die Inhalte der genannten rosenkreuzerischen "Urschriften" waren in gewisser Weise von einem "Konglomerat von alchemistischen und christlichen Allegorien, humanitärer Erlösungssehnsucht und Sektierertum"[4] gekennzeichnet. Gerade angesichts dieser Vielschichtigkeit ist eine Darstellung an dieser Stelle nur sehr kursorisch möglich. Dabei sind in der rosenkreuzerischen Literatur neben Einflüssen der mittelalterlichen Hermetik und Alchemie auch solche der Philosophie Agrippa von Nettesheims und Paracelsus' sowie des reformatorischen Denkens etwa im Sinne Luthers unverkennbar enthalten.[5]

Die Bezüge zu Agrippa und Paracelsus weisen in eine Richtung der Geistesgeschichte und der Naturbetrachtung, die - wie wir gesehen haben - von entscheidendem Einfluss auf die Entwicklung eines Mannes wie Mesmer war, dessen Name in Bulwer-Lyttons esoterischen Romanen immer wieder aufscheint und ohne den die Vril-Konzeption des englischen Literaten wohl kaum in dieser Form entwickelt worden wäre.

In dem einerseits von Religionskriegen aufgewühlten, andererseits aber auch vom Durchbruch des neuen naturwissenschaftlichen Denkens und einer Erweiterung der Horizonte in jedweder

Hinsicht bewegten 17. Jahrhundert fiel das Denksystem der Rosenkreuzer naturgemäß auf einen höchst fruchtbaren Boden. Dies galt insbesondere für die Angehörigen der bürgerlichen Intelligenz, jener sich immer stärker herausbildenden und gegenüber den feudalen Strukturen emanzipierenden Schicht, die im Begriff war, sich zum Träger der wissenschaftlichen und gesellschaftlichen Veränderungen jener Zeit aufzuschwingen. Wie so oft in der Geschichte war es auch damals bedrucktes Papier, das zur Herausbildung neuer Gruppierungen im geistigen Leben des europäischen Kontinents führte. Es entstanden nun sehr reale Rosenkreuzer-Gruppen, die sich auf das in den Schriften dargestellte Erbe des Christian Rosenkreutz und seiner Fraternität beriefen und sich zu seinen Wahrern und Nachfolgern erklärten - so u. a. in Amsterdam, Den Haag, Erfurt, Hamburg und Venedig. In England und in Frankreich waren es die Philosophen Robert Fludd und René Descartes, die sich der rosenkreuzerischen Sache annahmen. Selbst die Väter der ehrwürdigen, 1645 gegründeten britischen "Royal Society", die sich zunächst naturphilosophischen Forschungen widmete, beriefen sich in ihren Publikationen auf die rosenkreuzerischen Dokumente der "Fama Fraternitatis" und ähnliche Schriften.[6]

Im Laufe des 17. Jahrhunderts entstanden in verschiedenen Ländern Europas immer wieder Gruppierungen, die sich auf das Erbe der Rosenkreuzer beriefen, wobei eine deutliche Schwerpunktbildung bei der Beschäftigung mit den darin enthaltenen alchemistischen Bezügen zu verzeichnen ist.[7] Auch im 18. Jahrhundert riss die Pflege dieser Tradition keinesfalls ab, sondern verstärkte sich sogar noch, wobei intensive Verbindungen zu den zugleich allerorten entstehenden Freimaurerlogen offenbar wurden. Die Rosenkreuzer jener Zeit firmierten als "Gold- und Rosenkreuzer", so u. a. in der 1757 in Frankfurt a. M. gegründeten "Societas Rosae et Aurae Crucis" und in dem 1777 innerhalb der

Freimaurerloge "Zu den drei Weltkugeln" eingeführten neuen Ritus der "Gold- und Rosenkreuzer alten Systems".[8]

Die Gruppen der Gold- und Rosenkreuzer, die sich auf eine von Adam über Ägypten, die Pythagoräer und die Druiden bis zu den mittelalterlichen Bauhütten reichende Tradition beriefen, können allerdings auch als ein Ausdruck interner Rivalitäten und inhaltlicher Differenzen innerhalb der damaligen Freimaurerei angesehen werden. Mit ihren Lehren und Systemen standen sie im Widerspruch zu den seinerzeit sehr aktiven Gruppen der aufklärerischen Illuminaten und verkörperten deren traditionalistischen und zum Teil stark christlich geprägten Gegenpol.[9] Diese Widersprüche wirkten bis weit ins 19. Jahrhundert hinein. Inzwischen entstanden jedoch bereits wieder neue rosenkreuzerische Gruppen, deren Spuren zum Teil bis in die Gegenwart zu verfolgen sind.[10]

Im Kontext dieses neueren Rosenkreuzertums begegnet uns kein anderer als Edward Bulwer-Lytton. So kann es als gesichert angesehen werden, dass er spätestens um 1850 als "Adept in Abwesenheit" - d. h. als korrespondierendes Mitglied - in eine schon seit dem 18. Jahrhundert bestehende Frankfurter Rosenkreuzer-Loge aufgenommen wurde: in die Loge "Karl zum aufgehenden Licht".[11] Sie stand unter der Leitung einer seinerzeit höchst bedeutenden Persönlichkeit: des Prinzen Christian Ludwig von Hessen-Darmstadt. Die Loge hatte zumindest bis 1823 enge Verbindungen mit dem "College de Chevaliers Grands Profes" (= "Schule der Ritter des großen Gelübdes") zu Paris und Straßburg unterhalten, das sich wiederum an Jean-Baptiste Willermoz, dem Begründer des streng esoterischen "Rektifizierten Schottischen Ritus" der Freimaurerei orientierte.[12] Von Willermoz führen Spuren zu Personen wie Martinez de Pasqualis und Louis-Claude de Saint-Martin, zwei bedeutenden französischen Esoterikern des 18. und 19. Jahrhunderts und Leitfiguren des in unterschiedlichen Ausprägungen und Verzweigungen bis heute bestehenden Martinisten-Ordens. Von Willermoz wird berichtet, dass er sich keinesfalls nur freimaurerischen Aktivitäten widmete, sondern auch naturwissenschaftliche Studien zum Phänomen des Magnetismus durchführte und dabei einige Entdeckungen machte, die Mesmer nur nachvollzog[13] - auch dies ein durchaus charakteristischer Hinweis auf die Zusammensetzung, Entwicklung und gegenseitige Vernetzung des geistigen Umfeldes, in dem sich Bulwer-Lytton bewegte.

Bemerkenswert sind in diesem Zusammenhang Hinweise auf die Tatsache, dass bis ins 19. Jahrhundert hinein in dieser Frankfurter Rosenkreuzer-Loge alchemistische Arbeiten ausgeführt wurden. Die Mitglieder besaßen zum Teil eigene häusliche Laboratorien, in denen sie entsprechenden Studien nachgingen.[14] Damit ist die Loge eindeutig in den Kontext der traditionellen und besonders in Deutschland stark vertretenen "Gold- und Rosenkreuzer" einzuordnen, für die eine Wiederbelebung der mittelalterlichen und frühneuzeitlichen Alchemie und ihrer Erkenntnisse auch im Zeitalter der Aufklärung ein zentrales Anliegen war. Diese konkrete inhaltliche Ausprägung der Logenarbeit verdient ebenso Beachtung bei der Erklärung verschiedener weiterer Zusammenhänge wie die bereits im Namen der Loge anklingende weihevolle Lichtsymbolik. Sie wird uns im Kontext des Vril-Mythos immer wieder begegnen - bis hin zur Bezeichnung der mysteriösen "Vril-Gesellschaft" aus den dreißiger Jahren als "Bruderschaft des Lichts".

Bei den Kontakten Bulwer-Lyttons zu der alchemistisch-rosenkreuzerischen Loge in Frankfurt blieb es nicht. Vielmehr unterhielt der spätere Autor von "The Coming Race" auch intensive Verbindungen zu dem wohl bedeutendsten französischen - wenn nicht gar europäischen - Okkultisten des 19. Jahrhunderts: zu Eliphas Levi. Dieser, am 8.2.1810 unter dem bürgerlichen Namen Alphonse-Louis Constant als Sohn eines Schuhmachers in Paris geboren, zählt angesichts der mehr als 200 von ihm verfassten einschlägigen Werke bis heute zu den "produktivsten esoterischen Schriftstellern".[15] Er besuchte Bulwer-Lytton erstmals 1853 (nach anderen Angaben im Frühjahr und Sommer 1854) anlässlich einer Reise nach England.[16] Nicht nur Gespräche, sondern auch gemeinsame magische Übungen sollen im Rahmen dieses Besuchs in London stattgefunden haben.[17] Ein weiterer Besuch Levis bei Bulwer-Lytton erfolgte gegen Ende des Jahres 1861, für den Karl R. H. Frick, einer der wohl besten Kenner der okkultistischen Szene Europas und ihrer Geschichte, ebenfalls einen "zumindest ... lebhafte(n) Gedankenaustausch" annimmt.[18] Nach späteren Angaben von Bulwer-Lyttons Sohn fanden Begegnungen zwischen seinem Vater und Eliphas Levi in Paris oder Nizza statt, auch liege in der Bibliothek des Vaters ein Brief von Levi vor.[19]

Gerade dieser Brief enthält Hinweise, die von besonderem Interesse bei der Erkundung jener geistigen Einflüsse sind, die bei der Herausbildung der energetischen Konzeption des "Vril" in "The Coming Race" eine Rolle spielten. In dem Schreiben sei, so teilte Bulwer-Lyttons Sohn weiter mit, "von der Existenz einer Universalkraft und der Art ihrer Anwendung die Rede".[20] Tatsächlich hatte Levi im Rahmen seiner weitgespannten esoterisch-magischen Studien eine eigene Theorie des "Astrallichtes" geschaffen, die an die älteren Vorstellungen des "siderischen Lichtes" von Paracelsus anknüpfte.

Das Levische Astrallicht ist dabei als Träger umfassender kosmischer Lebensenergie zu verstehen und wirkt als eine "universale magnetische Kraft", die allerdings durch den menschlichen Willen im Rahmen einer "magischen Kette" erzeugt und beeinflusst wird.[21] In der Vorstellung einer derartigen Universalkraft sind deutliche Parallelen zu Bulwer-Lyttons später in "The Coming Race" entwickelter Konzeption zu erkennen. Bestimmte Begriffe - so ist von "uni-versale(m) Fluidum", von einem "universellen

Agens" und Ähnlichem die Rede - gleichen in Levis Diktion fast aufs Haar den späteren, romanhaft verschlüsselten Formulierungen zur Beschreibung der Vril-Kraft.[22]

Wie schon Mesmer und Reichenbach dürfte somit auch Levi ein wichtiger Inspirator gewesen sein, auf dessen vielfältige Vorarbeiten Bulwer-Lytton seine eigene energetische Konzeption - gedacht als überwölbender Abschluss aller bisherigen einschlägigen Ansätze - gründen konnte.

Bei seinem England-Besuch im Dezember 1861 wurde Levi die Ehrenmitgliedschaft einer englischen Rosenkreuzer-Gruppe verliehen.[23] Bereits 1836 hatte Goldfrey Higgins eine entsprechende Bruderschaft begründet, 1860 entstand eine weitere Gemeinschaft in Manchester. Im Jahre 1865 erfolgte dann aus dem freimaurerischen Bereich heraus die Initiative zur Gründung der "Societas Rosicruciana in Anglia" (S.R.i.A.), einer der wohl bedeutendsten rosenkreuzerischen Neugründungen. Die notwendigen Vorarbeiten konnten im darauffolgenden Jahr abgeschlossen werden. Initiator des neuen, bis heute bestehenden Ordens war Robert Wentworth Little (1840–1878), der aus dem freimaurerischen Hochgradsystem des "Royal Arch" kam und ihm auch im Hauptberuf verpflichtet war: als Sekretär der Londoner Großloge.[24]

Bemerkenswert sind die vielfältigen in- und ausländischen Querverbindungen der S.R.i.A. bzw. einzelner ihrer Exponenten sowie spätere Verzweigungen der Gemeinschaft. Benjamin Cox (geb. 1828), Mitglied der S.R.i.A., zunächst gleichfalls Angehöriger des Royal-Arch-Systems und später des "Alten und Angenommenen Schottischen Ritus" der Freimaurerei, war als Beauftragter des Ordens zeitweilig für die Pflege der nationalen und internationalen Kontakte zu anderen esoterischen Gruppierungen zuständig. In den Berichten über diese Tätigkeit teilte er 1874 u. a. mit, dass er über Kontakte zu einem mysteriösen, in Paris ansässigen "Orden der Brüder des Lichtes" verfüge - erneut begegnet uns eine Bezeichnung, die in dem Mythos um Vril immer wieder aufscheint. Frick vermutet, dass diese Gruppierung identisch mit einem von Cox an anderer Stelle ebenfalls erwähnten "Orden der Brüder des Hakenkreuzes" ist - ein früher Hinweis auf die gewiss nicht zufällig und zu Beginn des 20. Jahrhunderts immer stärker werdende Verwendung des Hakenkreuzsymbols in der europäischen esoterischen Szene.

Nach anderen, gleichfalls aus dem Bereich der S.R.i.A. stammenden Hinweisen und Quellen sollen dem "Orden der Brüder des Lichts" im späten 18. Jahrhundert auch Persönlichkeiten wie Cagliostro (offenkundig ein Vorbild für die Titelfigur in Bulwer-Lyttons "Zanoni") und Mesmer (einer der wesentlichen Inspiratoren für Bulwer-Lyttons energetische Konzeption) angehört haben. Auch hier eröffnen sich, zwischen durchaus realen Bezügen und esoterischen Mythenbildungen schillernd, Parallelen der vielfältigsten Art, die bei einer sachgemäßen - und d. h. ganzheitlich-biografischen - Interpretation von Bulwer-Lyttons Werk nicht unberücksichtigt bleiben können.[25]

Drei Mitglieder der S.R.i.A. - die beiden Ärzte William Wynn Westcott und William Robert Woodman sowie Samuel Liddel Mathers - gründeten im Januar 1888 den "Hermetic Order of the Golden Dawn" (Hermetischer Orden der Goldenen Morgenröte), der sich in der Folgezeit zu einer der bedeutendsten esoterischen Gemeinschaften nicht nur Großbritanniens, sondern ganz Europas entwickelte. Dem bis heute geradezu sagenumwobenen Orden gehörten in zum Teil exponierten Positionen u. a. Persönlichkeiten wie der höchst umstrittene Okkultist Aleister Crowley und der Dichter William Butler Yeats an.[26] Ein eigener "Ableger" der S.R.i.A. bestand kurzzeitig auch in Deutschland in Gestalt der "Societas Rosicruciana in Germania (S.R.i.G.)". Sie war 1902 von Theodor Reuß, einem Wanderer zwischen sämtlichen Welten der Politik, der Freimaurerei und der Esoterik, gegründet, im Juli

1907 vom Obersten Rat der S.R.i.A. in London aber wieder für aufgelöst erklärt worden.[27]

Auch Bulwer-Lytton soll nach verschiedenen - zum Teil allerdings sehr unsicheren und umstrittenen - Informationen Mitglied und zum Teil führender Exponent der S.R.i.A. gewesen sein. Die Behauptung in Miers' "Lexikon des Geheimwissens", wonach Bulwer-Lytton 1861 "Großmeister" der S.R.i.A. geworden sei[28], ist gewiss nicht haltbar, da die Organisation zu jenem Zeitpunkt noch gar nicht bestand. Eindeutig gesichert ist jedoch, dass er am 14. Juli 1870 - d. h. zur Zeit der Entstehung von "The Coming Race" oder unmittelbar davor - von der S.R.i.A. zum "Grand Patron of the Order" ernannt wurde.[29] Somit sind über die Frankfurter Rosenkreuzer-Loge "Karl zum aufgehenden Licht" und die S.R.i.A. zumindest zwei auch organistorisch manifeste Verbindungslinien Bulwer-Lyttons zum Rosenkreuzertum seiner Zeit zu konstatieren, die die vielfältigen inhaltlichen Parallelen zwischen seinem literarischen Werk und der rosenkreuzerischen Vorstellungswelt ergänzen und zugleich erklärbar werden lassen.

Offen bleiben allerdings die Anfänge und Ursprünge von Bulwer-Lyttons Kontakten zum rosenkreuzerischen Spektrum und dem Bereich der Esoterik überhaupt. Immerhin wurden Werke wie "Zicci" und "Zanoni" bereits Jahre vor seiner Aufnahme in die traditionsreiche Frankfurter Loge verfasst, sodass dieser Akt eher als die Ehrung eines bereits erfahrenen und verdienstvollen geistigen Weggefährten und nicht als erster Schritt eines Neulings anzusehen ist. Dies gilt noch mehr für die 1870 erfolgte Ernennung zum "Grand Patron of the Order" durch die S.R.i.A. Die ersten Kontakte Bulwer-Lyttons zu rosenkreuzerischen Gruppen dürften folglich bereits in der Zeit vor 1841, dem Erscheinungsjahr von "Zicci", zu suchen sein. Es ist denkbar, aber kaum zu belegen, dass er während seiner sowohl in biografischer als auch in literarischer Hinsicht bedeutsamen Italienreise 1833/34 entsprechende

Verbindungen und Anregungen erhielt. Durchaus vorstellbar sind aber auch Verbindungen Bulwer-Lyttons zu der 1836 in England selbst entstandenen frühen rosenkreuzerischen Gruppierung um Godfrey Higgins.

Frick stellt fest, dass Bulwer-Lytton "offensichtlich intime Kenntnisse verschiedener Geheimlehren besaß und in seinen Schriften zum Teil andeutete oder als Stoff zu seinen Romanen benützte."30 Diese Kenntnisse aber können in ihrer in mehreren Werken zutage tretenden höchst detaillierten Form nur dort erworben worden sein, wo sie konzentriert waren und gehütet wurden: in den entsprechenden esoterischen Gemeinschaften selbst. Es spricht deshalb sehr viel dafür, dass die Zugehörigkeiten zu der Frankfurter Loge mit ihren an sich schon höchst interessanten Überlieferungen und Querbeziehungen sowie mindestens ab 1870 zur S.R.i.A. nur die sichtbar gewordenen "Spitzen eines Eisberges" sind. Bulwer-Lytton mag über diese beiden Einbindungen hinaus in weitere esoterische Zirkel rosenkreuzerischer und alchemistischer Prägung involviert gewesen sein, die den damaligen Zeitgenossen und erst recht uns Heutigen noch nicht einmal ihrem Namen nach bekannt sein müssen.

– 4 –

Vril, Rosenkreuzer und Alchemie

Die ideellen Bezüge der Rosenkreuzer zur sehr viel älteren Alchemie sind bereits verschiedentlich angeklungen. Sie bestanden keinesfalls nur bei den Gold- und Rosenkreuzern des 18. Jahrhunderts, sondern klingen unverkennbar schon in den grundlegenden Schriften des älteren Rosenkreuzertums zu Beginn des 17. Jahrhunderts an. Nicht von ungefähr nimmt eine dieser "Urschriften", die "Chymische Hochzeit des Christian Rosencreutz", bereits in ihrem Titel ausdrücklich auf die alchemistische Tradition Bezug. Auch die verschiedenen Gruppen des neueren Rosenkreuzertums im 19. und 20. Jahrhundert, wie z. B. die S.R.i.A., integrierten die Überlieferungen der Alchemie stets in ihre jeweiligen Lehrsysteme.[1] Sie waren und sind somit seit fast vier Jahrhunderten ein konstitutiver Bestandteil des rosenkreuzerischen Denkens.

In der landläufigen Meinung wird die Alchemie nach wie vor mit "Goldmacherei" gleichgesetzt. Assoziationen zu betrügerischen Machenschaften und perfidester Scharlatanerie stellen sich ein, verbunden mit Bildern bizarrer mittelalterlicher Laboratorien und "Giftküchen". Mit verächtlichem Lächeln erklären die meisten Vertreter der modernen Naturwissenschaften das alchemistische Tun zum untauglichen Versuch vergangener Zeiten, beseelt von einem irrigen Aberglauben, unedle Metalle in Gold verwandeln zu wollen. Dabei hat es gewiss Alchemisten gegeben, deren Wirken entsprechende Klischees nährte und die mit dem Versprechen der Golderzeugung zum Teil höchst erfolgreiche Täuschungsmanöver zur Mehrung ihres persönlichen Reichtums inszenierten.[2] Doch reichen die wirklichen Beweggründe und Dimensionen des alchemistischen Denkens sehr viel weiter. Gleiches gilt für die alchemistische Tradition, die von ihren Anhängern gern auf Hermes Trismegistos, den "dreimalgroßen Hermes", als sagenhaften Ahnherrn sowie auf die altägyptischen Priesterschulen zurückgeführt wird. Den Lehren der Alchemie lag die Annahme zugrunde, dass organische und anorganische Natur nicht schematisch zu trennen seien. Ihr Weltbild war somit - ganz im Gegensatz zu den modernen Naturwissenschaften - synthetisch und nicht analytisch bestimmt und eher qualitativ als quantitativ ausgerichtet.[3] Allen Stoffen wurde ein höchst eigenes Leben und die Fähigkeit zur Verwandlung zugeschrieben, was einschloss, dass sich im Zuge von entsprechenden Prozessen eben auch unedles Metall in edles - Gold oder Silber - verwandeln ließe. Aus dieser Ansicht leitete sich ein zusammenhängendes und höchst komplexes philosophisch-weltanschauliches System hinsichtlich der Betrachtung des Kosmos und nicht zuletzt auch des Menschen ab. Die Umwandlung der Stoffe im alchemistischen Laboratorium sollte einhergehen mit einem kontinuierlichen Reifungsprozess des Alchemisten selbst, die Veredelung und Vervollkommnung des Metalls parallel zur Veredelung und Vervollkommnung des im alchemistischen "Werk" tätigen Menschen verlaufen. In dieser ganzheitlichen Sichtweise war das angestrebte materielle Ergebnis, die Erzeugung von Gold, letztlich nur das Nebenprodukt eines sehr viel weiter gesteckten und philosophisch begründeten Zieles.[4]

Im Mittelpunkt der alchemistischen Arbeiten stand das sogenannte "Große Werk", mit dem der berühmte "Stein der Weisen" hergestellt werden sollte. Diesem Stein wurden drei wesentliche, wundersam erscheinende Eigenschaften zugeschrieben. So sollte

Die Alchemisten und ihr Gehilfe vor dem Alchemistenofen. Aus Daniel Stolcius, Viridiarium Chymicum, Frankfurt 1624. 1677 übernommen für Tripus Aureus

er, wurde er der Schmelze des unedlen Metalls zugesetzt, dessen Transmutation (Verwandlung) in Gold oder Silber bewirken können. Gelöst in Wein galt er als ein universales Heilmittel gegen alle Krankheiten. Schmolz man ihn schließlich in eine Glasampulle ein, so entstand eine ewige Leuchte, die fortan in der Lage sein sollte, ohne jegliche weitere Zufuhr von Energie Licht zu spenden. Überdies sollte er auch in der Lage sein, die Kräfte des Himmels zu beeinflussen und jenen, die ihn zu handhaben wussten, Allwissenheit zu verleihen.[5]

Die Beschreibung der Wirkweisen des Steins der Weisen entspricht somit bis ins Einzelne hinein genau den Eigenschaften, die in Bulwer-Lyttons energetischer Vril-Konzeption zutage treten. Die Möglichkeiten der Vril-Energie in "The Coming Race" gleichen genau jenen, die in der klassischen Alchemie dem "lapis philosophorum" zugeordnet sind. Denn auch mithilfe von Vril lassen sich die Stoffe verwandeln, sind Krankheiten heilbar und können künstliche Lichter betrieben werden. Der "Stein der Weisen" also als Entsprechung von Vril, die energetische Konzeption Bulwer-Lyttons als Übertragung der Möglichkeiten des Steins in die Gedankenwelt des industrialisierten 19. Jahrhunderts? An diesem Punkt werden gedankliche Querverbindungen und Einflussströme deutlich, deren Vermittlung nach allen bisherigen Erkenntnissen nur über die rosenkreuzerischen Zusammenhänge erfolgt sein kann, in denen sich Bulwer-Lytton nachweislich bewegte. Die Tatsache, dass in der traditionsreichen Frankfurter Loge "Karl zum aufgehenden Licht", der Bulwer-Lytton seit 1850 als korrespondierendes Mitglied angehörte, alchemistische Arbeiten einen zentralen Stellenwert hatten, gewinnt somit für die spätere Entwicklung der Vril-Konzeption und damit für die Entstehung von "The Coming Race" eine herausragende Bedeutung, die in der bisherigen Literaturgeschichtsschreibung jedoch seltsamerweise nie eine Rolle spielte.

Nach den Lehren der Alchemisten ist der Stein der Weisen aus der "materia prima" zu gewinnen, einem rätselhaften, nirgends genau definierten und daher nur dem Eingeweihten zugänglichen Stoff. In sieben (so bei Paracelsus) oder auch in nur vier (so bei einer Reihe von anderen Alchemisten) Bearbeitungsstufen sollte aus der "materia prima" heraus durch Umwandlung der mächtige Stein erzeugt werden. In einer dieser, in der klassischen alchemistischen Literatur vielfach beschriebenen Stufen wird die zuvor verflüssigte "materia prima" im "Bauch der Erde" vergraben, wo sie sich schwarz färbt und fault[6]. Doch ist dieser Bezug zum Erdinneren keinesfalls der Einzige, der uns im Rahmen der Alchemie begegnet.

Eine zentrale Rolle spielt vielmehr der Begriff des Vitriol, der in der alchemistischen Lehre eine doppelte Bedeutung hat. Zum

VITRIOL: Visita Interiora Terrae Rectificando Invenies Occultum Lapidem - *Suche das Untere der Erde auf, vervollkommne es, und du wirst den verborgenen Stein finden*

einen bezeichnet er klar definierbare chemische Substanzen, wie z. B. eisenhaltiges Kupfersulfat oder - als sogenanntes "Weißes Vitriol" - das sogenannte "Bittersalz" ($MgSO_4$).[7]

Zum anderen aber ist Vitriol das Symbol für den eigentlichen Prozess der Transmutation selbst und dabei die Abkürzung für eine Formel, die abermals auf das Erdinnere und auf in ihm verborgene Geheimnisse verweist: "Visita Interiora Terrae Rectificando Invenies Occultum Lapideum" (= "Suche das Untere der Erde auf, vervollkommne es, und du wirst den verborgenen Stein finden"[8]). Der italienische Philosoph und Esoteriker Julius Evola kommt in seinem der alchemistischen Philosophie gewidmeten Werk "Die Hermetische Tradition" zu einer leicht modifizierten Deutung der Formel: "Besuche das Innere der Erde, und beim Rektifizieren (= Konzentration einer Flüssigkeit durch Destillation) findest Du den verborgenen Stein."[9] In beiden Fällen ist der Bezug zum Erdinneren offensichtlich: Dort ist der Stein der Weisen aufzufinden, dort soll er gesucht werden.

Auch unter diesem Aspekt scheinen wieder verblüffende Parallelen zu einem der charakteristischen Motive in Bulwer-Lyttons "The Coming Race" auf. Tief im Inneren der Erde wohnt das zivilisatorisch hochentwickelte Volk der Vrilya, das über eine Technologie gebietet, die nicht nur den Möglichkeiten des mächtigen Steins der Weisen entspricht, sondern - brächte man sie an die Erdoberfläche - durchaus auch in der Lage wäre, diese selbst sowie das dortige Leben in jeder Hinsicht zu "transmutieren". Es kann daher mit Sicherheit angenommen werden, dass Bulwer-Lytton, über seine rosenkreuzerischen Kontakte bestens mit den alchemistischen Lehren, Symbolen und Traditionen vertraut, genau diese Zusammenhänge im Blick hatte, als er den Schauplatz seines Romans in einer Höhlenwelt tief im Inneren der Erde ansiedelte. Die Vril-Kraft des unterirdischen Volkes symbolisiert nichts anderes als den im Erdinneren verborgenen alchemistischen "Stein der Weisen"!

Schließlich kann die alchemistische Vitriol-Formel auch der Erklärungsansatz für den höchst eigentümlichen und etymologisch sonst kaum zu deutenden Begriff des "Vril" sein, auf den Bulwer-Lytton seine energetische Konzeption brachte. Die Ähnlichkeiten von "Vril" und Vitriol sind offensichtlich, "Vril" ist in Vitriol enthalten. Denkbar ist daher die Deutung von "Vril" als einer Verkürzung und teilweisen Umdeutung der Vitriol-Formel, etwa im Sinne von "Besuche und vervollkommne den aufgefundenen Stein". Wir hätten es bei dieser Deutung in gewisser Weise mit einer Aufforderung zu tun, den bereits (von Bulwer-Lytton selbst) aufgefundenen modernen "Stein der Weisen" aufzunehmen und seine Wirkung in der Welt weiter zu optimieren - in der späteren Rezeptionsgeschichte von "The Coming Race" gab es nicht wenige, die genau in diesem Sinne handeln wollten.

Es gibt zwar andererseits keine Hinweise darauf, dass Bulwer-Lytton den Begriff "Vril" in diesem gegenüber der Vitriol-Formel abgewandelten Sinne verstanden haben wollte. Doch liegen die inhaltlichen wie auch die etymologischen Zusammenhänge zwischen dem alchemistischen Vitriol und Bulwer-Lyttons "Vril" auf der Hand. Vorstellbar und angesichts des biografischen Hintergrunds auch naheliegend ist dabei zumindest, dass der Autor die alte Vitriol-Formel zwar nicht umdeuten, aber doch in symbolhaft verschlüsselter Form in sein Werk einbringen wollte. Dies läge ganz in der Logik des Werks, in dem sich zahlreiche Traditionslinien esoterischen Denkens zu einer Einheit verbinden, und zugleich in der Logik des alchemistischen Denkens, in dem Symbole und Entsprechungen stets eine dominierende Rolle innehatten.[10]

– 5 –

In den Tiefen der Erde: Von den Myhen der Völker, der Hohlwelt-Lehre und Agartha

Mythen und Überlieferungen zu belebten Hohlräumen im Erdinneren sind uralt und haben in der Regel eine tiefere symbolische Bedeutung. So verkörpert die Höhle in vielen Mythologien das weibliche Prinzip, den heiligen Schoß der Mutter Erde. In China verbindet sich mit ihr das weibliche "Yin", das seine komplementäre Entsprechung im männlichen "Yang", verkörpert durch einen Berg, hat. Für die Kelten symbolisierte die Höhle den Zugang zum Jenseits, im spätantiken Mithras-Kult bildete die Höhle in Miniaturform das von Allvater und Schöpfergott Mithras geschaffene Universum ab. Immer wieder waren Höhlen Schauplatz von Initiationsriten der verschiedensten Religionen und Kulturen, bei denen das symbolische Nachempfinden von Tod und Wiedergeburt im Mittelpunkt stand - ein Aspekt, der in gewisser Form sogar noch in der christlichen Osterlegende von Grablegung und Wiederauferstehung Christi aufscheint. Natürlich ist die Höhle, die Welt des Unterirdischen, auch und nicht zuletzt die Stätte des verborgenen Wissens: Hier wird es gehütet und vor dem Zugriff Unbefugter bewahrt, bis die Zeit der Wiederentdeckung gekommen ist.[1] "Visita Interiora Terrae ..." - das Innere der Erde erforschen, um den verborgenen Stein zu finden. Nicht umsonst fand sich das Vermächtnis des Christian Rosencreutz nach der Überlieferung der rosenkreuzerischen Tradition in einer höhlenartigen Grabkrypta wieder ...

Aus der Vielzahl von Mythen, die auf den initiatischen Symbolgehalt des Höhlenmotivs verweisen, sei die germanische Siegfried-Saga genannt. Es ist das Eindringen in die Höhle des Drachen Fafnir, das den für Siegfried entscheidenden Kampf zur Folge hat: Nach dieser Bewährung, die einer Initiation gleichkommt, kann er im Blut des Drachen baden und erlangt Unverwundbarkeit. Zugleich erzählt die Mythologie der germanischen Völker von der höhlenartigen Geborgenheit des Urd-Brunnens tief unter dem mächtigen Wurzelwerk der Weltenesche Yggdrasil, an dem die drei Nornen Urd, Werdandi und Skuld die Fäden des Schicksals weben. Selbst die Geschichte der Götter ist dem Weben der Nornen und damit dem Einfluss der Höhle unterworfen.[2] Das Höhlenmotiv kommt auch in dem babylonischen Gilgamesch-Epos, in der griechischen Orpheus-Sage und in zahlreichen anderen Sagenkreisen vor.

Nicht von ungefähr finden sich unter den bekannten vorchristlichen Kultstätten in Mitteleuropa und andernorts immer wieder Höhlen der verschiedensten Art. Gerade um sie ranken sich zahlreiche Sagen. Zumindest eine von ihnen, fast schon eine "Nationalsage" der Deutschen, ist weithin bekannt: die Kyffhäuser-Sage von Kaiser Friedrich, der demnach in den Höhlen des Kyffhäuser-Berges darauf warten soll, in der Stunde höchster Not als Retter seines Volkes und Landes wieder zu erscheinen. Einer der realen Hintergründe dieser Mythenbildung mag darin liegen, dass der Kyffhäuser bereits vor rund 3000 Jahren das zentrale Kultheiligtum der in Mitteldeutschland siedelnden Stämme war und ihnen als Schauplatz zahlreicher Opferzeremonien diente.[3]

Dieser "genius loci" des Berges prädestinierte ihn folglich dazu, auch in späteren Zeiten zum Schauplatz von Sagen und

Mythen zu werden. Auch die im bayerischen und österreichischen Raum anzutreffenden künstlichen Höhlen, die sogenannten "Erdställe", dürften in einem alten kultischen Zusammenhang zu sehen sein, der weit in die vorchristliche Zeit zurückreicht.[4]

Angesichts der allein aus diesen kurzen Verweisen schon ersichtlich werdenden vielschichtigen mythologischen und symbolhaften Bedeutung des Höhlenmotivs verwundert seine Verwendung in der Alchemie, in der rosenkreuzerischen Überlieferung und - in deren Folge - im Werk des Esoterikers Bulwer-Lytton nicht. Allerdings geht Bulwer-Lytton noch weiter als die meisten der traditionellen Mythen und Legenden. Gewiss ist seine romanhafte Schilderung der unterirdischen Welt der Vrilya der alchemistisch-rosenkreuzerischen Symbolik des Vitriol und des verborgenen, durch die Vril-Kraft verkörperten "Steines der Weisen" entlehnt. Doch bleibt er hierbei nicht stehen, sondern entwirft vielmehr das höchst komplexe Panorama einer ganzen unterirdischen Zivilisation und damit des Erdinneren als eines denkbaren Lebensraumes. Diese Darstellung hat durchaus eine Reihe von Parallelen und weist zudem Querbezüge zu bestimmten Elementen der zentralasiatischen Mythologie auf, die im esoterischen Denken des Westens nach und nach Eingang fanden. Bemerkenswert ist, dass sie sich in einer Reihe von Fällen mit dem entstehenden Vril-Mythos zu einer Einheit verbanden.

So erschien um die Jahrhundertwende in Berlin-Steglitz eine eigenartige Schrift aus der Feder eines Herrn O.H.P. Silber, seines Zeichens Architekt, Lehrer an der Städtischen Kunstgewerbe- und Handwerkerschule zu Charlottenburg und Dozent an der Gewerbeakademie zu Berlin.[5] Sie trug den ebenso erstaunlichen wie vielversprechenden Titel: "Die Erde eine Hohlkugel, leicht verständlich in Wort und Bild bewiesen". In dieser Veröffentlichung hielt sich Silber gar nicht erst bei einzelnen Höhlen oder größeren Hohlräumen unter der Erde auf, sondern konstatierte, dass es sich bei der Erde insgesamt um eine gigantische Hohlkugel handele.

In einem eigenen, der "Entstehung des Erdplaneten" gewidmeten Kapitel versuchte er für diese These eine Erklärung zu geben, die sich durchaus noch im Rahmen der herkömmlichen naturwissenschaftlichen Kategorien seiner Zeit bewegte. Demnach war die Erde in ihrer Entstehungsphase zunächst eine im All rotierende glühende Gaskugel, in der sich nach Silbers Ansicht zwei auch in der Schulphysik allgemein anerkannte Kräfte gegenseitig ergänzten: die Schwerkraft, die zu einer Verdichtung der Gasmoleküle zur Oberfläche hin wirkte, und die Zentrifugalkraft, die die Moleküle im Inneren der Kugel nach außen drängte. Auf diese Weise habe sich allmählich eine feste Kruste gebildet, unter der – durch das Wirken der Zentrifugalkraft verursacht – ein riesiger Hohlraum verblieben sei.[6] Der Durchmesser dieses hohlen Erdinneren betrug laut Silber am Äquator 560 und an den Polen 575 Meilen. Daraus errechnete sich für ihn eine Innenfläche der Hohlkugel von exakt 967 198,50 Quadratmeilen, etwa die fünfeinhalbfache Größe des europäischen Kontinents.[7] Auf dieser Innenfläche seien noch zahlreiche Vulkane aktiv.[8] Zugleich ging Silber anhand von geophysikalischen Studien und einer Reihe von eigenen Berechnungen davon aus, dass "im Erdinneren weit größere Wassermengen zirkulieren als auf der Oberfläche und müssen diese inneren Wassermengen sehr viel zur Luftbildung innerhalb der Erdkruste beitragen". Das Vorhandensein von Wasser und Luft aber war für ihn ein Indiz für die Existenz von wie immer geartetem Leben im Erdinneren.[9]

Aus all dem schloss Silber, dass es nunmehr endlich an der Zeit sei, den menschlichen Forscherdrang der Erkundung des Erdinneren zu widmen:

> "Alles weist darauf hin, daß wir, nachdem die Eroberung des Wassers und der Luft geglückt ist, nachdem wir über den Raum

> der Erdoberfläche Herr geworden sind – in die Tiefe dringen sollen, um hier die verborgenen unermeßlichen Schätze zu heben. Die Natur selbst hat in Gestalt von Eruptions-, Gas- und Dampfkanälen sowie Wasserläufen und Höhlen Wege geschaffen, welche ein Vordringen ermöglichen."[10]

Silbers kleine Schrift ist in ihren wesentlichen Argumentationen von dem - hier nicht zu bewertenden - Versuch gekennzeichnet, die zeitgenössischen Erkenntnisse der Naturwissenschaften in den Dienst seiner Theorie zu stellen. Esoterische Bezüge des Themas klingen demgegenüber erst ganz am Schluss, in einem knapp gehaltenen Kapitel zum Thema "Okkulte Schlüsse über den Zweck des großen Hohlraums" an. Darin schlägt er vor, "Verbrecher" von der Oberfläche des Planeten ins Erdinnere zu verbannen, damit der Rest der Menschheit ungestört von deren negativen telepathischen Einflüssen weiterexistieren könne.[11] Abgesehen von dieser Randthese, die eher an die zu jener Zeit aufkommenden sozialdarwinistischen Strömungen als an traditionelle esoterische Denkweisen erinnert, vermeidet Silber jegliche Berührungen mit dem grenzwissenschaftlichen Bereich. Anklänge an den mythologischen, alchemistischen und rosenkreuzerischen Symbolgehalt des Erdinneren fehlen in seiner Schrift ebenso wie unmittelbar erkennbare Bezüge zu Bulwer-Lyttons "The Coming Race" und die darin beschriebene Welt der Vrilya.

Doch kann Silbers Broschüre als ein Versuch angesehen werden, mit relativ modernen und den exakten Naturwissenschaften entlehnten Erklärungskategorien genau das als eine reale Möglichkeit zu definieren, was Bulwer-Lytton etwa drei Jahrzehnte zuvor in romanhaft verschlüsselter Form angedeutet hatte: das Leben im Inneren der Erde. Bei beiden Autoren erscheint somit ein Motiv, das weitere Jahrzehnte später bei der Entstehung und Weiterentwicklung des Vril-Mythos gerade in der Kombination beider Ansätze, des esoterischen und des naturwissenschaftlichen, noch eine erhebliche und bis heute wirksame Virulenz entwickeln sollte. Der Berliner Architekt, Gewerbelehrer und Pamphletist Silber selbst mag vergessen sein – an seiner Theorie einer hohlen und in ihrem Inneren bewohnbaren Erde entzündet sich hundert Jahre später wieder die Fantasie ...

Silber war zwar einer der ersten deutschen Autoren, die die These einer im Inneren hohlen Erde vertraten, in Amerika jedoch hatte bereits 1818 der Hauptmann a. D. J. Cleves Symnes eine in manchen Punkten ähnliche Theorie entwickelt. Danach bildeten die Erde und der Weltraum ein System von fünf ineinander verschachtelten Hohlkugeln. Diese seien jeweils sowohl auf ihrer Oberfläche als auch auf ihrer Innenseite bewohnt.[12] In der Folgezeit entwickelten sich unter den Anhängern der Vorstellung einer hohlen Erde allerdings zwei gegensätzliche Richtungen. Die eine von ihnen, zu der z. B. Silber gehörte, ging durchaus noch von der gängigen Vorstellung der Erde als einer im Weltraum schwebenden Kugel und damit vom kopernikanischen Weltbild aus. Sie ergänzte es lediglich um die Ansicht, dass das Innere der Erdkugel einen unter Umständen bewohnbaren oder gar schon bewohnten riesigen Hohlraum enthalte.

Die Anhänger der anderen Richtung kamen dagegen zu dem Schluss, dass die vermeintliche Erdoberfläche selbst die Innenseite einer Hohlkugel sei. Die Erde schwebe keinesfalls im Weltraum, vielmehr bewegten sich die Sonne, der Mond und die Sterne als relativ kleiner "Sternball" im Inneren des hohlkugelförmigen "Erdraums". Wie weit sich die Gesteinsmassen um den "Erdraum" erstreckten und was sich hinter ihnen befände, könne man nicht wissen – genauso wenig, wie die Anhänger des kopernikanischen Weltbildes sagen könnten, was sich hinter dem sichtbaren Universum befände. In Deutschland wurde diese Theorie vor allem in den zwanziger und dreißiger Jahren von Karl Neupert aus Augsburg und Johannes Lang aus Frankfurt vertreten.[13]

Nach 1945 geriet diese Variante weitgehend in Vergessenheit, sie hat aber nach wie vor eine kleine Anhängerschar.

Es gab noch einen weiteren, bis heute vielfältig nachwirkenden Aspekt der Theorien vom bewohnten Erdinneren, der in den zwanziger Jahren erregte Diskussionen hervorrief. 1923 erschien das Buch “Beasts, Men and Gods” des Polen Dr. Ferdinand Ossendowski (1876–1945), der in den Jahren des russischen Bürgerkriegs als Gelehrter und Diplomat Sibirien und Zentralasien bereist hatte. Unter dem Titel “Tiere, Menschen und Götter” wurde es auch in Deutschland zum Bestseller. Ossendowski überlieferte in seinem zunächst als Reisebericht gedachten Werk mongolische Legenden über ein geheimnisvolles unterirdisches Reich Agarti (indisch: Agartha), in dem ein mächtiger König residiere: der König der Welt. Die entsprechenden Erzählungen des Fürsten Hultun Beyli, eines mongolischen Stammesführers, gibt er dabei in ausführlicher Weise wörtlich wieder:

> "Vor mehr als sechzigtausend Jahren verschwand ein Heiliger mit einem ganzen Menschenstamm unter dem Erdboden, um sich niemals wieder an der Erdoberfläche zu zeigen. Viele Leute haben indessen dieses Königreich besucht (...), aber niemand weiß, wo sich das Königreich befindet. Die einen sagen in Afghanistan, andere in Indien. In ihm ist das Volk gegen das Böse geschützt. Verbrechen gibt es nicht innerhalb seiner Grenzen. Die Wissenschaft hat sich in ihm ruhig entwickelt, nichts ist in ihm durch Zerstörung bedroht. Das unterirdische Volk hat das höchste Wissen erreicht. Das Land unter der Erde ist jetzt ein großes Königreich. Zu ihm gehören Millionen von Menschen. Sein Herrscher ist der König der Welt. Dieser kennt alle Kräfte der Welt und vermag in den Seelen der Menschheit und in dem großen Buch ihres Geschickes zu lesen. Unsichtbar regiert er über die achthundert Millionen Menschen, die auf der Erdoberfläche leben. Sie sind jedem seiner Befehle unterworfen."[14]

Hultun Beyli fuhr laut Ossendowski mit den folgenden Erläuterungen fort:

> "Dieses Königreich ist Agarti. Es erstreckt sich über alle unterirdischen Gänge der Welt (...). Alle unterirdischen Völker und unter der Erde befindlichen Räume werden von Herrschern regiert, die dem König der Welt untertan sind (...). Sie wissen ja, daß es früher in den beiden größten Ozeanen des Ostens und Westens zwei Kontinente gegeben hat, die unter der Wasseroberfläche verschwanden. Deren Bevölkerung gehört jetzt zu dem unterirdischen Königreich. In den Höhlen unter der Erdoberfläche herrscht ein besonderes Licht, dem es zu danken ist, daß dort Getreide und Pflanzen wachsen und die Menschen ein langes, von Krankheiten freies Leben führen können."[15]

Diese Beschreibungen des unterirdischen Reiches von Agarti weisen erstaunliche Parallelen zu all dem auf, was Bulwer-Lytton seinem in den Tiefen der Erde gelegenen Reich der Vrilya zuschrieb: Harmonie, Gesundheit, eine entfaltete Wissenschaft und nicht zuletzt ein "besonderes Licht", das in der Handlung von "The Coming Race" den Helden überhaupt erst dazu verleitete, sich in die innerirdische Höhlenwelt zu begeben. Später, nach dem Gespräch mit dem Fürsten Hultun Beyli, erfährt Ossendowski bei einem Aufenthalt in der Stadt Urga aus dem Munde eines lamaistischen Klosterbibliothekars eine weitere bemerkenswerte Einzelheit, die erneut Parallelen zu den Vorstellungen Bulwer-Lyttons aufweist. Der Bibliothekar teilt ihm mit, dass Agarti seine große und weltumspannende Macht "durch die mysteriöse Wissenschaft des Om verliehen worden (ist), mit dem wir alle unsere Gebete beginnen."[16] Ähnlich wie bei den Vrilya in "The Coming Race" fußt die Macht also auch bei den Bewohnern von Agarti auf wissenschaftlichen Erkenntnissen – in dem einen Fall auf dem Wissen um die Vril-Energie, im anderen Fall auf der religiös fundierten "Wissenschaft des Om".

In der Debatte, die gleich nach dem Erscheinen von Ossendowskis Buch einsetzte, wurde dem Autor insbesondere auch der Vorwurf gemacht, seine Darstellung von Agarti/Agartha dem 1910 erschienenen nachgelassenen Werk "Mission de l'Inde" des französischen Esoterikers und Literaten Joseph Alexandre Saint-Yves d'Alveydre (1845–1909) entlehnt zu haben. Auch hierin war, aus der Sicht der indischen Überlieferungen, von einem unterirdischen Reich "Agartha" die Rede, dessen Beschreibungen sich in vielerlei Hinsicht mit denen Ossendowskis deckten. Doch finden sich in beiden Werken, wie René Guénon (1886–1951), ein anderer Großmeister der esoterischen Literatur in Frankreich, feststellte, auch verschiedene Stellen, die keinesfalls übereinstimmen – ein Hinweis auf unterschiedliche Quellen beider Autoren, auf mongolische bei Ossendowski und indische bei Saint-Yves d'Alveydre. Dies und die allgemeine Tatsache, dass der Mythos von Agartha geradezu Gemeingut in den Überlieferungen zahlreicher asiatischer Völker ist, lässt Guénon zu dem eindeutigen Schluss kommen, dass von einem Plagiat Ossendowskis keinesfalls die Rede sein kann.[17] Für Guénon ist die Darstellung des Reiches Agartha als unter der Erdoberfläche liegend allerdings symbolisch zu verstehen. Gemeint sei das in fast allen Mythologien und religiösen Überlieferungen anzutreffende "Heilige Land", Platons "Ort der Seligen", das im irdischen Zyklus des Kaliyuga, des dunklen Zeitalters, vor dem Zugriff der Unbefugten verborgen werden müsse.[18]

Beflügelt durch die Veröffentlichungen Saint-Yves d'Alveydres und Ossendowskis entzündeten sich an dem Mythos von Agartha zahlreiche Vermutungen, Deutungen und Spekulationen. Sie wurden begünstigt durch die bereits seit dem Ende des letzten Jahrhunderts – nicht zuletzt im Rahmen der Theosophie – feststellbare Hinwendung der esoterischen "Szene" in Europa und Nordamerika zu den Mythen und religiösen Überlieferungen des Ostens. Robert Charroux, ein weiterer Franzose, sah in Agartha den magischen Gegenpol Asiens zur Weltherrschaft der weißen Rasse und zu den nordischen Mythen um Thule und Hyperborea.[19] Für den wolgadeutschen Forscher Nicholas Roerich war das geheimnisvolle Shambhala, in manchen Deutungen die Hauptstadt, in anderen wiederum der eigentliche Gegenpol zu Agartha, das Symbol für die Einheit aller Religionen auf geistiger Ebene.[20] Auch Richtungen wie die Theosophie, die Rosenkreuzer und esoterische Strömungen im völkischen Bereich nahmen sich auf die vielfältigste Weise des Themas an.

Bulwer-Lytton mag durchaus Kenntnisse von den vielfältigen Thesen und Theorien gehabt haben, die das Erdinnere nicht nur als symbolischen Ort des Bergens und der Läuterung im Sinne der alchemistischen und rosenkreuzerischen Tradition sahen, sondern – wie etwa der Amerikaner Symnes – von der Hohlkugelgestalt der Erde ausgingen. Nicht auszuschließen ist auch, dass er, so z. B. in seiner Zeit als britischer Kolonialminister, bereits in Kontakt mit den Mythen kam, die sich gerade in Indien um das unterirdische Reich Agartha rankten. Hier mögen weitere geistige Einflüsse liegen, die die Entstehung von "The Coming Race" mitprägten. Insbesondere die Parallelen zwischen den Beschreibungen Agarthas und seiner Schilderung des Reiches der Vrilya legen die Vermutung nahe, dass ihm der Agartha-Mythos bereits lange vor Saint-Yves d'Alveydre und Ossendowski bekannt war – aus welchen denkbaren Quellen auch immer. So erschließt "The Coming Race" sowohl hinsichtlich seiner Entstehungsbedingungen als auch hinsichtlich der im Rahmen der späteren Rezeption feststellbaren Mythenbildung ein ganzes Kontinuum von Denkschulen und Theorien im Bereich der Esoterik und der fantastischen Wissenschaft. Dieses Kontinuum reicht von den alchemistischen und rosenkreuzerischen Traditionen bis zur Mythologie Indiens und Zentralasiens und von neuzeitlichen Forschungen auf dem Gebiet der magnetischen Strahlung bis hin zu kosmologischen und geophysikalischen

Spekulationen über die Gestalt der Erde. Bulwer-Lytton vermochte es, die sehr verschiedenartigen Bereiche dieses Kontinuums zu einem einheitlichen System zusammenzufügen, in das er sie teils als unmittelbare Bausteine der Romanhandlung, teils als Rahmenbestandteile für seine energetische Konzeption des Vril integrierte.

In dieser weitgreifenden Verarbeitung höchst unterschiedlicher Quellen und Motive liegt auch ein wesentlicher Unterschied zu anderen Romanen des 18. und 19. Jahrhunderts, die sich Expeditionen ins Erdinnere und der Beschreibung dort existierender Kulturen widmen: zu Jules Vernes 1864 erschienenem Werk "Voyage au Centre de la Terre" etwa[21] oder zu dem heute fast völlig vergessenen "Iter Subterraneum" (erschienen 1741) des Dänen Nicolai Kliminius.[22] Eine Interpretation von "The Coming Race" in rein literaturwissenschaftlichen Kategorien erweist sich vor diesem Hintergrund als ein völlig aussichtsloses Unterfangen.

– 6 –

Bulwer-Lyttons Rezeption und Wirkung

Bereits mit "Zanoni", seinem ersten esoterisch geprägten Romanwerk, hatte Bulwer-Lytton große Aufmerksamkeit erregt und eine zumindest im Spektrum der esoterisch Interessierten bis weit in unser Jahrhundert reichende überaus positive Resonanz erzielt. Gustav Meyrink hielt das Werk für "unvergleichlich" und bezeichnete es als eine "Erleuchtung", der Roman gilt als Vorläufer eines ganzen literarischen Genres.[1] Doch auch "The Coming Race" wurde, zunächst in England, sofort nach Erscheinen ein enormer verlegerischer Erfolg. Schon 1872, nur ein Jahr nach der Erstauflage, ging bereits die siebte Auflage in Druck. Bulwer-Lyttons literarische Darstellung der Vril-Thematik war also seinerzeit das, was wir heute einen "Bestseller" nennen. In Deutschland, wo Bulwer-Lytton "noch weit über die Mitte des 19. Jahrhunderts hinaus als ein Autor ersten Ranges"[2] galt, erschien 1874 in einem Leipziger Verlag die erste Übersetzung des Werkes durch J. Piorkowska, zunächst unter dem Titel "Das Geschlecht der Zukunft".

Bedeutende Vertreter verschiedener um die Jahrhundertwende entstandener Strömungen im esoterischen Spektrum nahmen ausdrücklich immer wieder auf Bulwer-Lytton und "The Coming Race" Bezug. Dies gilt z. B. für die Theosophie, deren Begründerin, die Russin Helena Petrowna Blavatsky, sich mehrfach zu Bulwer-Lytton und seiner energetischen Konzeption der Vril-Kraft äußerte. In einem ihrer Hauptwerke, dem 1877 erschienenen Buch "Die entschleierte Isis", greift sie den Vril-Begriff in positiver Weise auf und stellt dabei fest, dass es sich dabei um eine geheimnisvolle, aber durchaus reale Kraft handele, von der in den verschiedensten Überlieferungen aller Zeiten und Völker immer wieder berichtet werde, wenn auch unter vielfältig wechselnden Namen.

In diesem Zusammenhang nennt Blavatsky unter anderem den alttestamentarischen "brennenden Dornbusch" des Moses, das "Anima Mundi" der Kabbalisten, das "Akasha" der Hindus, das sagenhafte "Elmsfeuer" der germanischen Mythologie, das "Heilige Feuer" der Parsen sowie die "Milch der Himmlischen Jungfrau" der mittelalterlichen Hermetiker. Ausdrücklich bezieht sie in die Aufzählung von Begriffen, die nach ihrer Ansicht mit Vril gleichbedeutend sind, auch solche aus Quellen ein, die bei der geistigen Entwicklung des Esoterikers Bulwer-Lytton und seiner energetischen Konzeption in wesentlicher Weise impulsgebend waren: das "Astrallicht" von Eliphas Levi und das "siderische Licht" der Rosenkreuzer.[3] Insgesamt fällt allerdings auf, dass bei dieser frühen theosophischen Deutung der Vril-Energie mythologische und religionsgeschichtliche Bezüge eindeutig im Vordergrund stehen. Bezüge naturwissenschaftlicher oder gar unmittelbar technischer Art, die in bestimmten Bereichen der späteren Rezeptionsgeschichte noch eine wichtige Rolle spielen sollten, fehlen bei Blavatsky ganz.

In dieser Hinsicht völlig andere und weitergreifende Akzente setzten dagegen Rudolf Steiner und die – ursprünglich aus der Theosophie hervorgegangene – Anthroposophie. So merkte Steiner nach dem Ersten Weltkrieg gegenüber Günther Wachsmuth, einem weiteren Übersetzer von "The Coming Race" ins Deutsche an, Bulwer-Lytton habe

> "geschaut, was in der Evolution potentiell veranlagt sei, insbesondere durch die zukünftige Entdeckung bisher unbekannter

> Naturkräfte. Die Bilderwelt in Bulwers Werk ist teils als Rückschau in verlorengegangene Fähigkeiten des Menschen in frühester Vorzeit der 'atlantischen Epoche', insbesondere aber als Vorschau in künftige Evolutionsphasen, ein sehr wesentlicher Beitrag."[4]

Bemerkenswert ist bei diesen Äußerungen zum einen, dass Steiner - der übrigens Wachsmuths Übersetzung gegen dessen anfängliche Widerstände hin anregte[5] - mit seinem ausdrücklichen Verweis auf "die zukünftige Entdeckung bisher unbekannter Naturkräfte" in der Vril-Thematik eine primär zukunftsgerichtete Perspektive erkannte und die von Bulwer-Lytton in seinem Roman entwickelte energetische Konzeption somit jenseits aller literaturwissenschaftlichen Haarspaltereien ernst nahm. Ebenfalls bemerkenswert ist auch der Hinweis auf "verlorengegangene Fähigkeiten ... der 'atlantischen Epoche'", mit dem Steiner erstmals Bezüge zum Atlantis-Mythos in die Rezeption von "The Coming Race" einbrachte. Gerade dieser Gedankengang wurde, wie noch darzustellen ist, im Verlauf der weiteren Rezeptionsgeschichte noch von ganz anderer Seite aufgegriffen.

Wachsmuths Übersetzung, die bis heute von einem anthroposophischen Verlag in Dornach vertrieben wird, erfolgte bereits 1922. Sie erschien bezeichnenderweise unter dem Titel "Vril oder eine Menschheit der Zukunft". Damit wurden von anthroposophischer Seite aus die in dem Roman behandelte Thematik der Vril-Kraft und damit die energetische Konzeption Bulwer-Lyttons erstmals plakativ in den Mittelpunkt einer Edition gestellt. Diese editorische Praxis dürfte von Anfang an bewusst der Einschätzung Steiners gefolgt sein, der dem Werk insbesondere hinsichtlich möglicher Entdeckungen bisher nicht bekannter Naturkräfte und Energien eine große Bedeutung beimaß. Dagegen erfolgten andere Veröffentlichungen des Romans weiterhin in Anlehnung an den ursprünglichen englischen Titel, in dem der Vril-Begriff nicht auftauchte.[6]

In einem Vorwort für die 1958 erfolgte und bis heute mehrfach aufgelegte Neuausgabe seiner Übersetzung schreibt Wachsmuth mit Blick auf zukünftige Entwicklungen bei der Nutzung neuer Energien:

> "Durch die Entdeckung und Anwendung solcher Naturkräfte ergibt sich nicht nur ein tiefgreifender Wandel in der Meisterung der Technik, sondern auch eine bewußte Herrschaft über die Lebensprozesse, damit aber auch eine völlig andersgeartete Lebensweise und soziale Ordnung."[7]

Aus seiner anthroposophischen Perspektive vernimmt Wachsmuth in Bulwer-Lyttons Werk "die Stimme eines in die Zukunft schauenden Erdenmenschen"[8] und schließt, bestimmte Entwicklungen der folgenden Jahrzehnte vorausschauend:

> "... eine Zukunft, die gewaltige neue Naturkräfte sich erobern, sie aber anfänglich, ohne die Folgen zu überschauen, nur ungenügend beherrschen wird, die darum auch so manche versteckte und zwischen den Zeilen zu lesende Warnung Bulwers gewiß nicht befolgt, wird sich doch mit dem Gedanken durchdringen: daß sich Dichtung und Wahrheit, phantastische Zukunft und wirkliche Gegenwart gar schnell folgen und eins werden!"[9]

Wir haben es bei Vril somit zunächst mit einer energetischen Konzeption zu tun, die – vor allem hinsichtlich ihrer Möglichkeiten und Anwendungen – das zentrale Thema eines esoterisch inspirierten Zukunftsromans des 19. Jahrhunderts ist. In die Entstehungs- wie in die Wirkungsgeschichte dieses Romans spielen zahlreiche verschiedene Aspekte hinein: mythologische Überlieferungen zu bestimmten Naturkräften und zur Gestalt der Erde, die Rezeption und Deutung dieser Überlieferungen im esoterischen "Untergrund" des 18. und 19. Jahrhunderts sowie schließlich daraus erwachsende Spekulationen über eventuell mögliche Nutzungen dieser geheimnisvollen Energie in der Zukunft. Eine sachgemäße Interpretation dieses Gesamtkomplexes ist, wie bereits verschiedentlich dargelegt, allein mit den üblichen literaturgeschichtlichen Methoden und Kategorien nicht mehr möglich. Sie erfordert stattdessen ein ganzheitliches Vorgehen unter Einbeziehung sehr viel weitergreifender Erkenntnisse, u. a. aus den Bereichen der Kultur-, der Ideen- und der Wissenschaftsgeschichte.

Doch weitete sich die Rezeption der Vril-Thematik im Laufe des 20. Jahrhunderts in zwei Richtungen aus, die auch darüber noch wesentlich hinausgingen. War der tatsächliche Entstehungszusammenhang mit seinen Einflüssen aus der alchemistischen Überlieferung, dem Rosenkreuzertum, der Magnetismusforschung Mesmers und den Mythen vom bewohnten Erdinneren schon fantastisch genug, so begannen sich nun bestimmte Aspekte dieses Kontinuums zu verselbstständigen und mit immer ferneren Assoziationen zu verbinden. Zum einen kam es zu einer Mythenbildung ungeahnten Ausmaßes, die ihre besondere Brisanz vor allem durch die Tatsache erhielt, dass sie in massiver Weise bestimmte hochsensible Bereiche der Politik und der Zeitgeschichte tangierte. Zum anderen gab es aber auch durchaus ernst gemeinte Ansätze von Naturwissenschaftlern, Technikern und entsprechend interessierten Laien, unter dem Begriff "Vril" Energien und Energietechniken zu entwickeln, die jenen in Bulwer-Lyttons Roman an Wirkung in nichts nachstehen sollten. Dabei griffen diese beiden Bereiche, der politisch wirksame Vril-Mythos und die technisch-naturwissenschaftlichen Experimente zur Vril-Energie, immer wieder ineinander - oft in einer geradezu atemberaubenden Art und Weise, die nach wie vor Anlass zu den gewagtesten Annahmen und Spekulationen gibt. Eine Schlüsselrolle kommt dabei den Gerüchten und Legenden um eine höchst geheimnisvolle Organisation zu, die bei aller Dichtung doch nicht eines Kerns von Wahrheit entbehren: gemeint ist die "Vril-Gesellschaft" ...

– 7 –

Die Entstehung des Mythos

7.1. Pauwels Bergier, der "Aufbruch ins Dritte Jahrtausend" und die Hintergründe

Zu Beginn der sechziger Jahre erschien das höchst inhaltsreiche Buch "Le Matin des Magiciens" der beiden französischen Autoren Louis Pauwels und Jacques Bergier - ein weiterer Bestseller, der rasch Furore machte. Ab 1962 fand dieses Werk unter dem Titel "Aufbruch ins dritte Jahrtausend. Von der Zukunft der phantastischen Vernunft" auch im deutschsprachigen Raum eine recht zahlreiche Leserschaft.

In seinem Vorwort beschrieb Pauwels, der bereits zuvor durch ein Buch über den modernen Magier Georg Iwanowitsch Gurdjew hervorgetreten war[1], die weitreichenden Beweggründe und Intentionen des Werkes in der folgenden Weise:

> "Was aber wiegt, das ist, zu erkennen, in welchem Maße der Weg des sogenannten 'traditionellen' Denkens mit den Impulsen des gegenwärtigen Denkens wieder zusammentrifft. Die Physik, die Biologie und die mathematischen Wissenschaften heben an ihren äußersten Punkten heute wieder auf die Gegebenheiten der frühen Menschheitsüberlieferung ab, greifen gewisse Visionen vom Kosmos, von den Beziehungen zwischen Energie und Materie, zwischen der Freiheit und der Ganzheit des Wesens wieder

> auf, wie sie altüberkommene Visionen darstellen. Wenn man die Wissenschaften von heute ohne wissenschaftlichen Konformismus betrachtet, so stellt man fest, daß sie Zwiesprache halten mit den alten Magiern und Alchemisten, den letzten traditionellen 'Wundertätern'. Eine Revolution vollzieht sich unter unseren Augen, und sie hat das Gesicht eines Wiederfindens, einer unverhofften Wiedervermählung zwischen der über die angehäuften Neueroberungen ihrer selbst verlustig gegangenen Vernunft und der seit langem vernachlässigten religiösen Institution"[2].

Mit Blick auf bevorstehende Entwicklungen, die nur wenige Jahre später mit dem Aufkommen der "New Age"-Strömung in den Ländern Westeuropas und Nordamerikas höchst reale Formen annahmen, fuhr Pauwels seinerzeit fort:

> "Für den wirklich aufmerksamen Beobachter sind die Probleme, die sich für die heutige Erkenntnis stellen, keine Probleme des Fortschritts. Bereits vor Jahren ist die Idee des Fortschritts im Westen untergegangen. Es sind vielmehr Probleme einer radikalen Zustandsänderung, einer Umwandlung. In diesem Sinne gehen die auf die Wirklichkeit innerer Erfahrung lauschenden Menschen auf die Zukunft zu, Hand in Hand mit den fortschrittlichen Gelehrten, die den Anbruch einer Welt vorbereiten, welche kein gemeinsames Maß mehr hat mit der bedrückenden Übergangswelt, in der wir noch für eine kleine Weile leben."[3]

Unter diesen inhaltlichen Prämissen verstand sich das Buch von vornherein als ein Versuch, den Positivismus, die Vordergründigkeit und das einseitig lineare Denken der modernen Naturwissenschaften zu überwinden. Stattdessen sollten die vielschichtigen Dimensionen eines ganzheitlichen Denkens der Vergangenheit aufgearbeitet und für die Gegenwart und Zukunft nutzbar gemacht werden. Mit ihrem Anspruch einer grundsätzlichen Kritik des herrschenden Wissenschafts- und Fortschrittsverständnisses nahmen Pauwels und Bergier bereits zu Beginn der sechziger Jahre viel von dem vorweg, was gegen Ende des Jahrzehnts in der Studentenbewegung und mehr noch in den darauffolgenden ökologischen Strömungen und im "New Age" massenwirksam postuliert wurde. Sie forderten einen grundsätzlichen Paradigmenwechsel nicht nur im Wissenschaftsbetrieb, sondern im westlichen Denken überhaupt ein und ließen damit bereits Anklänge an das erkennen, was später z. B. von Fritjof Capra oder Rupert Sheldrake erkannt und formuliert wurde. Ihr Ausgangspunkt dabei waren allerdings noch nicht die sich anbahnenden ökologischen Krisentendenzen, sondern vielmehr ausgedehnte Bestandsaufnahmen und Streifzüge durch die Geschichte und die Kulturgeschichte.

Die einzelnen Kapitel des Buches griffen folglich scheinbar weit auseinanderliegende Themen auf. Sie befassten sich mit der Alchemie wie mit den Geheimnissen der Maya-Kultur, mit längst vergessenen vorzeitlichen, antiken und mittelalterlichen Techniken wie mit der Parapsychologie und der Psychoanalyse, mit überraschenden mathematischen Paradoxa und ihren philosophischen Konsequenzen wie mit den Kunstrichtungen des Surrealismus und des fantastischen Realismus. Abschließend stellte Pauwels hierzu fest:

> "Fünf Jahre gemeinsamer Überlegungen und Arbeiten mit Jacques Bergier haben mir einen einzigen Gewinn eingebracht: den Willen, allen Formen des Lebens und allen Spuren des Geistes im Lebendigen überrascht und vertrauensvoll gegenüberzutreten (...). Unsere Methoden waren wohl die von Wissenschaftlern, aber auch die von Theologen, von Dichtern, von Zauberern, von Magiern und von Kindern (...). Irrtum? Wahnsinn? Das Leben eines Menschen ist nur gerechtfertigt durch sein Bemühen, die Zusammenhänge besser zu verstehen, selbst wenn er daran scheitern sollte. Besser verstehen aber heißt ja sagen. Je mehr ich verstehe, um so mehr liebe ich, denn alles, was verstanden wird, ist gut."[4]

Ihren Versuch zu verstehen, dehnten Pauwels und Bergier auch auf einen Bereich aus, den sie im zweiten Teil des Buches als das "absolute Anderswo"[5] bezeichneten. Gemeint waren die im landläufigen Verständnis "dunklen" und "bizarren" Seiten der geistesgeschichtlichen und wissenschaftlichen Entwicklung des 19. und 20. Jahrhunderts. Nicht wenige Fäden führten von hier aus in die Gedankenwelten des Nationalsozialismus. Die Tatsache, "daß die historischen Ereignisse von sonderbaren unterirdischen Strömungen unterspült werden"[6], war dabei ein wesentlicher Ausgangspunkt der Autoren. Die Tatsache, dass Deutschland zur Zeit der Entstehung des Nationalsozialismus "die Heimat der exakten Wissenschaften"[7] war und nur wenige Jahre später zum Ort einer radikalen Infragestellung des westlich-rationalen Denkens wurde, forderte dabei zu einer eingehenderen Untersuchung geradezu heraus. Konnte es etwa sein, dass sich unter den Vorzeichen der NS-Herrschaft der angekündigte – und nachdrücklich eingeforderte – geistige Paradigmenwechsel in diesem Jahrhundert schon einmal vollzogen hatte?

Vermutete esoterische bzw. okkulte Hintergründe des Nationalsozialismus oder doch zumindest einzelner seiner Exponenten waren daher Gegenstand eingehender Darstellungen seitens Pauwels und Bergiers. In diesem Zusammenhang erwähnten sie auch den Bericht eines Dr. Willy Ley, der als Raketentechniker 1933 aus Deutschland in die USA geflohen war. Von ihm erfuhren sie, "daß kurz vor dem Aufkommen des Nationalsozialismus in Berlin eine kleine Gemeinschaft existierte", die sich "Die Loge der Brüder vom Licht" oder "Vril-Gesellschaft" genannt habe. Diese "Geheimgesellschaft" habe sich, so Pauwels und Bergier unter Berufung auf Leys Bericht, "buchstäblich" auf Bulwer-Lyttons Werk "The Coming Race" bezogen.[8]

In der "Vril-Gesellschaft", in deren Reihen sie auch den Wissenschaftler und Begründer der Geopolitik Karl Haushofer vermuteten, sahen Pauwels und Bergier einen wichtigen Bestandteil eines ganzen Netzwerks geheimer Organisationen. In diesem Zusammenhang wurden auch die Münchener "Thule-Gesellschaft", die Theosophen und weitere Gruppen aus "der gesamten schwarzen Mystik des Orients und des Okzidents" genannt. Dieses Netzwerk sei von großem Einfluss auf die NSDAP und mehrere ihrer herausragenden Repräsentanten, so etwa auf Rudolf Heß und Adolf Hitler selbst, gewesen.[9]

An anderer Stelle nannten Pauwels und Bergier auch die Quelle für den Bericht von Willy Ley. Es handelte sich um einen Artikel aus Leys Feder, der 1947 unter dem Titel "Pseudoscience in Naziland" in dem amerikanischen Magazin "Astounding Science Fiction" erschien.[10] Wir können diesen Artikel zunächst als ursprüngliche und einzige Quelle für jenen politischen Mythos betrachten, der sich seit dem Erscheinen von "Aufbruch ins dritte Jahrtausend" geradezu mit Windeseile in Deutschland, zahlreichen weiteren europäischen Ländern und nicht zuletzt in den Vereinigten Staaten auszubreiten begann und auf dessen vielfältige Verzweigungen noch einzugehen sein wird. Pauwels' und Bergiers auflagenstarkes Buch war dabei gewissermaßen der "Verstärker" für die Informationen Leys. Es konnte gerade deshalb so große Resonanz erzielen, weil der von den beiden Franzosen dargestellte Kontext der "Vril-Gesellschaft" weit über alles hinausging, was Ley 1947 in einer teils eher nüchtern-sachlichen, teils ironisierenden Art geschildert hatte.

Leys mit einigen zum Teil karikierenden Illustrationen versehener Artikel war tatsächlich im Mai 1947 in dem genannten US-Magazin erschienen und umfasste ganze neun Seiten. Die offensichtliche Intention dieser Quellenschrift des frühen Vril-Mythos war es, ganz im Sinne einer ideologischen Abrechnung mit dem unterlegenen Kriegsgegner Amerikas dessen Irrationalität und intellektuelle Rückständigkeit darzustellen. So konstatierte Ley schon zu Beginn seines Aufsatzes, dass die Neigung der Deutschen, die

Rhetorik der Forschung und die Intuition dem Wissen vorzuziehen, geradezu zwangsläufig dazu geführt habe, eine nach seiner Ansicht nach offen anti-intellektuelle Partei an die Macht zu bringen.[11] Es sei daher auch kein Wunder, dass diverse Pseudowissenschaftler unter der Herrschaft dieser Partei regelrechte Hochzeiten erlebt hätten. Man dürfe keinesfalls annehmen, dass die von ihnen vertretenen Pseudowissenschaften erst mit dem Nationalsozialismus entstanden seien, es habe sie durchaus auch schon früher gegeben. Allerdings seien sie in der Zeit vor Hitler durch die Autorität der (etablierten und offiziösen) Wissenschaften blockiert gewesen; nach der nationalsozialistischen Machtergreifung habe sich dieses Verhältnis bezeichnenderweise dann umgekehrt.[12]

Im weiteren Verlauf seiner Darstellung präsentiert Ley dann in recht geraffter und kursorischer Form die Entwicklung und die Ausdrucksformen der bereits genannten Hohlwelt-Theorie sowie der völkischen "Ariosophen", der Pendelforschung und schließlich der Welteislehre. Letztere, auf den österreichischen Ingenieur Hanns Hörbiger zurückgehende Theorie vom ewigen Kampf zwischen Feuer und Eis nimmt dabei den größten Raum innerhalb des Aufsatzes ein.[13] Eher beiläufig, gewissermaßen als Randbemerkung zwischen der Darstellung der Ariosphen und der Pendelforscher, kommt Ley dann in zwei kleinen Abschnitten auf das in unserem Kontext interessierende Thema zu sprechen: jene später bei Pauwels und Bergier so herausgestellte Berliner Gruppe, die sich unter Bezug auf Bulwer-Lytton mit der Vril-Kraft beschäftigte. Diese beiden Abschnitte umfassen gerade 33 Zeilen der schmalen Magazinspalten, zusammen nicht ganz eine halbe Seite, und doch sind sie der eigentliche Kern, von dem aus, über Pauwels und Bergier vermittelt, der politische Vril-Mythos der Gegenwart seinen Ausgang nahm.

Einleitend stellte Ley fest: "The next group was literally founded upon a novel" ("Die nächste Gruppe begründete sich buchstäblich aufgrund einer Erzählung").[14] Den Namen "Vril-Gesellschaft" nannte Ley in seinem Aufsatz interessanterweise nicht, ebensowenig ist von "Brüdern des Lichts" die Rede. Stattdessen berichtete er: "... that group ... called itself Wahrheitsgesellschaft."[15] Diese "Wahrheitsgesellschaft" sei mehr oder weniger in Berlin beheimatet gewesen und habe ihre Zeit unter Bezugnahme auf Bulwer-Lyttons "The Coming Race" mit der Suche nach Vril verbracht. In knapper Form stellte Ley dann einige Postulate dieser Gruppierung vor. So sei man dort davon ausgegangen, dass die Kenntnis der Vril-Kraft in Großbritannien als Staatsgeheimnis gehütet werde und die Briten überhaupt erst befähigt habe, ihr Empire aufzubauen. Auch die Römer hätten nach Ansicht der "Wahrheitsgesellschaft" bereits über die Vril-Kraft verfügt und diese in kleinen Metallkugeln aufbewahrt, die später als die Laren, die römischen Schutzgeister, überliefert worden seien. Das Geheimnis der Vril-Kraft könne man nach Meinung der Gruppe verstehen, wenn man sich kontemplativ in die Betrachtung der Struktur eines in zwei Hälften geschnittenen Apfels versenke.[16] Diesen merkwürdig erscheinenden Hinweis auf die Kontemplation über dem aufgeschnittenen Apfel griffen Pauwels und Bergier in ihrem Buch unter Bezug auf Ley später wieder auf.[17] Gerade sie ermöglicht übrigens, wie an anderer Stelle noch zu zeigen sein wird, die Identifikation jener Gruppe, die als die reale "Vril-Gesellschaft" angesehen werden kann.

Zum Schluss seiner Ausführungen über die kleine Berliner Gruppe wies Ley darauf hin, dass von dieser bereits die erste Ausgabe eines "Magazins" herausgegeben worden sei. Er bedauerte, dieses sowie vergleichbare Materialien nicht behalten zu haben, doch habe er (bei seiner Flucht ins Exil) mehr als genug Bücher aus Deutschland herausschmuggeln müssen.[18] Mit diesen schon wieder mehr persönlich geprägten Ausführungen endete die Beschreibung jener Berliner "Wahrheitsgesellschaft" auch schon. Pauwels und Bergier blieb es anderthalb Jahrzehnte später überlassen, auf dieser knappen und beiläufigen Darstellung aufbauend das Bild der geheimnisvollen und mit der Führungsspitze der NSDAP aufs Engste verwobenen "Vril-Gesellschaft" zu entwerfen.

Nachdem "Aufbuch ins dritte Jahrtausend" erschienen war, begann unter Bezugnahme auf die Ausführungen zur Vril-Gesellschaft ein ganzer Literaturzweig zu blühen, der die Entstehung und das politische Handeln des Nationalsozialismus ursächlich auf das Wirken geheimer Gesellschaften zurückführte. Als die geheimste und zugleich mächtigste dieser Verbindungen wird dabei nicht selten die ominöse "Vril-Gesellschaft" dargestellt. Ihrer Macht werden die unglaublichsten Dinge auf magischem, technischem und nicht zuletzt politischem Gebiet zugeschrieben. Spuren dieser Legende ziehen sich durch bestimmte Ergüsse der politischen Fantastik und Werke der einschlägigen zeitgeschichtlichen Fachliteratur bis hinein in die esoterisch geprägten Genres der Belletristik. Leys knapper Bericht in "Astounding Science Fiction" erfuhr dabei zum Teil derart fantastische Ausschmückungen, dass seine politisch motivierte Intention, die Abqualifizierung des im Weltkrieg unterlegenen Deutschland als eines Hortes der Irrationalität und des Aberglaubens, dabei zunächst als solche nicht mehr zu erkennen war. Paradoxerweise wurde sie jedoch gerade durch die entsprechenden Legendenbildungen zugleich noch verstärkt. Es sei dahingestellt, ob dies immer nur unfreiwillig oder wenigstens zum Teil auch mit Absicht geschah ...

Ein Beispiel hierfür bietet das 1972 in London erstmals erschienene Werk "The Spear of Destiny" ("Der Speer des Schicksals") des britischen Autors Trevor Ravenscroft.[19] Dort heißt es, wie zuvor schon bei Pauwels und Bergier angedeutet, der Professor und Geopolitiker Karl Haushofer sei die führende Persönlichkeit "in einer heimlichen Gesellschaft, die in Berlin gegründet wurde und sich 'Vril' oder 'Leuchtende Loge' nannte", gewesen.[20] Diese habe ihre Mitglieder nicht nur aus den okkulten Strömungen Europas rekrutiert, sondern

> … "zog auch Eingeweihte aus allen Gegenden der Welt an sich, so aus Tibet, Japan, Indien, Kaschmir, Turkestan und Ceylon. In der Hauptniederlassung der Gesellschaft in Berlin saßen tibetische Lamas, japanische Buddhisten und Angehörige anderer orientalischer Sekten Schulter an Schulter zusammen mit früheren Studenten von Gurdjeff, Mitgliedern verschiedener obskurer Rosenkreuzerorden, früheren Angehörigen der Pariser Loge des 'Golden Dawn' und zweifelhafte (sic!) Personen von Aleister Crowleys 'Ordo Templi Orientis'."[21]

Abgesehen davon, dass die Charakterisierung des Buddhismus und des tibetanischen Lamaismus als "orientalische Sekten" zumindest als gewagt zu bezeichnen ist, fällt vor allem auf, dass Ravenscroft für seine recht großzügige Auflistung des Mitgliederreservoirs der Vril-Gesellschaft nicht die Spur eines Quellenbelegs bemüht – seine Behauptung steht ganz einfach im Raum, in apodiktischer Erhabenheit. Im gleichen Stil fährt er fort:

> "Das einzige Ziel dieser Loge war, weitere Forschungen nach dem Ursprung der arischen Rasse zu betreiben und herauszufinden, wie die magischen Fähigkeiten, die im arischen Blut schlummerten, so reaktiviert werden könnten, daß sie zum Werkzeug übermenschlicher Kräfte würden."[22]

Wenn sich auch in Leys Beschreibung der Berliner Gemeinschaft nichts von alledem findet, so wird er von Ravenscroft doch als Kronzeuge genannt. Dabei versteigt sich Ravenscroft zu reißerischen Behauptungen, die von dem Originaltext in "Astounding Science Fiction" Lügen gestraft werden. Nichts z. B. findet sich in Leys Text, was der nachstehend wiedergegebenen Behauptung Ravenscrofts auch nur die Spur einer Nahrung geben könnte:

> "Nach Leys Aussagen glaubten die Schüler Haushofers, daß sie nahe daran seien, einem Geheimnis auf die Spur zu kommen, das sie in die Lage versetzte, eine Mutation in der arischen Rasse hervorzubringen. Unter anderem erzählte er Einzelheiten über ihre seltsamen Meditationen und die Art der Übungen, denen sie sich unterwarfen, um übermenschliche Fähigkeiten der Konzentration und des clairvoyanten Sehens zu entfalten."[23]

Ley erwähnte demgegenüber bei seiner Darstellung der Berliner "Wahrheitsgesellschaft" und ihrer Suche nach Vril weder den Namen Haushofer noch "Mutationen der arischen Rasse", "übermenschliche Fähigkeiten der Konzentration" oder "clairvoyantes Sehen". Man kann diese anhand des Originaltextes jederzeit nachprüfbare Tatsache gar nicht oft genug betonen, da sie die Üppigkeit, ja Schamlosigkeit der immer wilder wuchernden Spekulationen um so deutlicher unterstreicht. Doch ficht dies Autoren wie Ravenscroft offensichtlich nicht an. Stattdessen fantasiert er weiter über "Leys Berichte", nach denen "die Eingeweihten des Vril zahllose Stunden in stiller Betrachtung von Samen, Blättern, Blumen, ja von entzweigeschnittenen Äpfeln verharrten"[24], Ley dagegen erwähnte lediglich das Beispiel der Äpfel, während die "zahllosen Stunden" des "Verharrens" über diesen sowie den weiteren botanischen Objekten allenfalls als Belege einer blühenden dichterischen Fantasie anzusehen sind.

In Kontext eines geradezu in Galopp verfallenden Fantasierens ist dann wohl auch die unmittelbare Verbindungslinie zu sehen, die Ravenscroft von der Berliner "Vril"-Gruppe bis hin zu "Experimenten mit dem Knochenmark und den abgeschlagenen Schädeln jüdischmarxistischer Kommissare"[25] ziehen zu können glaubt. Doch ist gerade der Galopp eine Gangart, die leicht zum Stolpern und Stürzen führen kann, und so schlägt sich Ravenscroft im Zusammenhang mit der zitierten Passage denn auch selbst ein

Schnippchen. Seine Behauptung, Ley hätte "unmöglich voraussehen" können, dass sich aus dem Treiben der von ihm "für völlig harmlos" gehaltenen Gruppe einmal derartig grausige Experimente entwickeln würden, basiert auf der nur wenige Zeilen vorher gemachten Angabe, die ersten Informationen über "Vril" seien bereits 1933, "als Willi Ley ... aus Deutschland floh", publik geworden.[26] Angesichts der Tatsache, dass Leys Artikel in Wirklichkeit erst 1947 erschien und niemals frühere öffentliche Äußerungen von ihm zu der Thematik bekannt wurden, sind diese Darstellungen natürlich völlig falsch. Sie legen zumindest den Schluss nahe, dass Ravenscroft, der in seinem gesamten Buch mit geradezu bewundernswerter Konsequenz jede präzise Quellenangabe vermeidet, den Text aus "Astounding Science Fiction" gar nicht im Original kannte, sondern vage Hinweise darauf in der Sekundärliteratur in fantasievoller Weise und ganz nach eigenem Gusto ausgestaltete. So entstehen Negativlegenden, die gerade aufgrund ihrer fehlenden Substanz die Gefahr in sich bergen, von jedem weltanschaulichen Wegelagerer in beliebiger Weise zurechtgebogen und instrumentalisiert werden zu können.

Beispielhaft für die ungeprüfte Übernahme und anschließende freie Weiterdichtung der Darstellungen von Pauwels und Bergier ist auch das 1981 veröffentlichte und 1996 in zweiter Auflage erschienene Buch "Hitler. Black Magician" des britischen Autors Gerald Suster. Hierin werden neben Haushofer auch Heinrich Himmler, Hermann Göring, Alfred Rosenberg, Hitlers Leibarzt Morell und nicht zuletzt - wie könnte es auch anders sein - Adolf Hitler selbst als Mitglieder der "Vril-Gesellschaft" genannt. Eigentliches Ziel der Gesellschaft sei es gewesen, neue Kräfte aus der Welt der Dämonen für die NS-Bewegung nutzbar zu machen sowie Studien über das Wesen der arischen Rasse anzustellen. In deren Blut habe man die schlummernde Vril-Kraft vermutet, die man erwecken wollte. Die Machtergreifung der Nationalsozialisten im Jahre 1933 ist für Suster der "Triumph of the Vril" - so jedenfalls der Titel des entsprechenden Buchkapitels, das damit in eleganter Weise von der durch bestimmte Kräfte verursachten politischen und ökonomischen Situation am Ende der Weimarer Republik abzulenken versucht. Zwar verweist auch Suster anstandshalber auf Ley - zumindest der Anschein von Quellenkenntnis muss gewahrt bleiben -, zitiert aber nicht aus dessen Originaltext, sondern beschränkt sich auf die knappen Angaben über ihn bei Pauwels und Bergier.[27]

Dass Legendenbildungen allerdings auch Eingang in die "seriöse" wissenschaftliche Literatur finden können, belegt die 1981 erschienene und ursprünglich als Magisterarbeit verfasste Schrift von Hans-Jürgen Glowka über "Deutsche Okkultgruppen 1875-1937". Darin wird der "Vril-Gesellschaft" ein eigener kleiner Abschnitt gewidmet, im Untertitel wird sie als "Die Loge der Brüder vom Licht" bezeichnet. Glowka stützt sich dabei ausschließlich auf die Aussagen von Pauwels und Bergier und konzediert immerhin, dass über "diese Gesellschaft ... nur sehr zweifelhafte Angaben"[28] vorliegen.

Zugänge zur Belletristik fand die Legendenbildung um die "Vril-Gesellschaft" schließlich in dem "Roman "Das Foucaultsche Pendel" des italienischen Autors Umberto Eco - einem höchst lesenswerten, gescheiten und gern ironisierenden Panorama der Geheimgesellschaften und Verschwörungstheorien fast aller Länder und Zeiten, dessen Lektüre allerdings ohne die Kenntnis entsprechender Hintergrundliteratur leicht zu Missverständnissen und Fehlinterpretationen führen kann. In einem fiktiven "Adreßbuch der geheimen Gesellschaften" sind dort zahlreiche Orden, Gemeinschaften und Konventikel aus aller Welt aufgeführt, darunter auch ein "Orden vom Vril", der als eine Gruppe von "neonazistische(n) Freimaurern" bezeichnet wird.[29] An anderer Stelle, dem grandiosen Finale im Conservatoire des Arts et Metiers in Paris, verflucht der Großmeister einer fiktiven Gruppierung namens "Templi Resurgentes Equites Synarchici" namentlich alle anderen Orden, darunter auch die Vril-Gesellschaft sowie - eingedenk des Hintergrundes Bulwer-Lyttons - die englische S.R.i.A.[30] Die Hinweise auf die legendenumwobene Vril-Gesellschaft bleiben in Ecos Buch somit zwar marginal. Bezeichnend ist aber, dass die von Leys kleinem Artikel ausgehenden und von Pauwels/Bergier mächtig verstärkten Wellen nunmehr auch in die Massenauflagen eines Autors wie Eco Eingang fanden und dort durch die undifferenzierte Stigmatisierung mit dem Begriff "neonazistische Freimaurer" nun wohl ein weiteres zur Ausformung der Negativlegende beitragen.

Als Ley die kleine esoterische Gruppe 1947 eher beiläufig in seinem völlig anders intendierten Text erwähnte, hätte er sich eine derart weitreichende Resonanz wohl ebenso wenig träumen lassen wie die immer weiter wuchernde fantastische Ausschmückung und Umdeutung seiner Anmerkungen zum Thema Vril. Sein Thema waren bestimmte, aus seiner Sicht pseudowissenschaftliche und irrationale Theorien im Deutschland der NS-Zeit sowie ihre Vorläufer. Dass auf 33, eher marginal zu verstehende Zeilen des entsprechenden Textes noch nach Jahrzehnten ein wahrer Boom politischer und esoterischer Spekulationen aufbauen sollte, konnte er nicht ahnen. Doch gab Ley immerhin noch Fakten wieder, Pauwels und Bergier lösten dagegen unter Bezug auf ihn eine Flut von Legenden aus. Einem objektiven Beobachter dieser und ähnlicher Entwicklungen, dem amerikanischen Autor James Webb, ist gewiss zuzustimmen, wenn er im Hinblick auf das seiner Ansicht nach schlecht recherchierte und fehlerhafte Werk der beiden Franzosen schrieb: "Fantasy is not necessary".[31]

7.2. Mit Vril-Antrieb nach Aldebaran?

Seit einigen Jahren hat der Vril-Mythos Weiterungen erfahren, die sowohl hinsichtlich ihres spekulativen Gehalts als auch ihrer zeitgeschichtlichen und politischen Brisanz kaum noch steigerungsfähig sind. Ausgehend von zunächst nur in "Insider"-Kreisen bekannten fotokopierten Broschüren zweier aus Bayern und Österreich stammender Autoren fanden die entsprechenden Thesen über Videos und schließlich die auflagenstarken Buchpublikationen des Schriftstellers "Jan van Helsing" (Pseudonym) weite Verbreitung und eine enorme Resonanz.

Am Anfang stand die 1992 in Wien erschienene und noch kaum ein Buch zu nennende Schrift "Das Vril-Projekt" von Ralf Ettl und Norbert Jürgen-Ratthofer: eine Sammlung schlecht wiedergegebener und hinsichtlich ihrer Authentizität nicht nachprüfbarer angeblicher Original-Fotos und Original-Dokumente, die vornehmlich aus der Zeit zwischen 1920 und 1945 stammen sollen. In den fragmentarischen Zwischentexten, die das gezeigte Material verbinden, wird eine waghalsige Theorie entwickelt. Danach gehen die Anfänge der Vril-Gesellschaft bereits bis in das Jahr 1917 zurück. Zu dem Kreis ihrer Gründer sollen Rudolf von Sebottendorf (Pseudonym für Rudolf Glauer aus Hoyerswerda in Sachsen) und der bereits erwähnte Professor und Begründer der geopolitischen Schule Karl Haushofer gehört haben[1]. Tatsächlich war Sebottendorf gegen Ende des Ersten Weltkrieges Initiator der in Bayern agierenden völkischen "Thule-Gesellschaft". Diese war ihrerseits aus der bayerischen Ordensprovinz des schon 1912 begründeten "Germanen-Ordens", einer völkisch-nationalen Gruppierung mit neuheidnischen Prägungen, hervorgegangen.[2] Haushofer dagegen dürfte, zumindest nach allen nachprüfbaren Quellen, weder Mitglied der Thulenoch einer als auch immer gearteten "Vril-Gesellschaft" gewesen sein.[3]

Folgt man den Ausführungen von Jürgen-Ratthofer und Ettl, so stellte die von ihnen beschriebene "Vril-Gesellschaft" zunächst nur einen besonderen Zweig der Thule-Gesellschaft dar. Im Laufe der Zeit jedoch sei sie immer selbstständiger geworden und habe besondere esoterische Studien gepflegt, die mit Erprobungen einer möglichen technischen Anwendung verknüpft waren.[4] 1934 sei es dann Wissenschaftlern und Ingenieuren der "Vril-Gesellschaft" gelungen, ein erstes flügelloses Rundflugzeug ("Flugscheibe") zu konstruieren, dessen Antrieb auf elektromagnetischer Rotation beruhte.[5] Bis ins Jahr 1945 hinein sei es dieser Wissenschaftlergruppe möglich gewesen, die Flugscheiben immer weiter zu verbessern und neue, noch leistungsstärkere Typen zu entwickeln. Diese seien in den Dienst des "Dritten Reiches" gestellt worden und hätten u. a. die Errichtung deutscher militärischer Geheimbasen auf dem Mond und auf dem Mars ermöglicht.[6]

Doch beschränkt sich die Darstellung der beiden Autoren keinesfalls auf technik- und militärgeschichtliche Fragen in Zusammenhang mit dem "Dritten Reich" und dem Zweiten Weltkrieg. Vielmehr behaupten sie, dass die grundlegenden Kenntnisse, die der "Vril-Gesellschaft" ihre gewaltigen technischen Erfolge überhaupt erst ermöglichten, auf jahrhunderte-, wenn nicht jahrtausendealten esoterischen Überlieferungen beruhen. Sie seien den Gründern der Gesellschaft 1917/18 von einer noch weitaus geheimnisvolleren Gruppierung übermittelt worden: vom Orden der "Herren vom Schwarzen Stein", einem angeblich in Bayern die Jahrhunderte überdauernder Zweig der mythenumrankten, mittelalterlichen Tempelritter.[7] Doch auch deren Informationen seien noch keinesfalls der Ursprung gewesen, vielmehr hätten die Templer ihr weitreichendes Wissen aus noch wesentlich älteren Quellen geschöpft.

Der eigentliche Ursprung sei zunächst ins Zweistromland, in die Reiche von Sumer und Babylon, zurückzuverfolgen und von dort aus schließlich auf den fernen Planeten Aldebaran im Tierkreiszeichen des Stier. Dessen Bewohner nämlich seien die Urahnen sowohl der Sumerer als auch der Germanen.[8] Aus fernster Vergangenheit, an die vielfältigen Vermutungen über einen außerirdischen Ursprung der Menschheit anknüpfend, schlagen Jürgen-Ratthofer und Ettl dann den Bogen zur nahen Zukunft. Zur Zeit sei bereits, so behaupten sie, die mit Vril-Kraft angetriebene und von einem Raumschiff der Vril-Gesellschaft herbeigerufene aldebaranische Raumflotte auf dem Anflug zur Erde. Dort werde sie bereits in Kürze eintreffen, um ihren Verbündeten, den zum Teil in innerirdischen Basen ausharrenden irdischen Hütern der sumerisch-templerischen Vril-Tradition, im Kampf gegen die Siegermächte des Zweiten Weltkriegs zu Hilfe zu eilen.[9] In einer späteren (undatierten, wohl Ende 1993 erschienenen) weiteren Broschüre Jürgen-Ratthofers, die den dramatisch-reißerischen Titel "Demnächst 'Endkampf um die Erde?'" trägt, wird dieser Aspekt einer bevorstehenden aldebaranischen Invasion für Freunde des Genres in seinen näheren Einzelheiten noch weiter ausgeführt und mit Berichten über UFO-Sichtungen, Asteroideneinschläge, Erdbeben usw. als möglichen Vorboten der Invasion verknüpft.[10]

In ihrem "Vril-Projekt" befleißigen sich Jürgen-Ratthofer und Ettl eines tief gehenden religiösen Pathos, mit dem der Vril-Begriff aufgeladen wird. So heißt es u. a.:

> "Interkosmisches Bewußtsein – VRIL-GEIST – ist die höchste Entfaltungsstufe des menschlichen Geistes im diesseitigen Leben. Wer es einmal erfaßt hat, ist ständig davon erfüllt, er ist 'vril' geworden.
> (...)
> VRIL-Bewußtsein unterscheidet sich von allen anderen religiösen Ausformungen dadurch, daß es aus der Verbindung von WISSEN und GLAUBEN erwächst und zur GLAUBENSGEWISSHEIT hinführt. VRIL-Bewußtsein kann (sic!) nur dort gedeihen, wo die konkreten Kenntnisse über die Geschichte des Weltalls, der Gestirne, des diesseitigen Kosmos und des jenseitigen Kosmos mit

seinen jenseitigen Welten gegeben ist. VRIL-Bewußtsein ist das allgegenwärtige Wissen um alle diesseitigen und jenseitigen Zusammenhänge in Verquickung mit vollkommener Gotterkenntnis – und diese beiden Ebenen bedingen einander".[11]

Entwickelt sich der Vril-Mythos somit an der Schwelle zum dritten Jahrtausend zu einer Vril-Religion? Oder, provozierend gefragt, erleben wir die Geburt einer höchst gefährlichen Sekte, die aus dem Vril-Begriff eine neue Religion zurechtzimmert? Und der heute bereits ganz real herrschenden säkularen Ersatzreligion der "Political Correctness" folgend, wird schließlich auch die bange Frage nicht ausbleiben, ob sich im Umfeld der Schriften Jürgen-Ratthofers und Ettls nicht gar eine "neonazistische Verschwörung" anbahnt.

Ganz unabhängig davon, ob die in dem Buch "Das Vril-Projekt" gezeigten Bilder und Dokumente überzeugen - beim Autor dieser Zeilen ist dies nicht der Fall –, sollten die Produktionen Jürgen-Ratthofers und Ettls mit der gebotenen Gelassenheit und in angemessener Differenzierung betrachtet werden. Hochinteressant sind sie jedenfalls unter ideen- bzw. "mythengeschichtlichen" Aspekten: als aktuellster und wohl auch bisher spekulativster Austrieb des nunmehr seit rund fünf Jahrzehnten blühenden modernen Vril-Mythos. Immerhin ist das bayerisch-österreichische Autorenteam zu gewissen Beschränkungen des eigenen Wahrheitsanspruchs, zum Verzicht auf allzu strenge Absolutheit und in gewisser Weise sogar zu Selbstironie bereit. So heißt es bereits gleich im Vorwort:

"Die Frage nach dem Wahrheitsgehalt kann nicht mit letzter Sicherheit beantwortet werden.

(...)

Ganz genau wird über dieses vielleicht heikelste Thema unserer Zeit sicherlich keine veröffentlichbare Schrift Auskunft geben können. Für all jene, die das Nachstehende nicht glauben wollen

> oder können, möge es zumindest eine anregende Unterhaltung bieten."[12]

Ein Mythos "just for fun" also? Immerhin unterscheiden sich Jürgen-Ratthofer und Ettl mit diesen Einschränkungen recht wohltuend von den historischen Aufgeregtheiten und der bierernsten Apodiktik manch anderer Autoren, die in Willy Leys berühmt gewordenen 33 Zeilen vorzugsweise den blanken Satanismus oder noch Schlimmeres hineingeheimnissen. So deuten die beiden in einem "Zurück auf die Erde" betitelten Nachwort schließlich selbst die durchaus reale Möglichkeit an, unter Umständen falschen Informationen, sogenanntem "Spielmaterial", aufgesessen zu sein, und schreiben fast schon entschuldigend:

> "Es ist möglich, daß sich alles ganz genau so verhält, wie es sich in diesem Buch darstellt.
> (...)
> Es ist aber auch möglich, daß sich alles ganz anders verhält."[13]

Mit Sicherheit lassen sich die Publikationen Jürgen-Ratthofers und Ettls auch nicht ohne Weiteres mit dem Totschlage-Etikett des "Neonazismus" belegen. Die immer wieder anklingenden "kosmischen", universalen und gar "intergalaktischen" Bezüge sind mit klassischen nationalen Denkansätzen nur unter den größten Verrenkungen zu vereinbaren. Offenbar ganz bewusst schreiben die beiden Autoren denn auch mit Seitenblick auf diese Problematik:

> "Bedenken wir für einen Augenblick, daß die Thule- und Vril-Ideen keine nationalistischen waren! (...) Nicht der deutsche Nationalstaat war Traum und Endziel der Thule- und Vril-Leute, sondern das übergeordnete Reich des Friedens aller 'Arier' (korrekt: aller Kulturvölker)."[14]

Nicht von der Nation oder vom Volk ist daher die Rede, sondern von einem "Neuen Zeitalter", in dem der "Aufbau einer umfassenden interstellaren Hochzivilisation" bevorstehe und in dem es auf die "überkosmische Stärke und Verantwortlichkeit des menschlichen Wesens" ankomme.[15] Dieser Tenor lässt die Texte des Teams Jürgen-Ratthofer/Ettl denn auch eher im Bereich der traditionellen Science-Fiction angesiedelt erscheinen als in jenem der NS-Erbauungsliteratur.

Insgesamt lassen sich im "Vril-Projekt" bemerkenswerte Weiterungen des Vril-Mythos feststellen, die ihn mit der UFO-Thematik, den von Erich von Däniken aufgeworfenen Fragen einer außerirdischen Besiedelung unseres Planeten, den Rätseln des sogenannten "Mars-Gesichts" und anderen Themen verbinden, die in der öffentlichen Diskussion erst in den letzten zwei oder drei Jahrzehnten aufkamen. Da über die realen Hintergründe des Vril-Mythos insgesamt nur wenig bekannt ist und Spekulationen, wie z. B. bei Pauwels/Bergier oder bei Ravenscroft bereits einen entsprechenden Boden vorbereiteten, eignet sich das Vril-Thema ganz hervorragend zur Koppelung mit allen möglichen anderen Stoffen aus dem Bereich der Esoterik und der Grenzwissenschaften. In all dem sind jedoch nach wie vor strukturelle Parallelen zu dem zu erkennen, was Bulwer-Lytton vor mehr als 120 Jahren in "The Coming Race" anklingen ließ: die Verbindung alten, esoterischen Wissens mit der Darstellung einer technologisch hochstehenden und daher zukunftsweisenden Zivilisation, eines "kommenden Geschlechts", das gestützt auf die Möglichkeiten der Vril-Energie zu einer anderen Art des Denkens und des Lebens geführt hat. Die Faszination, die bis heute von dieser Vorstellung ausgeht, regt bis in die Gegenwart zu immer neuen Deutungen und Weiterentwicklungen an.

Geradezu ein Lehrbeispiel hierfür sind auch die Bücher des pseudonym schreibenden Autors Jan van Helsing, der sich in der Tradition der klassischen Verschwörungstheorie (und unter reichlicher Verwendung der einschlägigen Literatur der letzten Jahrzehnte) in zwei 1993 bzw. 1995 erschienenen Werken mit dem Thema "Geheimgesellschaften" befasst und dabei auch die Vril-Thematik einbezieht. Van Helsings Darstellung zielt dabei im Wesentlichen in die gleiche Richtung wie die Publikationen Jürgen-Ratthofers und Ettls: Die "Herren vom Schwarzen Stein", die Sumerer, der Planet Aldebaran und andere alte Bekannte tauchen in aller Ausführlichkeit wieder auf[16]. Selbst Bilder aus dem "Vril-Projekt" finden sich in van Helsings Buch zahlreich wieder. Die entsprechenden Ausführungen werden verknüpft mit Spekulationen über ein Überleben Hitlers in Südamerika[17], den Einsatz deutscher Flugscheiben im Golfkrieg[18] und vielen anderen Vermutungen zur Verbindung der Vril-Thematik mit Fragen der Zeitgeschichte und der Politik.

Bemerkenswert und hinsichtlich der Methodik sowie der Literaturauswahl aufschlussreich ist, dass van Helsing sich in seinem Quellenverzeichnis u. a. auf ein Werk wie Ravenscrofts "Speer des Schicksals" stützt, dieses mit den Worten "hervorragend recherchiert" (!) würdigt und den eigentlichen Quellentext, Leys 1947 erschienenen Aufsatz, im gleichen Verzeichnis unerwähnt lässt.[19] Immerhin haben van Helsings Bücher inzwischen eine Auflage von mehr als 90 000 Exemplaren und Resonanz bis in die etablierten elektronischen Medien hinein erreicht.[20]

Ähnlich wie durch Umberto Ecos Roman "Das Foucaultsche Pendel" dringt der Mythos um Vril und die "Vril-Gesellschaft" damit in ein Massenpublikum vor. Zur weiteren Verbreitung tragen inzwischen auch zahlreiche weitere Veröffentlichungen im Printmedienbereich[21] sowie erste Videofilme[22] bei.

Der Vril-Mythos – er ist in seinen Ursprüngen zunächst die Verarbeitung alter Überlieferungen und Legenden durch einen viktorianischen Literaten und Esoteriker: Lord Edward Bulwer-Lytton, der in einmaliger Weise Erkenntnisse der traditionellen

Alchemie, Lehren des Rosenkreuzertums, die Sagen und Berichte um bewohnte Hohlräume im Erdinneren, Mesmers und Reichenbachs Erkenntnisse um den Magnetismus sowie viele andere, von der offiziösen Wissenschaft kaum beachtete oder gar verachtete Quellen zu einem visionären Ganzen verband und daraus eine zukunftsweisende energetische Konzeption entwickelte. In seiner modernen und bis heute in den vielfältigsten Formen weiterblühenden Fassung ist er die Legende von der an Bulwer-Lyttons Konzeption angelehnten "Vril-Gesellschaft" der frühen dreißiger Jahre, ihrer vermuteten Macht und ihrer möglichen Bedeutung in den Jahren des "Dritten Reiches". Als Ausgangspunkt dieses modernen Mythos lässt sich unschwer der kleine Text identifizieren, den Willy Ley 1947 in "Astounding Science Fiction" veröffentlichte, auf ihn bauten Pauwels und Bergier auf, an sie lehnten sich, direkt oder indirekt, wiederum zahlreiche Epigonen an: von Ravenscroft über Jürgen-Ratthofer und Ettl bis zu "Jan van Helsing". Fast jeder reicherte dabei den Mythos mit seinen eigenen Zutaten an, mit Zutaten, die in politischer Hinsicht oft höchst unterschiedlichen Intentionen entsprangen. Neben diesem inhaltlichen Werdegang des Vril-Mythos ist auch der Werdegang seines Wirkungsgrades bemerkenswert: Anfang der neunziger Jahre gelang ihm der Durchbruch von der Spezialliteratur esoterisch und grenzwissenschaftlich Interessierter in die Regale fast jeder Buchhandlung und in die elektronischen Medien. Die Vril-Thematik beginnt das öffentliche Bewusstsein zu erfassen.

"Vril – nur ein Mythos?" So lautete der Titel eines Anfang 1996 von Heiner Gehring vor einem privaten Kreis in Hagen/Westfalen gehaltenen Vortrages. Er enthält eine berechtigte Fragestellung, denn schon ein altes Sprichwort besagt, dass sich dort, wo viel Rauch ist, auch ein Feuer befinden muss. Bei unseren Studien und Forschungen zur Vril-Thematik erwies sich dies ein weiteres Mal als zutreffend. Es stellte sich heraus, dass bei Weitem nicht alles, was in den letzten Jahrzehnten über die Anwendung von Vril-Kraft und die Existenz einer "Vril-Gesellschaft" gesagt und geschrieben wurde, ins Reich der Fantasie verwiesen werden kann. Es gibt vielmehr einen realen Kern, und z. B. auch ein Autor wie Ley hatte - bei all seiner Abneigung gegen das Objekt seiner Darstellung - von einer tatsächlich um 1933 in Berlin existierenden Gruppe berichtet.

Bei den Nachforschungen bei Gewährsleuten, in Archiven und in der Literatur tauchte deshalb hinter den vielfältigen Spekulationen, Legenden, Zwecklügen und Flunkereien eine ganz bestimmte Realität auf. Sie erwies sich erstaunlicherweise als mindestens ebenso spannend und faszinierend wie all das Erdichtete und Erträumte zum Thema "Vril". Sie darzustellen und den sie prägenden Personen und Ideen gerecht zu werden, ist die wesentliche Aufgabe dieses Buches.

– 8 –
Auf der Fährte der Vril-Technik

8.1. Die "Reichsarbeitsgemeinschaft 'Das kommende Deutschland'" als reale Vril-Gesellschaft

Einer der wichtigsten Befunde, die sich aus einer Reihe von umfangreichen Recherchen ergaben, sei sogleich vorausgeschickt: Die geheimnisvolle "Vril-Gesellschaft" gab es im Berlin der frühen dreißiger Jahre wirklich, und sie beschäftigte sich tatsächlich - wie Bulwer-Lytton - mit der Entwicklung und Umsetzung einer ganz bestimmten energetischen Konzeption, die um den Begriff "Vril" kreiste. Allerdings wirkte diese durchaus reale Gesellschaft dabei unter einem völlig anderen Namen und in einer völlig anderen Weise, als es in den Legenden und Spekulationen der letzten Jahrzehnte immer wieder angeklungen ist.

Im Jahre 1930 erschien im "Astrologischen Verlag Wilhelm Becker", Schloßstr. 59 in Berlin-Steglitz eine kleine, nur 60 Seiten umfassende Broschüre, die den spannenden Titel "Vril. Die Kosmische Urkraft. Wiedergeburt von Atlantis" trug. Der Autor (oder die Autorengruppe?) verbarg sich hinter dem offensichtlichen Pseudonym "Johannes Täufer". Als Herausgeber schließlich zeichnete eine in der späteren Vril-Literatur nirgendwo mehr erwähnte Organisation, die sich "Reichsarbeitsgemeinschaft 'Das Kom-

mende Deutschland'" nannte und als Anschrift ihres "Zentralbüros" die Pallasstr. Nr. 7 in Berlin W 57 angab.[1]

Der "Astrologische Verlag Wilhelm Becker" war im esoterischen und grenzwissenschaftlichen Spektrum seiner Zeit durchaus bekannt und hatte innerhalb dieses Rahmens eine nicht unerhebliche Bedeutung. 1923 war er ins Handelsregister Berlin-Mitte eingetragen worden, nachdem von Wilhelm Becker beauftragte Rechtsanwälte eine für Verlage im esoterischen Spektrum sonst durchaus nicht ungewöhnliche Klassifizierung als "Kleingewerbe" zurückgewiesen und die Anerkennung des Unternehmens als kaufmännisch geführter Betrieb durchgesetzt hatten. Erst im September 1942, als kriegswirtschaftlich bedingte Papierkontingentierungen, aber auch massive staatliche Maßnahmen gegen die Astrologen in Deutschland das Verlagsgeschäft immer schwieriger werden ließen, meldete Becker das Erlöschen seiner Firma im Handelsregister an.[2]

Wilhelm Becker selbst hatte bereits in der Zeit vor dem Ersten Weltkrieg und damit lange vor Gründung seines Verlages zu den führenden Vertretern der astrologischen Szene in Deutschland gehört. In London hatte er einige Jahre lang als Schüler von Alan Leo (Pseudonym für W. F. Allen, 1860–1917) gelebt, einem der bedeutendsten Astrologen des spätviktorianischen England.[3] Leo seinerseits war begeisterter Anhänger der Theosophie Madame

Blavatskys. Er nahm an den diversen theosophischen Treffen in Blavatskys Wohnung teil und hatte über die Londoner Gruppe der Theosophischen Gesellschaft wohl auch Kontakte zu William Butler Yeats, dem herausragenden Vertreter des aus der englischen rosenkreuzerischen Tradition der S.R.i.A. hervorgegangenen "Hermetic Order of The Golden Dawn".[4]

Durch Leo entsprechend "eingeweiht" und vorbereitet, eröffnete Becker 1910 eine eigene, offensichtlich florierende Praxis als Berufsastrologe in Berlin. Im Gepäck aus England hatte er zugleich die Rechte für mehrere deutsche Übersetzungen von Werken seines Lehrers Alan Leo mitgebracht.[5] Auch als Herausgeber der 1919 begründeten und noch bis 1937 erscheinenden Fachpublikation "Die Astrologie. Monatsschrift für theoretische und angewandte Astrologie" trat Becker hervor.[6]

Angesichts dieses relativ großen Bekanntheitsgrades von Becker, seiner Zeitschrift und seines verlegerischen Buchprogramms waren die Herausgeber der kleinen "Vril"-Schrift von "Johannes Täufer" sicherlich nicht schlecht beraten, ihre Publikation statt im Selbstverlag bei Becker herauszubringen.[7] Zugleich aber dürften sie angesichts seines eigenen Werdegangs gerade in ihm auch einen Verleger gefunden haben, der weit über die in engerem Sinne astrologischen Themen hinaus auch für andere esoterische und grenzwissenschaftliche Fragen höchst aufgeschlossen war. Die Vril-Thematik passte ohne Zweifel hervorragend in Beckers verlegerisches Programm, denn sie gehörte zu jenem geistigen Erbe, mit dem Becker während seiner Londoner Zeit vor allem in Gestalt seines Mentors Leo, unter Umständen aber auch persönlich bekannt geworden war. Auf diese Weise berührten sich die alte rosenkreuzerische Tradition, aus der heraus wesentliche Einflüsse auf Bulwer-Lytton und die Entstehung von "The Coming Race" ausgegangen waren, und wesentliche Aspekte des modernen Vril-Mythos des 20. Jahrhunderts.

Weit schwieriger fassbar als die Biografie des Verlegers sind dagegen die Entstehung und die Zusammensetzung der “Reichsarbeitsgemeinschaft” als Herausgeberin der in unserem Zusammenhang interessierenden “Vril”-Broschüre. Immerhin aber gab sie im Nachspann zu der Vril-Schrift in einer kurzen Skizze Auskunft über ihre geistigen Intentionen und ihre weiteren, im Grenzbereich zwischen Philosophie, Technologie und Politik angesiedelten Pläne:

> "Eine große helfende Tatgemeinschaft kommt im Deutschen Reiche herauf!
> Der schöpferische Mensch wird angebahnt – und 'Wissende' weisen gangbare Wege zur praktischen Erziehung des uranischen Strahlungsmenschen!
> Die Zeit der Uraniden will anbrechen! –
> In allen Städten Deutschlands werden Arbeitszellen geschaffen und diese Zellen in der Reichshauptstadt zu einer zentralen Einheit zusammengeschlossen. Jeder Deutsche ist uns zur Mitarbeit erwünscht und kein Deutschfühlender erscheint etwa zu gering.
> Die Gemeinschaft ist absolut *unpolitisch* und *unparteiisch* und arbeitet schöpferisch im Sinne steter *Förderung des Tatguten aller Religionen* an der Heraufbringung des Übermenschen."[8]

Jeder “Suchende” wurde, ausdrücklich “ohne Unterschied des Geschlechts und seiner sozialen Stellung” aufgerufen, sich an das “Zentralbüro” der “Reichsarbeitsgemeinschaft” in der Berliner Pallasstraße zu wenden.[9] Weiter heißt es in der Selbstdarstellung:

> "Nun reichen wir Ihnen die tatfördernde Bruderschaft zum geistigen Bunde und wollen gern als '*Dienende*' mit Ihnen aufbauschaffend *arbeiten*.
> So haben wir uns *a l l e* nur als '*Dienende*' der Tatgemeinschaft aufzufassen, die im Dienste 'des Erhabensten aller strahlend Dienenden' – des *Allgeistes* – stehen. (...)

> Auf unseren Bannern strahlt in flammenden Lichtlettern die 'Tat-Rune' und leitet uns zum hehren Siege der naturbeherrschenden Uraniden!
> Und unsere Parole lautet:
> *'Durch Tat-Strahlung – frei '*
> Den strahlend-wollenden Menschen aber die Wartung der strahlenden 'Urkraft-Zellen'!
> So werde in Bälde *Wirklichkeit*, was unzählige '*Suchende*' als heiligste Ahnung in tiefster Brust *hegen*!
> Und *Gott ist Geist*, ist schöpferische Strahlungsmacht. Doch vor allem: 'Alles verzeihende – weil um alles wissende Liebe!'"[10]

Im eigentlichen, von der "Urkraft" Vril handelnden Text der Broschüre wird zunächst noch einmal die bereits zu jener Zeit weit verbreitete These wiederholt, dass vor mehr als zehntausend Jahren zwischen Europa und Amerika ein weiteres Festland gelegen habe: der legendäre Kontinent "Atlantis" mit seiner in jeder Hinsicht hochentwickelten Kultur. Die Atlanter seien "bis zur 'Allkraft der Naturkräfte' vorgedrungen" und hätten es vermocht, "diese Urkraft - das Vril - technisch auszuwerten". Es habe sich dabei um eine "'Leben' schaffende Uroder Vitalelektrizität" und damit um "'Magische' Energie" gehandelt. Die Atlanter seien "psychophysische Dynamotechniker und keine Mechano-Maschinisten" gewesen.[11] Im Rahmen dieser Äußerungen wird zugleich ein charakteristisches Widerspruchspaar benannt, das im Denken der Reichsarbeitsgemeinschaft eine zentrale und beherrschende Rolle einnimmt: an der belebten Natur orientierte "Dynamotechnik" als Technik der Zukunft versus schädliche "Mechanotechnik" der Gegenwart.

"Johannes Täufer", der pseudonyme Autor der Reichsarbeitsgemeinschaft, führt weiter aus, dass eine wirkliche Beherrschung der Ur- oder Vril-Kraft letztlich nicht ohne ein hohes ethisches und moralisches Verantwortungsbewusstsein möglich sei. Bei den Atlantern sei dieses zunächst durch ein "magisches Priesterkönigtum" gewährleistet gewesen. Doch als "sie ihre Würde vergaßen und die Urkraft in den Dienst der gegenseitigen Zerstörung stellten", sei - ganz folgerichtig - ein katastrophales Unheil über sie hereingebrochen, denn

> "das Vril erschütterte die Grundfesten des ganzen Kontinents und hätte vielleicht den Erdball zertrümmert, wenn es in der göttlichen Vorsehung nicht anders beschlossen gewesen wäre. So sank denn 'Atlantis' ab, und das Weltmeer ergoß sich in die entstandenen Erdtiefen."[12]

Das alte atlantische Wissen um die Nutzung der mächtigen Urkraft habe allerdings auch nach dem Untergang des sagenumwobenen Kontinents zum Teil noch längere Zeit weitergelebt und dabei großartige Ergebnisse gezeitigt. So sei z. B. der Bau der ägyptischen und der aztekischen Pyramiden ohne den Einsatz der Vril-Kraft nicht denkbar gewesen.[13] Überlieferungen des entsprechenden energetischen Wissens fänden sich auf der geistigen Ebene aber auch in Gestalt des "Prana" der altindischen Vedenlehre, das letztlich nichts anderes als eine machtvolle "freie Strahlung" ganz im Sinne des atlantischen Vril sei.[14] Nunmehr ginge es darum, das Wissen der Alten für die Gegenwart nutzbar zu machen:

> "Errungenschaften des Menschengeistes aus grauer Vorzeit sollen wieder Gemeingut der Gegenwart werden. Die Vril-Kraft ist wiedergefunden, die smaragdenen Tafeln des großen Hermes Trismegistos strahlen im grünblauen Lichte heraufdämmernden Morgens uranidischer Naturbeherrschung – und in weiterer Folge wird der Versuch unternommen, das Interesse breiter Massen für die kosmische Universalenergie wachzurufen.
> Der Dynamotechnik der Atlantiden harrt ihres Einbaues in das deutsche Volksganze!"[15]

Bemerkenswert an diesen Äußerungen "Johannes Täufers" ist nicht zuletzt die ausdrückliche Berufung auf Hermes Trismegistos und die legendäre "Tabula smaragdina": zwei wesentliche Symbole des mittelalterlichen alchemistischen Denkens. Sie werden von dem pseudonymen (und eventuell kollektiven?) Autor der Berliner Reichsarbeitsgemeinschaft in einen unmittelbaren Zusammenhang mit der Vril-Kraft gebracht. Durch das Wiederauffinden des Vril sollen die alchemistischen Symbole neu erstrahlen, was nichts anderes bedeutet, als den Lehren der Alchemie durch die erfolgreiche Anwendung der energetischen Vril-Konzeption Geltung in der Gegenwart und der Zukunft zu verschaffen. Vril entspricht in diesem Kontext eindeutig dem alchemistischen Vitriol. Das Wiederauffinden der geheimnisvollen, nach Ansicht "Johannes Täufers" aus der Zeit der Atlanter stammenden Vril-Kraft ist in diesem Sinne gleichbedeutend mit dem Wiederauffinden des berühmten "Steines der Weisen".

Ohne dass Bulwer-Lytton und die ihn prägenden Einflüsse des Rosenkreuzertums und der Alchemie in der Schrift der Reichsarbeitsgemeinschaft direkt erwähnt werden, schließt sich hier der Kreis. Die energetische Konzeption, die sich mit dem Begriff Vril verbindet, entstammt - über Bulwer-Lyttons "The Coming Race" in moderner Weise transformiert und weitervermittelt - der alchemistischen Tradition und seiner Fortsetzung im Rosenkreuzertum. Der "Reichsarbeitsgemeinschaft 'Das Kommende Deutschland'" scheint genau dieser für das gesamte Thema letztlich wesentliche und zentrale ideengeschichtliche Zusammenhang vollauf bewusst gewesen zu sein. Dass er bei den zahlreichen, vor allem im Gefolge von Pauwels und Bergier entstandenen politischen Negativlegenden und "Gruselgeschichten" über Vril und die mysteriöse "Vril-Gesellschaft" kaum eine Rolle spielt, ist demgegenüber bezeichnend.

Nachdem im weiteren Text der Vril-Broschüre bestimmte naturwissenschaftliche Grundannahmen und - worauf noch zurückzukommen sein wird - technische Vorstellungen der Reichsarbeitsgemeinschaft genannt werden, führt ein Kapitel über "Wege und Ziele" in die übergreifenden politischen, gesellschaftlichen, wirtschaftlichen und kulturellen Vorstellungen der Gruppe ein. Betont wird dabei einleitend, dass es sich bei der "Vril-Technik nicht um eine neue 'Erfindung' im landläufigen Sinne handelt, sondern um eine weltumwälzende Angelegenheit, die den Menschen abschließende Naturbeherrschung bringt."[16] Eben deshalb müsse auf das Strengste darauf geachtet werden, dass die neue Technik und die Nutzungsmöglichkeiten der Vril-Energie nicht in die Hände von verantwortungslosen Wirtschaftskreisen fielen. Hierbei klingen auch Elemente der Kapitalismuskritik und der Warnung vor mächtigen wirtschaftlichen Interessengruppen an, wenn es z. B. heißt:

> "Im Besitze einer kapitalistischen Interessengruppe, welche sich der Urkraft zum Zwecke ihrer 'finanziellen Stärkung' bedienen würde, könnte dieser gewaltige Faktor dem Volksganzen nur zum Fluch gereichen.
> Die Nutzbarmachung der Urkraft leitet ein ganz neues Menschheits-Zeitalter ein und verleiht ihren Beherrschern eine unüberwindliche Macht. Diese Macht kann bestehenden Wirtschaftsorganisationen nicht ausgeliefert werden, solange nicht ein Schutz besteht, der ihren Mißbrauch verhindert."[17]

Daraus zieht die Reichsarbeitsgemeinschaft die Konsequenz, die Kenntnisse über die neuen technischen Möglichkeiten der Vril-Kraft nur in höchst behutsamer Weise und unter Berücksichtigung bestimmter ethischer Prämissen zur Anwendung kommen zu lassen:

> "Nur im wohlerwogenen Abbau bestehender Verhältnisse und langsamen evolutionären Einbau des Neuen soll die wirtschaftliche Umstellung des deutschen Volkes erfolgen. Wir sind jederzeit guten Willens, mit allen einsichtigen Faktoren und Persönlichkeiten des deutschen Wirtschaftslebens zusammenzuarbeiten, nur können

> wir von unseren ethischen Forderungen unter gar keinen Umständen zurücktreten. Die Urkraft hat dem Volksganzen zu dienen und wird niemals irgendwelcher Machtgruppe zur Nutznießung überantwortet!"[18]

Angesichts dieser ausdrücklich postulierten Prämisse der Ethik verwundert es daher auch nicht, wenn "Johannes Täufer" als eine erwünschte Folge der neuen Technik die Bildung einer Brücke "zwischen Religion und Wissenschaft" für möglich hält, "welche zur endgültigen Versöhnung dieser beiden Gegensätze führen muß."[19] In diesem Zusammenhang einer möglichen Verbindung von Wissenschaft und Religion nennt "Täufer" dann ein Beispiel aus der Antike, das siebzehn Jahre später von Willy Ley in seinem Aufsatz über "Pseudoscience in Naziland" wieder dargestellt werden sollte, wenn auch in einer umgedeuteten und offensichtlich missverstandenen Form:

> "Was die alten Römer unter ihren 'Penaten' (gütigen Hausgeistern) symbolisch verstanden, tritt uns in Form der Urkraft-Elemente greifbar vor Augen!"[20]

Bei Ley wurden aus den Penaten die "Laren", und der von "Täufer" symbolisch gemeinte Vergleich zwischen den römischen Hausgeistern und der Vril-Kraft wurde von ihm in dem Sinne wörtlich genommen, als dass er der von ihm beschriebenen Berliner Gruppe eine unmittelbare Gleichsetzung von beidem unterstellte. Doch trotz dieses Missverständnisses auf Seiten von Ley haben wir hier einen klaren Beleg dafür, dass es sich bei der von ihm 1947 rückblickend beschriebenen Berliner Gruppe um niemand anderes als die "Reichsarbeitsgemeinschaft 'Das Kommende Deutschland'" gehandelt haben kann!

Einen weiteren und noch deutlicheren Beweis hierfür liefert jedoch eine zweite, nur dreißig Seiten umfassende Broschüre, die gleichfalls im Jahre 1930 erschien und die "Vril"-Schrift von "Johannes Täufer" geradezu komplementär ergänzte. Sie trug den Titel "Weltdynamismus. Streifzüge durch technisches Neuland", verzichtete auf die Nennung eines Einzelautors und gab als Herausgeber unmittelbar die "Reichsarbeitsgemeinschaft 'Das Kommende Deutschland'" an. Auch diese Broschüre erschien keinesfalls, wie sonst nicht selten bei den Publikationen esoterisch orientierter Gruppierungen üblich, im Selbstverlag, sondern vielmehr in einem Verlagshaus, das bereits seinerzeit in den einschlägig interessierten Kreisen nicht weniger große Reputation als der Astrologische Verlag Wilhelm Becker genoss: "im Otto-Wilhelm-Barth-Verlag, Berlin W 57".

Der Otto-Wilhelm-Barth-Verlag war 1924 in München von dem Leizpziger Buchhändlersohn Otto Wilhelm Barth und dem Geisteswissenschaftler Fritz Werle gegründet worden. Von Beginn an widmete er sich Themen aus dem Bereich der Esoterik und deckte dabei ein breites Spektrum ab, das von der Beschäftigung mit der Astrologie über asiatische Religionen bis hin zur Auseinandersetzung mit dem Werk Paralcelsus' reichte.[21] Zwischen 1925 und 1928 verlegte niemand anderes als Otto Wilhelm Barth die wichtigsten Werke von Eliphas Levi in deutscher Übersetzung - und damit Schriften eines Autors, dessen Werdegang mit der Entwicklung Bulwer-Lyttons und seiner Vril-Konzeption in nicht unwesentlicher Weise verknüpft war.[22] Im Gegensatz zum Verlag Wilhelm Beckers war es dem Otto-Wilhelm-Barth-Verlag trotz einer 1941 erfolgten Schließung möglich, den Zweiten Weltkrieg zu überleben: Im Jahre 1946 gelang es Ursula von Mangoldt, die seit 1934 zu den maßgeblichen Mitarbeitern des Unternehmens zählte, eine neue Verlagslizenz zu erlangen.[23]

Frau von Mangoldt, eine promovierte Theologin, war zeitweilig auch Herausgeberin der im südbadischen Bad Säckingen erscheinenden Zeitschrift "Christianopolis", die sich in ihrem Titel auf die erstmals 1619 erschienene gleichnamige rosenkreuzerische Gesellschaftsutopie von Johann Valentin Andreae bezog - angeblich übrigens eines Vorfahren Frau von Mangoldts.[24] 1955 schließlich erschien bei Otto Wilhelm Barth die deutsche Übersetzung des Buches "Das Mysterium des Grals" aus der Feder des italienischen Philosophen Julius Evola - eines glühenden Anhängers der hermetisch-alchemistischen Tradition. Nicht uninteressant dabei ist die Tatsache, dass die nächste deutschsprachige Ausgabe dieses Werkes dann 1978 durch den schweizerischen Ansata-Verlag in Interlaken herausgebracht wurde. Dieses Verlagshaus wiederum war es, das 1994 Bulwer-Lyttons esoterischen Rosenkreuzerroman "Zanoni" neu editierte.

Zumindest auf der verlegerischen und personellen Ebene zeigen sich somit aufschlussreiche Zusammenhänge und Querverbindungen, die die Konturen eines ganz bestimmten geistigen Umfeldes erkennen lassen. Es handelt sich dabei genau um jenes, von den Traditionen der Alchemie und des Rosenkreuzertums geprägte Umfeld, aus dem heraus bereits die Entstehung von Bulwer-Lyttons "The Coming Race" und der darin enthaltenen energetischen Konzeption des Vril beeinflusst wurde. Dass die Reichsarbeitsgemeinschaft ihre Schriften zur Vril-Energie nicht nur bei Wilhelm Becker, sondern auch bei Otto Wilhelm Barth verlegte, entbehrte daher nicht der Logik.

Der Otto-Wilhelm-Barth-Verlag selbst, der in der Nachkriegszeit mehrmals seinen Sitz wechselte, wurde im Jahre 1973 vom in der Schweiz ansässigen Scherz-Verlag übernommen. Bis heute wird er mit seinem anspruchsvollen und anerkannten Esoterik-Programm unter dessen Dach weitergeführt. Nicht wenige international bekannte Autoren wie z. B. Fritjof Capra oder der Dalai Lama haben dort inzwischen publiziert. Interne Materialien zu den Umständen, die 1930 zur Herausgabe der "Weltdynamismus"-Broschüre der Reichsarbeitsgemeinschaft führten und dabei eventuell wichtigen Aufschluss über die daran mitwirkenden Personen geben könnten, sind im Firmenarchiv der heutigen Verlagsgruppe allerdings nicht mehr vorhanden.[25]

Die Schrift zum "Weltdynamismus" und die "Vril"-Broschüre von "Johannes Täufer" scheinen von vornherein als sich gegenseitig ergänzende Publikationen gedacht gewesen zu sein. In beiden Veröffentlichungen wurde werbend auf die jeweils andere hingewiesen.[26]

Dabei scheint es die Aufgabe von "Weltdynamismus" gewesen zu sein, den Lesern das bereits erwähnte und das Denken der Reichsarbeitsgemeinschaft wie ein roter Faden durchziehende Gegensatzpaar von naturorientierter "Dynamotechnik" und schädlicher "Mechanotechnik" anhand von konkreten Beispielen näherzubringen. Folgerichtig heißt es im Vorwort, die Ausführungen stellten den "Versuch dar, technisch nicht geschulte Interessenten in die Probleme der anbrechenden dynamischen Technik gemeinverständlich einzuführen."[27]

Unter diesen Vorzeichen stellt z. B. gleich das erste Kapitel der Broschüre die Begriffe des "Schießens" und des "Schließens" gegenüber, die als Symbole für das o. g. grundsätzliche Gegensatzpaar benannt werden. In einem von Berthold Schwarz, dem mutmaßlichen Erfinder des Schießpulvers, bis zur Atomphysik reichenden Argumentationsbogen werden die gängigen Energietechniken, soweit sie auf einem Zersprengen, Zergliedern oder Zerstören beruhen, verurteilt. Die ihnen zugrunde liegende Denkweise wird in zum Teil geradezu pazifistisch anmutender Weise für Kriege und die verschiedensten Formen des gesellschaftlichen und staatlichen Niedergangs verantwortlich gemacht.[28] Den Techniken der Explosion und der Zerstörung – symbolhaft im Begriff des "Schießens" zusammengefasst, wird als neues Leitbild die an der Natur orientierte dynamische Technik gegenübergestellt:

> "Blicken wir im universellen Haushalte der Natur umher, so müssen wir zugeben, daß diese mit unvorstellbaren vitalenergetischen Spannungen arbeitet, ohne den Aufbruch der stofflichen Kraftballungen vorzunehmen! Sie erreicht jeden Energieeffekt durch 'Schließen' zweier verschieden geladener Potentiale und stellt uns das Geheimnis 'nur Aufbau wollenden Lebens' in flammenden Lettern vor Augen!
> (...)
> 'Schließen' muß die Devise kommender Generationen werden! Eine ganz neue Technik pocht an die Pforten unserer Zeit. Wir werden uns biotechnisch umorientieren müssen, damit wir zur wirklichen Naturbeherrschung gelangen können. 'Schließen' ist das Grundprinzip jedes chemoelektrischen Elementes! Auch hier wird Kraft im Spannungsausgleich von zwei verschieden geladenen (atomgespannten) stofflichen Potentialen frei. Das Dynamo arbeitet nach ähnlichem Prinzip; die kommende rein dynamische Technik wird uns letzte Vollendung naturgesetzlich orientierter Energieerzeugung erbringen, indem sie das Potentialgefälle 'Aetherspannung des Weltraumes' – 'Erde' quasi zum einheitlichen Element schließt."[29]

Die Ablehnung der "Explosionstechnik" durch die Reichsarbeitsgemeinschaft ruft Assoziationen an den österreichischen Erfinder und Nonkonformisten Viktor Schauberger wach, dessen "Implosionsprinzip der Natur" recht genau den Vorstellungen der "Dynamotechnik" und des "Schließens" entsprach[30] und auf den an anderer Stelle noch zurückzukommen sein wird. Allein hieran wird deutlich, dass die Überlegungen zum "Weltdynamismus" Bestandteil einer ganzen naturwissenschaftlichen Schule waren und sind, einer Schule, die keinesfalls gegen die Technik, sondern für eine andere Technik eintrat und bis in die Gegenwart eintritt.

Ein weiteres Kapitel der genannten Broschüre trägt den Titel "Der Weltapfel. Warum durften Adam und Eva nicht den Apfel vom Baume der Erkenntnis brechen?" Es ist für die Aufdeckung der realen Hintergründe des Vril-Mythos von besonderem Interesse, hatte doch Willy Ley Kontemplationen über einem aufgeschnittenen Apfel als eine der spezifischen Eigenheiten der von ihm beschriebenen Berliner Gruppe genannt. Gerade dieser Hinweis war in den späteren Legenden über die mysteriöse "Vril-Gesellschaft" immer wieder gerne zitiert und zunehmend farbenprächtiger ausgewalzt worden - von Pauwels und Bergier bis hin zu Ravenscroft. In der Schrift der Reichsarbeitsgemeinschaft finden sich nun tatsächlich Abschnitte, in denen von einem aufgeschnittenen Apfel die Rede ist - gedacht als Beispiel für die Widerspiegelung bestimmter Gesetzmäßigkeiten der Natur. Darin heißt es u. a.:

> "Nun nehmen wir ein Messer und schneiden den Apfel vertikal auf. Dieser Schnitt wird in der Richtung Stengel-Narbe geführt. Vor uns liegt ein zweipoliges (bipolares) Kraftfeld, dessen Kraftlinien von einer Indifferentialzone aus (Verbindungslinie zwischen Stengel und Narbe!) gegen die Peripherie (Apfelumfang) doppelkreisförmig verstreben. Das Fruchtfleisch des Apfels führt uns dies in seinem Aufbau sinnfällig vor Augen! Immer wieder schließt sich beim fortschreitenden Aufbau der Frucht vom indifferenten Mittelpunkte aus Wachstumskraftlinie achterschlingenförmig um Wachstumskraftlinie und wird der Apfel derartig stetig größer, bis er seine Reife erlangt hat."[31]

Und an anderer Stelle:

> "Unser Erdball besitzt dieselbe Struktur, wie wir sie im vertikal aufgeschnittenen Apfel vor Augen haben (...). Narben und Stengelpol sind analog dem Nord- und Südpol der magnetischen Erdachse, wobei der Nordpol die Anode (positiv!) und der Südpol die Kathode (negativ) repräsentiert."[32]

Der "Weltapfel", wie er von der Firma RQM, Rapperswil, als Symbol für die technische Anwendung Freier Energie verwendet wird (hier nach dem Vortrag Dr. Peter Bahns auf dem Kongress "Neue Horizonte in Technik und Bewußtsein" 1995 in Gwatt, Schweiz, gezeigt von Kongressbesucher Gottfried Hilscher, Autor und Journalist)

Anhand des Apfels sollte nachgewiesen werden, "daß Gott-Natur tatsächlich im Kleinsten wie im Größten stets gleichartig schafft"[33] - der Vergleich zwischen der Frucht und dem Erdball verdeutlicht die Spannweite der diesbezüglichen Assoziationen. An diese Betrachtungen knüpfte die Reichsarbeitsgemeinschaft in ihrer Schrift schließlich weitere energetische Theorien an, sodass Ley in gewisser Weise recht hatte, als er behauptete, dass die Berliner Vril-Freunde glaubten, durch die Betrachtung eines aufgeschnittenen Apfels den Geheimnissen der Vril-Energie näherzukommen. Allerdings erscheint dies alles sehr viel undramatischer und weniger mysteriös, wenn man den Kontext berücksichtigt, in dem der Apfel nur ein Beispiel, etwa einem naturkundlichen Modell vergleichbar, darstellt. Im Kern ging es um die bildhafte und einprägsame Darstellung eines ganz bestimmten alternativen Ansatzes innerhalb der Naturwissenschaften und der Technik, wie er in ähnlicher Weise z. B. auch bei Schauberger zu finden ist – nichts anderem diente das "Weltapfel"-Kapitel in der genannten Broschüre der Reichsarbeitsgemeinschaft.

Bei der Durchsicht der "Vril"-Schrift von "Johannes Täufer" und der "Weltdynamismus"-Broschüre der Reichsarbeitsgemeinschaft lassen sich ganz generell noch einige weitere Tatsachen festhalten. So wird in keiner der beiden Publikationen trotz der Verwendung des Vril-Begriffes auch nur mit einem Wort unmittelbar Bezug auf Bulwer-Lytton und seinen Roman "The Coming Race" genommen. Allerdings liegen die inhaltlichen Parallelen und die gemeinsamen Wurzeln im alchemistisch-rosenkreuzerischen Kontext auf der Hand – die Autoren der Reichsarbeitsgemeinschaft kannten Bulwer-Lyttons Werk mit Sicherheit und versuchten, seine romanhaft verschlüsselte energetische Konzeption in die technische und gesellschaftliche Praxis zu übertragen.

Erwähnungen allerdings des Thule-Ordens, der NSDAP, Agarthas und anderer Schlüsselbegriffe, die bei der Legendenbildung um die "Vril-Gesellschaft" immer wieder eine zentrale Bedeutung haben, finden sich in den beiden vorgestellten Schriften noch nicht einmal andeutungsweise. Gleiches gilt für die Templer, die "Herren vom Schwarzen Stein", Sumerer und Babylonier, den Planeten Aldebaran und seine Raumflotte sowie all die anderen Ausschmückungen des Vril-Mythos, wie sie sich vorzugsweise bei Jürgen-Ratthofer und Ettl sowie, mehr oder weniger in deren Gefolge, bei Jan van Helsing finden. Der Bezug zum Christentum ist, wie aus mehreren Passagen hervorgeht, bei der Reichsarbeitsgemeinschaft durchaus positiv[34] – ein deutlicher Unterschied zu den meisten völkisch-esoterischen Gruppen mit Affinitäten zum Nationalsozialismus. Auch war die "Reichsarbeitsgemeinschaft 'Das Kommende Deutschland'" ganz offensichtlich keine Geheimgesellschaft. Sie publizierte ihre Ansichten in zwei relativ bekannten Fachverlagen und warb in ihren Broschüren unter Nennung einer für jedermann auffindbaren Kontaktadresse um neue Mitglieder.

Dennoch kann, wie vorstehend auch verschiedentlich schon angeklungen, mit Sicherheit davon ausgegangen werden, dass es sich bei der Reichsarbeitsgemeinschaft um genau jene Gruppe handelt, die zunächst von Willy Ley, unter Berufung auf ihn von Pauwels und Bergier sowie danach von zahlreichen anderen Autoren beschrieben wurde und die als "Vril-Gesellschaft" (auch wenn sie diesen Namen nie führte) seit einigen Jahrzehnten den Stoff liefert, aus dem man politische Science-Fiction macht. Auf die Identität von Reichsarbeitsgemeinschaft und "Vril-Gesellschaft" deuten dabei nicht nur die thematische (Vril-Kraft), zeitliche (frühe dreißiger Jahre) und örtliche (Berlin) Übereinstimmung hin, vielmehr tauchen auch verschiedene, bei Ley konkret erwähnte Einzelheiten (von den römischen Hausgeistern bis zur Apfelsymbolik) in den beiden Broschüren der Reichsarbeitsgemeinschaft auf.

Festzuhalten bleibt also, dass um 1930 in Berlin tatsächlich eine Gruppe existierte, die sich mit alternativen Formen der Energiegewinnung befasste und dabei auf Bulwer-Lyttons Begriff des "Vril" und bestimmte mythologische und philosophische Überlieferungen - nicht zuletzt aus dem Bereich der Alchemie - zurückgriff. Diese Gruppe wurde von Willy Ley 1947 in "Astounding Science Fiction" kurz skizziert und ist anhand der vorliegenden Quellen klar als "Reichsarbeitsgemeinschaft 'Das Kommende Deutschland'" benennbar. Sie hat publizistische Spuren hinterlassen, die ihr Denken und Wollen jenseits aller Legendenbildungen eindeutig nachvollziehbar machen. Sie stellt das "Feuer" dar, aus dem sich der "Rauch" der vielfältigen Legendenbildungen entwickelte. Das Rätsel um die Existenz der "Vril-Gesellschaft" kann damit zumindest vom Grundsätzlichen her als gelöst angesehen werden.

Offen bleibt die Frage der in der Literatur immer wieder auftauchenden unterschiedlichen Benennungen. Der Name "Vril-Gesellschaft" als solcher ist nirgendwo dokumentarisch belegbar. Ley, der als relativ zuverlässiger Zeuge angesehen werden kann, spricht davon, dass sich die Gruppe als "Wahrheitsgesellschaft" bezeichnet habe. Nun ist es denkbar, dass die 1930 als Reichsarbeitsgemeinschaft firmierende Gruppe in der Zeit davor oder auch danach eine Umbenennung vornahm und tatsächlich unter dem Namen "Wahrheitsgesellschaft" auftrat. Dokumentarisch ist jedoch auch dies nicht zu belegen. Noch ein wenig differenzierter verhält es sich bei den zuerst von Pauwels und Bergier, später dann auch von Glowka und Ravenscroft lancierten Bezeichnungen "Bruderschaft des Lichts" oder "Leuchtende Loge". Hier haben wir es mit einem eher traditionellen, in der esoterischen Literatur immer wieder einmal auftretenden Terminus zu tun, die Erich Möller und Ellic Howe wie folgt charakterisieren:

> "Die 'Bruderschaft des Lichts' – wobei manchmal ein schlichtes 'L' nicht nur für Licht, sondern u. U. auch für Luxor stehen kann – gehört zur Standard-Illumination des okkulten Bereichs, was nicht ausschließen soll, daß sich nicht hier und da eine Gruppe den Namen zulegte."[35]

So erklärte z. B. der deutsche Okkultist Theodor Reuß 1917, sein "Ordo Templi Orientis" sei "The Hermetic Brotherhood of Light, known as the O.T.O.".[36] Und in einer Liste des Reichsund Preußischen Ministers des Inneren vom 7.12.1936 über "freimaurerlogenähnliche Organisationen" wird ebenfalls eine "Hermetische Bruderschaft des Lichts" genannt - nach Möller und Howe eine von "Reuß' freimaurerische(n) Gründungen"[37], die damit den Tod ihres Stifters - Reuß starb 1923 - um mehr als ein Jahrzehnt überlebt hatte. Wie wir bereits gesehen haben, existierte eine Gruppe unter diesem Namen im 19. Jahrhundert in Paris.

Bekannt geworden sind auch eine rosenkreuzerische Gruppierung gleichen Namens, die 1895 in den USA gegründet wurde, und immer wieder auftretende Bezüge der Theosophie Madame Blavatskys auf eine spirituelle "Bruderschaft des Lichts", die in machtvoller Weise ins Weltenschicksal eingreifen soll[38]; derartiges mit der von Ley beschriebenen Berliner Kleingruppe in Verbindung bringen zu wollen, wäre jedoch wohl zu vermessen.

Nicht ganz auszuschließen, wenn auch nicht konkret belegbar, ist bei alledem, dass es sich bei der "Reichsarbeitsgemeinschaft 'Das Kommende Deutschland'" um die öffentlich wirkende "Vorfeldorganisation" eines sich wie auch immer nennenden okkulten Zirkels handelte, der tatsächlich im Verborgenen agierte und potenzielle Interessenten über die Reichsarbeitsgemeinschaft zunächst beobachtete und filterte, ehe sie Zugang zum inneren Kern erhielten. Beispiele für eine solche Taktik finden sich zuweilen im esoterischen Spektrum. Hingewiesen sei in diesem Zusammenhang auf den "ariosophischen", von Jörg Lanz zu Liebenfels begründeten "Ordo Novi Templi (O.N.T.)", der sich 1932 in Form des Wiener "Lumen-Clubs" eine öffentlich wirkende Zweigorganisation geschaffen hatte. Während Letzterer 1939 auf Geheiss der Gestapo verboten wurde, konnte der O.N.T. selbst noch mehrere Jahre in relativer Ruhe weiterexistieren.[39]

Die Arbeitsteilung zwischen "Geheimorden" und Vorfeldorganisation schuf folglich einen gleich doppelten Schutz: vor möglicherweise unliebsamen Neuzugängen, die abgefangen werden konnten, wie auch vor staatlichen Repressionen, die die Vorfeldgruppe auf sich zog und so vom inneren Kreis ablenkte.

Doch selbst, wenn die Annahme einer solchen Arbeitsteilung bei der Reichsarbeitsgemeinschaft zuträfe: Bei der von Ley beschriebenen Gruppe, an der alle späteren Legendenbildungen anknüpften, handelte es sich zunächst einmal um die Reichsarbeitsgemeinschaft selbst, unbeschadet eines eventuell im Hintergrund agierenden "geheimen" Kerns. Dass die öffentlich dokumentierte Existenz der Reichsarbeitsgemeinschaft und ihrer Beschäftigung mit der Vril-Energie in der gesamten Legendenliteratur der letzten Jahrzehnte - von Pauwels/Bergier über Ravenscroft bis zu Jürgen-Ratthofer/Ettl - jedoch mit keinem Wort erwähnt wird, gehört schon fast zu den eigentlichen "Mysterien" unseres Themas ...

8.2. Die technischen Vorstellungen der "Reichsarbeitsgemeinschaft" zur Vril-Energie

Die Schriften der Reichsarbeitsgemeinschaft enthielten keinesfalls nur allgemeine philosophische und naturwissenschaftliche Betrachtungen zur Vril-Energie. Gemäß ihrem Anspruch, "die kosmische Urkraft möglichst bald dem deutschen Volke zu eigen werden" zu lassen[1], stellte sie ganz konkrete technische Verfahren vor, die in der "Vril-Schrift" des Pseudonymus "Johannes Täufer" in einem eigenen Kapitel mit der Überschrift "Die dynamotechnischen Urkraft-Elemente" zusammengefasst sind. Dort wird der Versuch gemacht, die Gewinnung und Nutzung der Urkraft, d. h. der Vril-Energie, auch praktisch zu beschreiben.

Ausgangspunkt dieser technischen Überlegungen ist die Konstruktion von kugelförmigen Kraftaggregaten im Sinne der propagierten "dynamischen Technik". Diese sollten die Aufgabe haben, den konstanten Fluss freier Strahlung zwischen dem Weltraum und der Erde zu kanalisieren und einer gezielten energietechnischen Verwendung zugänglich zu machen. Die Aggregatkugel, in die nach den Beschreibungen zwei Stabmagneten hineinragten, war – gemäß dem "Apfelmodell" in der "Weltdynamismus"-Broschüre – als eine Art Weltkugel im kleinen gedacht. Die beiden Stabmagneten sollten dabei den Nord- und den Südpol darstellen. Eine in die - an sich hohle - Kugel einzubringende sogenannte "elektrovitale Füllmasse" im Inneren der Kugel war als Widerstand und Schließungsleiter gedacht.

Durch einen bestimmten Impuls sollte das geerdete Kugelelement aktiviert und elektrisch aufgeladen werden. Die dadurch frei werdende Energie sollte nach den Vorstellungen der Reichsarbeitsgemeinschaft abgenommen werden, um z. B. Motoren der verschiedensten Art anzutreiben - dynamotechnische Motoren also, im Gegensatz zu den als "Zerstörungstechnik" abgelehnten Verbrennungsmotoren. Bei dem dargestellten Verfahren werde die Verbrauchsenergie vermittels der Erdung des Kugelaggregats immer wieder aus dem Erdkraftfeld erneuert, die Spannung in dem Kugelaggregat bleibe ständig gleich.[2] Die ganze Vorrichtung schien somit als eine Art Konverter für freie Strahlungsenergie gedacht gewesen zu sein.

Der Impuls zur Aufladung des Aggregats schließlich sollte auf "radiotechnischem Wege" von einer sogenannten "Ur-Maschine" ausgehen. Diese brauche auf der gesamten Erde im Prinzip nur ein einziges Mal vorhanden zu sein. Die "Ur-Maschine" wird - in offensichtlich bewusst recht vager Weise - als eine Anordnung von sieben Kugelzellen beschrieben. Über ihre genaue Konstruktion und Funktionsweise ist in der Broschüre nur wenig zu erfahren, vielmehr heißt es:

> "... Auf den Bau der Ur-Maschine soll hier nicht näher eingegangen werden, sondern es sei nur gesagt, daß sie aus sieben ähnlich gebauten Kugelelementen besteht, wovon fünf um eine sechste fixe Mittelkugel rotieren und bei dieser Rotation von einer siebenten, außerhalb des kreisenden Kugelrings angeordneten dynamischen Kugelzelle spezifisch-magnetische Strahlen abreißen, um sie auf die Mittelkugel zu konzentrieren. Ist diese Kugel überladen, dann sendet sie die erwähnten spezifisch-magnetischen

> Kurzwellen, welche in peripherer Form alle Arbeitselemente zur Energieleistung anregt. Die beiden feststehenden Kugelzellen als Anoden- und Kathodenpol der Ur-Maschine sind mit ihren elektrischen Ladungen ungleichpolig geerdet."[3]

Das geschilderte technische Verfahren zur Nutzung der Vril-Energie bzw. der Urkraft ist insgesamt nur schwer nachzuvollziehen. Der Hauptgrund hierfür liegt sicherlich darin, dass bestimmte, offenkundig wichtige und zentrale Funktionsweisen der energietechnischen Vorrichtungen nur kurz angedeutet oder sogar ganz ausdrücklich als "geheim" klassifiziert werden. Letzteres gilt dabei insbesondere für die konkrete chemische Zusammensetzung der als Schließungsleiter dienenden sogenannten "elektrovitalen Füllmasse" und für die genauen Wirkungsweisen der "Ur-Maschine".[4]

Dieser recht zurückhaltende Umgang mit den wesentlichen technischen Einzelheiten des energetischen Konzeptes der Reichsarbeitsgemeinschaft wird ausdrücklich mit der Notwendigkeit begründet, die Vril-Technik vor dem Zugriff Unbefugter zu schützen. Immer wieder wird auf den hohen Verantwortungsethos verwiesen, auf den es beim Umgang mit der Vril-Kraft ankomme. Da die neue Technik dem ganzen Volke und niemals nur einer bestimmten Interessengruppe zu dienen habe, müsse insbesondere die "Ur-Maschine" als ihr zentrales Element unter gesetzlich verbürgten staatlichen Schutz gestellt werden. Über entsprechende Vereinbarungen wolle man von Seiten der Reichsarbeitsgemeinschaft mit der Staatsführung in Verhandlungen treten, sobald im Volke selbst als Basis für das weitere Vorgehen eine breite Massenbewegung zur Nutzung der Ur- bzw. Vril-Kraft entstanden sei. Erst dann könne mit einem "bis ins letzte ausgearbeitete(n) Einbauprogramm" für die Vril-Technik begonnen werden, das aber bereits existiere und von berufener, d. h. staatlicher Seite sofort abzufordern sei.[5]

Eingegangen wird in diesem Zusammenhang in sehr klarer und weitsichtiger Weise auch auf mögliche Gegner und Feinde der Urenergie, die sich durch ihre Anwendung in ihren wirtschaftlichen Interessen gefährdet fühlen könnten:

> "Es dürfte kaum eine Maschine, kaum einen technischen Apparat geben, der nicht in seiner Wirkungsweise und Wirtschaftlichkeit von der neuen Technik beeinflußt oder gar außer Kurs gesetzt wird. Elektrische Großkraftwerke, komplizierte Turbinenanlagen u. dergl. werden überflüssig! Die gesamte Kraftstoffaufbringung wie Kohle, Erdölgewinnung etc. wird langsam unnötig. Hieraus ergeben sich natürlicherweise Konsequenzen für die Besitzer dieser Erdschätze. Die kapitalistische Wirtschaft hat an der Heraufbringung der Urkraft gar kein richtiges Interesse, soweit es sich darum handelt, eigene wirtschaftliche Machtmittel zu schützen. Es darf deshalb nicht damit gerechnet werden, daß die Urkraft jenen machtpolitischen Wirtschaftskreisen erwünscht ist, da sie zwangsläufig eine Umschichtung bestehender Machtverhältnisse zur Folge hat."[6]

Dennoch werde – früher oder später, eventuell auch erst in einigen Jahrzehnten, wenn die politischen und gesellschaftlichen Verhältnisse dafür reif seien – "ein neues Deutschland (...) anbrechen – mit vollkommen neuen Wirtschafts- und Gemeinschaftsstrukturen."[7] So sei eine umfassende und im Grunde kostenlose Elektrifizierung der gesamten Volkswirtschaft möglich – mit allen Konsequenzen etwa für die Beheizung und die Beleuchtung, den Antrieb von Lokomotiven und Autos, den Betrieb von technischen Kommunikationsmitteln usw. Diese Art der elektrischen Energieversorgung könne überdies dezentral organisiert werden, mit "spezifisch geladenen Dynamo-Elemente(n) in jedem Haus und in jedem Betrieb", die ihre Impulse von der "Ur-Maschine" erhielten.[8]

Der Staat schließlich könne, gestützt auf seine neue Rolle als Hüter und Monopolverwalter der "Ur-Maschine", die Steuern und die Abgaben wesentlich senken und dennoch jedem einzelnen Bürger bis ans Lebensende die Befriedigung der Grundbedürfnisse wie Wohnung, Nahrung und Kleidung garantieren. Gesundheitlich zermürbende Tätigkeiten, etwa in Bergwerken, seien angesichts der neuen technischen Möglichkeiten nicht mehr länger notwendig. Dem Menschen stünde daher erheblich mehr freie Zeit zur Entwicklung seiner kulturschöpferischen Anlagen zur Verfügung, was den Boden für eine "höhere Ethik" bereite. Nicht zuletzt auch die Bereiche der Religion und der Rechtspflege würden durch die skizzierten gewaltigen gesellschaftlichen Umwälzungen eine positive Beeinflussung erfahren.[9]

Mit diesen visionären Beschreibungen von denkbaren segensreichen Auswirkungen der Vril-Kraft nähern sich die Vorstellungen der Reichsarbeitsgemeinschaft in starkem Maße wieder genau jenem Bild an, das Edward Bulwer-Lytton rund sechs Jahrzehnte zuvor von der innerirdischen Welt der Vrilya und ihrem gesellschaftlichen Leben entworfen hatte. Obwohl der englische Esoteriker und Literat ebenso wenig namentlich erwähnt wird wie der Titel seines entsprechenden Buches, wird die Wirkung seiner Bilder doch deutlich spürbar. Die "Vril"-Broschüre der Reichsarbeitsgemeinschaft liest sich stellenweise wie eine modernisierte Übertragung von "The Coming Race" in den Bereichen der politisch-weltanschaulichen Agitationsliteratur. Die gedanklichen Stränge - eine auf alten Quellen aufbauende mächtige Technologie, die in der Lage ist, eine positive Veränderung der Gesellschaft in Richtung auf inneren Frieden, geistige Evolution und materiellen Wohlstand herbeizuführen - gleichen sich bis in Einzelheiten hinein.

Zugleich trafen die Vorstellungen der Reichsarbeitsgemeinschaft aber auch durchaus den Geist ihrer eigenen Zeit. Die beiden genannten Broschüren erschienen nur knapp ein Jahr nach Beginn der Weltwirtschaftskrise, in einer Epoche, in der die Suche nach fundamentalen Lösungen der gravierenden Gesellschafts- und Wirtschaftsprobleme auch noch zahlreiche andere Kräfte mobilisierte. Dies geschah nicht zuletzt unter den Symbolen des Sowjetsterns und des Hakenkreuzes, aber z. B. auch in Gestalt der Freiwirtschaftslehre Silvio Gesells und anderer Theorien, die jeweils ein bestimmtes zentrales Problemfeld zum Ausgangspunkt eines generellen Lösungsansatzes erklärten. Bei der "Reichsarbeitsgemeinschaft 'Das Kommende Deutschland'" war dieses für zentral gehaltene Problemfeld weder die Rassennoch die Klassenfrage, im Gegensatz zu den Gesellianern auch nicht der Zins, sondern vielmehr die Energiefrage. Ihre Antwort darauf klingt schlüssig: Bei Bereitstellung ausreichender, fast kostenloser und zugleich sauberer Energie können sich viele andere Probleme und Krisenerscheinungen gewissermaßen wie von selbst lösen und krisenverursachende Strukturen in Wirtschaft und Gesellschaft aufgehoben werden.

Von diesem Denkansatz aus flossen politische, philosophisch-esoterische und naturwissenschaftlich-technische Überlegungen im Konzept der Reichsarbeitsgemeinschaft zu einem einheitlichen Ganzen zusammen, das seine geistigen Wurzeln in der durch Bulwer-Lytton vermittelten alchemistisch-rosenkreuzerischen Tradition nicht verleugnen kann. Dass ausgerechnet Überlieferungsstränge der mittelalterlichen Alchemie und des Rosenkreuzertums Gegenstand eines auf der Revolutionierung der Technik aufbauenden politischen Reformansatzes wurden, stellt ideengeschichtlich gewiss eine Besonderheit dar, die trotz ihrer Einzigartigkeit bisher seltsamerweise kaum irgendwelche Beachtung fand.

– 9 –

Die Aurolzmünster-Connection

9.1. Schappellers Raumkraft

Wenn auch in den Schriften der "Reichsarbeitsgemeinschaft 'Das Kommende Deutschland'" immer wieder Bezüge zum alchemistischen Denken und zu den Visionen in Bulwer-Lyttons "The Coming Race" aufscheinen, so stellt sich doch die Frage, woher die skizzierten technischen Vorstellungen und Beschreibungen stammen. Wurden sie tatsächlich von der Berliner Gruppe eigenständig entwickelt, und enthalten Darstellungen wie z. B. bei Jürgen-Ratthofer/Ettl und bei van Helsing, wonach die "Vril-Gesellschaft" Urheberin einer umwälzenden neuen Technologie ist, somit zumindest einen wahren Kern? Oder sind die technischen Aspekte in den beiden Broschüren der Reichsarbeitsgemeinschaft, z. B. die "Ur-Maschine" und die geschilderten vielfältigen Anwendungsmöglichkeiten der Ur- bzw. Vril-Kraft, nur Entlehnungen von ganz anderer Seite? Die Beantwortung dieser Frage verweist auf Zusammenhänge, die bei allen bisherigen Darstellungen zum Thema "Vril" erstaunlicherweise völlig unberücksichtigt blieben.

Erneut ist in diesem Zusammenhang auf eine kleine und mittlerweile fast gänzlich in Vergessenheit geratene zeitgenössische Schrift hinzuweisen. Diese erschien 1928, d. h. bereits zwei Jahre vor den genannten Publikationen der Reichsarbeitsgemeinschaft, im Münchener "Herold"-Verlag und trug den Titel "Raumkraft. Ihre Erschließung und Auswertung durch Karl Schappeller". Sie fasste – auf insgesamt nur 34 Seiten – drei Texte zusammen: "Dynamische Technik. Wesen und Bedeutung der von Karl Schappeller entdeckten Kraft" (von Dr. Franz Wetzel und Ingenieur L. Gföllner), "Die Durchführung des Schappeller-Werkes" (von den gleichen Autoren) und "Die physikalische Urkraft. Schappeller" (ein Auszug aus dem Buch "Logos und Bios" von Fritz Klein).

Der erste Text von Wetzel und Gföllner beginnt mit einer Bilanz und grundsätzlichen Kritik der bisherigen technischen und naturwissenschaftlichen Entwicklung. Diese habe zwar, so wird durchaus eingeräumt,

> "... dem Menschen eine Reihe schwerer und menschenunwürdiger körperlicher Arbeiten abgenommen und der Zivilisation ungeahnte Entfaltungsmöglichkeiten gegeben"[1],

doch zugleich habe jener Faktor gefehlt, "ohne den keine wahre Kultur gedeiht", die "innere Ethik".[2] Weiter heißt es, unter Einschluss durchaus politischer und gesellschaftlicher Betrachtungsweisen:

> "Die Technik und die Ingenieurkunst war und ist auch heute noch im wesentlichen Selbstzweck. Materialistischer Denk- und Vorstellungswelt entsprungen, diente sie in erster Linie dem Aufbau jener materialistisch-mammonistischen Wirtschafts-'ordnung', deren Scheinblüte in der Vorkriegszeit uns nicht über die Tatsache hinwegtäuschen darf, daß die gleiche Technik uns die soziale Frage mit all ihren schrecklichen Folgen für Nation und Volksgemeinschaft, für Kultur und Sitte beschert hat."[3]

Weitere Ausführungen beschäftigen sich zunächst mit der konkreten Situation Deutschlands nach dem Ende des Ersten Weltkrieges und der Annahme des Versailler Vertrages. Die Autoren kommen dabei zu dem Schluss, dass die "auf Dauer unhaltbaren

Zustände" in politischer, wirtschaftlicher, sozialer, kultureller und moralischer Hinsicht selbst beim besten Willen nicht mehr mit den Mitteln und Möglichkeiten der herkömmlichen Politik zu lösen seien.

Insbesondere auch Vorstellungen der politischen Rechten, in Deutschland einen ähnlichen Weg wie das faschistische Italien zu gehen, werden ausdrücklich verworfen.[4] Angesichts des Umfangs und der Schwere der sich mittlerweile stellenden Aufgaben seien vielmehr "eine von hoher Ethik erfüllte Technik und eine durch und durch christliche Wissenschaft" als Grundvoraussetzungen jeglicher wirklichen Erneuerung vonnöten.[5] Genau hier aber setzten, so behaupten Wetzel und Gföllner, die Entdeckungen Karl Schappellers ein. Diese seien das Ergebnis eines mehr als dreißigjährigen und von der Schulwissenschaft unbeeinflussten, umfassenden Naturstudiums. Schappeller sei es dabei nicht nur gelungen, zahlreiche der modernsten Teilergebnisse der Atomphysik und der Elektrochemie bereits vorwegzunehmen, sondern vor allem auch "die Grundlage einer völlig neuen Technik, deren Wesensmerkmal die Erkenntnis der dynamischen Einheit der Welt ist", zu erarbeiten. Auf diesem Wege habe er die Technik "aus der Mechanik in die Dynamik übergeführt".[6]

An dieser Stelle begegnet uns die auch in den Schriften der Reichsarbeitsgemeinschaft charakteristische Gegenüberstellung von "mechanischer" und "dynamischer" Technik, die indes keinesfalls die einzige Parallele zwischen der Schappellerschen Konzeption und den 1930 in Berlin publizierten Vorstellungen ist. Vielmehr findet sich noch manch anderes, was offensichtlich von Schappeller und seinen Anhängern vorgedacht, zwei Jahre später von der Reichsarbeitsgemeinschaft bis ins Detail hinein aufgegriffen und - ohne Nennung des Urhebers Schappeller - als eigener Lösungsansatz präsentiert wurde. Ein bezeichnendes Beispiel für diese Art des Vorgehens ist die Beschreibung der kugelförmigen Kraftaggregate, die jenen der Reichsarbeitsgemeinschaft - soweit bei ihr dargestellt - bis aufs Haar gleichen, allerdings sogar noch etwas ausführlicher und detaillierter beschrieben sind. Auch Karl Schappeller geht es bei seinen Konstruktionen ganz offensichtlich um die Nutzbarmachung von kosmischer Energie durch die Kanalisierung von freier Strahlung zwischen dem Weltraum und der Erde. Dazu heißt es bei seinen beiden Schülern Wetzel und Gföllner:

> "Um die angedeuteten Wirkungen zu erzielen, war es notwendig, eine technische Apparatur zu konstruieren, in welcher glühender Magnetismus erzeugt und als Schließungsleiter zwischen Erde und Atmosphäre permanent erhalten werden kann. Dieser Apparat ist verhältnismäßig einfach. Im Grunde ist er nichts anderes als die Übersetzung des natürlichen Kraftflusses aller Organismen ins Technische. Er besteht im wesentlichen aus einer in ihren Ausmaßen genauestens berechneten hohlen Kugel, deren Wand aus magnetischen Lamellen gebildet ist, deren Zwischenräume mit einem nicht-magnetischen Diaphragma ausgegossen sind. Ins Innere der Kugel (die eigentlich aus zwei Halbkugeln zusammengesetzt ist), ragen zwei magnetische Pole, deren Spitze (sic!) eine ganz bestimmte Form erhalten haben.
>
> Mit den – erstmals in der Technik Kopf an Kopf gestellten – Polen sind hohle, mit Elektretenmasse (das ist eine Masse, die mit permanenter Elektrizität aufgeladen werden kann – das Gegenstück zum permanenten Magneten) gefüllte Drähte leitend verbunden. Diese Drähte liegen in mehrfachen engen Spiralen im Inneren der Kugel und sind von der Kugelwand durch eine Isolierschicht getrennt. In dem verbleibenden kleinen Hohlraum in der Kugelmitte zwischen den Polspitzen kommt die magnetostatische Füllung, die als atmosphärischer Schließungsleiter dient und deren Wesen und Erzeugung das absolute Geheimnis Schappellers ist. Die hohlen Drähte sind über eine eigens konstruierte Batterie mit einem Pol an die Erde geschaltet. Der zweite Pol entsteht in der Mitte der Kugel,

> und von hier aus kann alsdann elektrische Energie in jeder Form und Stärke bis zur Höchstleistung, die der Kugel einmal indiziert wurde, abgezogen werden. Die der Kugel entnommene Energie ergänzt sich dauernd in gleicher Menge aus dem Erdmagnetismus. Die Kugel selbst ruht in einem magnetischen Tragarm und hat eine besondere Führung, durch die sie ein- und ausgeschaltet werden kann. Im Inneren voll stärkster magnetischer Spannung (durch welche sie ständig auf die Spannung in der Atmosphäre reagiert), ist die Kugel an ihrer Oberfläche magnetisch durchaus indifferent. Sie ist sozusagen das ideale Abbild der Erde, ja selbst eine kleine künstliche Erde mit einem eigenen künstlichen Kraftfeld".[7]

Die Kugel sei "Generator, Akkumulator, Transformator, Antenne und Stator in einem" und könne "elektrische Kraft zu allen möglichen Verwendungsarten der Licht- und Kraft-, Stark- und Schwachstromtechnik" liefern, ferner auch als elektrischer Motor und als Wellensender dienen.[8] Ihre Ladung erhielten die einzelnen Kugelaggregate durch die "Ur-Maschine", zu der betont wird, dass ihr Standort geheim gehalten werde. Die Ur-Maschine wird auch bei Wetzel und Gföllner, wie könnte es anders sein, als eine Anordnung von sieben Kugelelementen beschrieben[9] – auch hier decken sich die technischen Darstellungen des Schappeller-Kreises exakt mit jenen, die dann zwei Jahre später von der "Reichsarbeitsgemeinschaft 'Das Kommende Deutschland'" in Berlin vorgelegt wurden. Die zeitliche Abfolge der Veröffentlichungen legt dabei logischerweise den Schluss nahe, dass Karl Schappeller als der eigentliche geistige "Vater" der entsprechenden Überlegungen zur Energiegewinnung angesehen werden kann – die Reichsarbeitsgemeinschaft dagegen bewegte sich hart am Rande eines groben Plagiats, zumal sie in ihren beiden Broschüren jeden Schappeller betreffenden Hinweis tunlichst vermied.

Wie schon im engeren technischen Bereich zeigen sich auch bei der Schilderung möglicher Anwendungen der "Raumkraft"-Technik zahlreiche Parallelen zwischen dem Schappeller-Kreis und der Berliner Gruppe. Auch Wetzel und Gföllner prophezeien im Zusammenhang mit der neuen, "dynamischen" Energietechnik "einen vollkommenen Umschwung, eine Umwertung aller Werte".[10] Allen Naturwissenschaften bis hin zur Medizin, vor allem aber auch dem Staatswesen, dem Rechtsleben, der Wirtschaft und der ethisch-kulturellen Entwicklung des Volkes wird ein entsprechender Nutzen vorausgesagt. In ihrem Text über "Die Durchführung des Schappeller Werkes" erörtern seine beiden Schüler zugleich auch Gedanken über die organisatorischen Fragen einer künftigen Umsetzung. Dabei werden Ideen geäußert, deren Realisierung durchaus zur Entstehung der "Reichsarbeitsgemeinschaft 'Das Kommende Deutschland'" (und damit der realen "Vril-Gesellschaft") beigetragen haben mögen.

Von vornherein lehnen Wetzel und Gföllner den Anschluss an bestehende "vaterländische Verbände" sowie an wirtschafts- oder sozialpolitische Organisationen ab. Man müsse nach außen hin auf jeden Fall den Anschein vermeiden, als strebe man mit der Verwirklichung der Schappellerschen Ideen eine politische Aktion oder gar den "Umsturz" an. Allerdings wolle man "mit allen vaterländisch gesinnten Männern von persönlicher Bedeutung" Verbindung aufnehmen, "um sie von der kommenden dynamischen Technik und ihren Folgewirkungen zu unterrichten".[11]

Zugleich müsse eine "innere Organisation" in Form konzentrischer Ringe aufgebaut werden. Dem innersten dieser Ringe sollten dabei außer Karl Schappeller selbst je ein "Fachmann für dynamische Technik, für Staats- und Sozialpolitik, für Religionswesen, für Kultur- und Rechtspflege, für Finanzwesen, Handel und Verkehr", insgesamt also nur sechs Personen, angehören. Jedem der fünf Fachleute sollte – im zweiten Ring – ein Arbeitskreis zugeordnet sein, dem außer ihm jeweils fünf weitere, für Teilgebiete der einzelnen Themenkreise zuständige Mitarbeiter angehören sollten. Auf die gleiche Weise sollte ein dritter Ring gebildet werden usw.[12] Wetzel und Gföllner schreiben zur erhofften Wirkungsweise dieses Organisationssystems:

> "So verästelt sich das System über das ganze Reich und stellt sozusagen lauter lebendige Nervenstränge dar, mit deren Hilfe die Lenkung des ganzen großen Werkes sich rasch und sicher vollziehen lässt."[13]

Der von Schappeller selbst geleitete innerste Kreis sollte dabei die "Richtlinien der künftigen Entwicklung unseres öffentlichen Lebens" herausarbeiten und "mit Hilfe der neuen Kraft" und der in den einzelnen Ringen organisierten Anhängerschaft "dem Aufbau des wahren deutschen Reiches den Boden ebnen".[14] Es ist durchaus nicht unwahrscheinlich, dass hier, in der von Schappeller angestrebten Organisation, die letzte Wurzel der legendären "Vril-Gesellschaft" liegt. Berliner Anhänger des Schappellerschen Konzeptes mögen sich, unter Umständen unabhängig von ihrem "Meister" und eventuell sogar nach einem Zerwürfnis mit ihm, als "Reichsarbeitsgemeinschaft 'Das Kommende Deutschland'" konstituiert und mehr oder weniger "auf eigene Rechnung" mit der Propagierung der entsprechenden Reformideen begonnen haben. Die Einbeziehung von Bulwer-Lyttons "Vril"-Begriff – der in der 1928 erschienenen "Raumkraft"-Broschüre noch völlig fehlt – und bestimmter Bilder aus der alchemistischen Tradition könnten vor dem Hintergrund dieser Annahme als ein Versuch angesehen werden, die technischen Vorstellungen Schappellers stärker in einen ganzheitlich-esoterischen Kontext zu integrieren und damit gedanklich weiterzuführen.

Schappellers "Raumkraft"-Technik selbst fand, nach Jahrzehnten des Verächtlichmachens, Totschweigens und schließlich Vergessens, erst in den letzten Jahren wieder eine gewisse Würdigung in naturwissenschaftlichen Fachkreisen. Es war Rolf Schaffranke, ein international bekannter Experte für Studien auf dem Gebiet

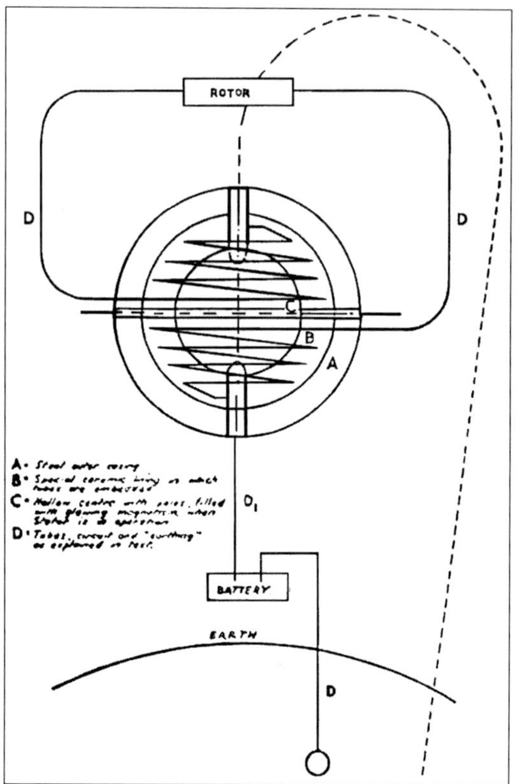

Prinzipdiagramm zur Funktionsweise von Schappellers kosmischem Energie-Extraktor: Die gestrichelte Linie vom Rotor zur Erde zeigt lediglich den schematischen Kraftfluß Kosmos/Erde an (Abb. mit freundl. Genehmigung der Zeitschrift raum & zeit, Ehlers-Verlag, Dietramszell)

der Freien Energie und der Äther-Strahlung, der 1994 in einem Fachaufsatz über "Schappellers kosmischen Energie-Extraktor" erstmals seit langer Zeit wieder auf die technischen Konzepte des Schappeller-Kreises einging und sie in Bezug zu den immer aktueller werdenden Freie-Energie-Forschungen der Gegenwart setzte. Schaffranke ergänzte Schappellers Vorstellungen zunächst um Begrifflichkeiten der heutigen Physik, die zu der Zeit von Schappellers "Raumkraft"-Studien noch nicht bekannt oder geläufig waren. So wies er u. a. darauf hin, dass der 1928 von Wetzel und Gföllner beschriebene "glühende Magnetismus" dem "Plasma" der neueren Forschungen entspricht.[15] Unter Berufung auf den britischen Ingenieur Cyril W. Davson, einen weiteren zeitweiligen Mitarbeiter Schappellers, enthüllt Schaffranke auch das sowohl bei Wetzel/Gföllner als auch später bei der Reichsarbeitsgemeinschaft verborgen gebliebene Rätsel der Füllmasse für die beschriebenen Kugelaggregate. Es soll sich "um eine Mischung von Carnauba-Wachs und Resin mit einem kleinen Prozentsatz Bienenwachs" gehandelt haben, die in "einem starken E-Feld erhitzt und gebacken" wurden.[16]

Zur "Ur-Maschine" oder - so Schaffranke - "Lademaschine" der kugelförmigen Aggregate, einem weiteren "Geheimnis" der Schappellerschen Technologie, weiß jedoch auch er keine näheren Erklärungen abzugeben und bezeichnet sie als "nur äußerst dürftig und skizzenhaft beschrieben". Ausdrücklich stellt Schaffranke fest, dass es "in der heute zur Verfügung stehenden Literatur (...) keine genauen technischen Baupläne, techn. Zeichnungen oder Materiallisten" hierfür gibt.[17] Es ist wohl auch kaum damit zu rechnen, dass Unterlagen dieser Art in absehbarer Zeit an die Öffentlichkeit gelangen, denn anscheinend ist von interessierter Seite entsprechend vorgesorgt worden. Schaffranke schreibt in diesem Zusammenhang über seine Schappellers Technologie betreffenden Recherchen:

> "Es bedurfte jahrelanger, intensiver Detektivarbeit in England und den deutschsprachigen Ländern, ehe ich das spärliche, den bekannten internationalen Kontrollaspekten entgangene Material darüber gesammelt hatte."[18]

Er hält weiterhin anerkennend fest, dass die Geschichte von Schappellers "Raumkraft"-Aggregaten die "Geschichte des ersten echten europäischen Energie-Konverters darstellte, der seinen Nachfolgern von heute um mehr als ein halbes Jahrhundert voraus war". Allerdings sei er "auf mysteriöse Weise von gewissen

Interessengruppen in das Dunkel der Vergessenheit befördert" worden.[19] Es drängt sich bei diesen Äußerungen unwillkürlich die Frage auf, ob es nicht auch im Interesse solcher, von Schaffranke nicht näher bezeichneten Gruppen gelegen haben könnte, die Zusammenhänge zwischen Schappellers Forschungen, der "Reichsarbeitsgemeinschaft 'Das Kommende Deutschland'" und den 1947 erschienenen Hinweisen Willy Leys mit einem wahren Nebel von Legendenbildungen über eine mächtige, hinter den Kulissen des "Dritten Reiches" wirkende "Vril-Gesellschaft" zu verschleiern und politisch zweckgerichtet zu dämonisieren ...

9.2. Karl Schappeller: Zur Person

Doch wer war Karl Schappeller, jener Forscher, dessen lange verfemten Thesen und Arbeiten mittlerweile, gegen Ende des Jahrtausends, wieder einen gewissen Eingang zumindest in Grenzbereiche der naturwissenschaftlichen Diskussion zu finden scheinen? Vieles von seinen technischen Ansätzen, wie z. B. die bewusst immer nur sehr skizzenhaft beschriebene "Ur-Maschine" für seine "Raumkraft"-Aggregate, bleibt nach wie vor ungeklärt und wirkt mysteriös. Dieses Mysteriöse im Bereich des Technischen korrespondiert dabei mit dem in vieler Hinsicht höchst ungewöhnlichen und schon zu Lebzeiten mythenumrankten Lebenslauf Schappellers selbst.

Vom Armenhaus zum Schloss - schon die Grundzüge der Schappellerschen Biografie muten zunächst wie ein modernes Märchen an. Denn im Armenhaus des oberösterreichischen Marktfleckens Aurolzmünster (Bezirksamt Ried) war Karl Schappeller am 18. Juli 1875 als uneheliches Kind zur Welt gekommen, im Schloss seines Heimatortes verstarb er rund 72 Jahre später.

Karl Schappeller im Alter von ca. 25-30 Jahren

Nach den vorliegenden, recht spärlichen Informationen über seine Kindheit, seine Jugend und seinen anfänglichen beruflichen Werdegang gelang es ihm dennoch, zunächst eine Lehrstelle in einem "ordentlichen" Handwerksberuf zu bekommen - er wurde Tischler. Danach konnte er sich in der vergleichsweise starren gesellschaftlichen Hierarchie des österreichisch-ungarischen Reiches gar noch weiter verbessern und eine feste Anstellung bei der k.u.k. Post erlangen. Einige Jahre lang versah er die Dienste eines Postmeisters in der Gemeinde Attnang. Es soll sich dabei allerdings um eine sehr kleine und daher nur wenig arbeitsaufwendige Poststation gehandelt haben, sodass dem Postmeister Schappeller neben seinen beruflichen Verrichtungen noch sehr viel Zeit für ausgedehnte autodidaktische Studien blieb.

Einen radikalen Bruch in dieser an sich eher geruhsamen und für einen Jungen aus dem Armenhaus dennoch relativ erfolgreichen Laufbahn stellte das Jahr 1919 dar: Schappeller ließ sich, nur

44 Jahre alt, frühpensionieren. Bei diesem Ereignis setzten später die Verleumdungen böser Zungen ein. Danach habe es sich keinesfalls um ein freiwilliges Ausscheiden aus dem Dienst, sondern um eine Zwangspensionierung aufgrund erwiesener Geisteskrankheit gehandelt. Zu jener Zeit hatte Schappeller übrigens längst eine Familie gegründet, schon 1903 war seine - nach ihrer Mutter so benannte - Tochter Anna ("Anschy") zur Welt gekommen.[1]

Aus den unmittelbar folgenden Jahren ist über Schappellers Weg nur wenig bekannt. Offenbar beschäftigte er sich zu jener Zeit mit der weiteren Ausarbeitung seiner naturwissenschaftlichen und technischen Theorien und entsprechenden Experimenten. Nähere Informationen über sein weiteres Wirken liegen dagegen erst wieder aus dem Jahre 1924 vor, in dem sich Schappeller in Wien (mit Wohnsitz in der Mariahilferstraße 89 a) aufhielt und die Ergebnisse seiner Experimente bereits einer breiteren Öffentlichkeit vorstellte.[2] Schon in jenem Jahre soll, so berichtete später ein Schappeller keineswegs wohlwollender Anonymus, durch den österreichischen Blätterwald die "Alarmnachricht" gedrungen sein, dass es einem Postmeister a. D. gelungen sei,

> "den sagenhaften Stein der Weisen zu enthüllen, welches Problem zu allen Zeiten die Köpfe großer Geister beherrschte. Durch einen Katalysator sollte es möglich sein, Elemente umzuformen, durch Benützung der Urkraft sogar in der Erde befindliche Stoffe zu zersetzen und sie wie im Elektrolysebad aufzulösen und neu aufzubauen."[3]

Dieser Darstellung ist zu entnehmen, dass Schappeller zu jener Zeit bereits über ein offensichtlich recht detailliertes und gründlich ausgeformtes technisches und energetisches Konzept verfügte, für dessen praktische Realisierung er nun in Wien Gönner, Förderer und nicht zuletzt potente Geldgeber suchte. Es mag überraschend klingen, aber er war bei dieser Suche überaus erfolgreich. Es bildete sich eine Gelegenheitsgesellschaft unter dem Vorsitz des Fabrikanten Eduard Solderer aus Lienz in Osttirol, die es sich zur Aufgabe machte, Schappellers Ideen weiter zu fördern und ihm, dem weitsichtigen Erfinder, dazu das alte Adelsschloss in seinem Heimatort Aurolzmünster als Domizil und Experimentierzentrale zur Verfügung zu stellen. Die weiteren Mitglieder der Gelegenheitsgesellschaft waren ein Baurat Paul Geppert aus Salzburg, ein Herr Baumhäer aus Steinbach am Attersee und - bemerkenswerterweise - zwei Vertreter des österreichischen Klerus. Bei dem einen von ihnen handelte es sich um den Salzburger Prälaten Etter, bei dem anderen um den Innsbrucker Prälaten Dr. Ämilian Schöpfer, der zugleich auch als Herausgeber der katholisch-konservativen Wochenschrift "Das Neue Reich" fungierte. Die zu jener Zeit recht engen Kontakte zu einflussreichen Kirchenkreisen dürften durch die Vermittlung des Ingenieurs Gföllner zustande gekommen sein, der ein Neffe des Linzer Bischofs und zugleich über mehrere Jahre einer der engsten Mitarbeiter Schappellers war.[4]

Zu Schappellers weiteren Gesprächspartnern in Wien sollen jedoch auch Vertreter ganz anderer Schichten und Kreise gehört haben, so z. B. "der Führer der Arbeitslosen in Wien, Schloßnagl", der an der möglichen sozialen Reformwirkung von Schappellers Vorstellungen interessiert war und den Vorschlag erörterte, die weiteren Unternehmungen aus einer Art "Solidaritätsgroschen" der Wiener Arbeitslosen mitzufinanzieren. Als Interessenten genannt werden auch Repräsentanten bestimmter, an den Lehren des Esoterikers Bo-Yin-Ra orientierter "Logen". Zwei Jahre später, am 28. August 1926, fand sogar eine Unterredung zwischen Bo-Yin-Ra und Schappeller in der österreichischen Hauptstadt statt[5]. Schließlich soll, trotz der teils vorsichtig abwartenden, teils offen ablehnenden Haltung der etablierten Schulwissenschaft, auch der seinerzeitige Minister Ahrer gewisse staatliche Subventionen für Schappellers weitere Forschungs- und Experimentiertätigkeit zumindest in

Schloss Aurolzmünster

Aussicht gestellt haben.[6] Auch mit einer Eingabe an den damaligen österreichischen Bundeskanzler Seipel machte der Erfinder aus Aurolzmünster von sich reden.[7] Angesichts dieser vielfältigen Kontakte und Verbindungen zu Politik, Wirtschaft und Klerus ließen sich Schappellers technische - und darüber hinaus auch stets wirtschafts- und gesellschaftspolitische - Pläne zunächst recht gut an.

Gestützt auf seine Geldgeber aus den Kreisen der Wirtschaft und des Klerus gelang es Schappeller im September 1925 tatsächlich, Schloss Aurolzmünster zu erwerben. Er begann, es zur persönlichen Residenz für sich und seine Familie sowie zur Zentrale des an ihn und seine energetische Konzeption glaubenden Kreises auszubauen.[8] Vorbesitzer des Schlosses war die weitverzweigte Familie der Grafen Arco-Valley[9], zu der auch der Leutnant Anton Graf Arco auf Valley gehörte, der - als angebliches Mitglied der Münchner "Thule-Gesellschaft" - den bayerischen Ministerpräsidenten Kurt Eisner erschossen hatte.[10] Um das Schloss selbst und seine Geschichte rankten und ranken sich zahlreiche Vermutungen. Eine von ihnen besagt, dass sich der Name "Aurolzmünster" vom italienischen "aurum" (= Gold) herleite und damit auf verborgene Schätze oder zumindest auf das frühere Wirken alchemistischer Goldmacher verweise. Eine andere dechiffriert – durchaus nicht im Widerspruch zur ersten – bestimmte architektonische Gegebenheiten und Wappendarstellungen als Hinweise auf frühere Bezüge des Schlosses zu den Rosenkreuzern oder anderen geheimen Gesellschaften.[11]

Nicht zuletzt vor diesem Hintergrund bot es die passende Kulisse für das Wirken Schappellers, der nicht wenigen seiner Zeitgenossen als ein Alchemist und Magier der Moderne erschien.

Schappellers Einzug in das Schloss blieb zunächst nicht ohne positive Folgen für seine Heimatgemeinde. Die zum Teil weit über Österreich hinausgehende publizistische Resonanz seines Wirkens zog Interessenten aus nah und fern an: Industrielle, Forscher, Politiker, "Führer" der verschiedensten Bewegungen, Gruppen und Grüppchen, Künstler, Idealisten und Kirchenvertreter. Man wollte den inzwischen zu einer gewissen Berühmtheit gelangten "Herrn der Raumkraft" sehen und seine Vorträge hören. Dementsprechend florierte das Gastgewerbe. Zugleich ergingen aus dem Schloss nun Aufträge an das örtliche Handwerk für die Renovierung und Ausstattung des weitläufigen Gebäudes.[12]

Zum Kreis der engsten Mitarbeiter Schappellers gehörten gleich mehrere Personen mit einer gediegenen naturbzw. ingenieurwissenschaftlichen Ausbildung, Personen also, denen die Vorstellungen der Schulwissenschaft durchaus bekannt waren, die aber eigene und weitergehende Ansichten entwickelt hatten, durch die sie zu Schappeller stießen. Zwei von ihnen sind als Autoren der 1928 erschienenen "Raumkraft"-Broschüre bereits vorgestellt worden: Louis Gföllner, der Neffe des katholischen Bischofs von Linz, und Dr.-Ing. Franz Wetzel, einer der führenden Radiästhesisten seiner Zeit und in späteren Jahren Herausgeber der in Fachkreisen renommierten "Zeitschrift für Radiästhesie".[13] Dritter im Bunde war der

Ingenieur Oscar Baier, der von Schappeller später unter dem Namen "Josef Schappeller" adoptiert wurde.[14] Bemerkenswert ist, dass Schappeller selbst zwar immer wieder als großartiger Plauderer und Erzähler im kleineren Kreis beschrieben wird, die publizistische "Transformation" seiner Ideen jedoch seinen in der ingenieurwissenschaftlichen Fachsprache geschulten jüngeren Mitarbeitern überlassen blieb. Publikationen, die sein Werk in positiver Weise vorstellen, tragen ihren Namen und nicht den des "Meisters".

Auch nach seinem Einzug in das Schloss Aurolzmünster erfreute sich Schappeller über mehrere Jahre hinweg noch einer spendenfreudigen Gönnerschar, die an ihn und den Durchbruch seiner revolutionären energietechnischen Konzeptionen glaubte. Ohne ihre Unterstützung wäre nicht nur die Schappellersche Haus- oder besser Hof-Haltung in Schloss Aurolzmünster binnen kürzester Zeit zusammengebrochen, auch mit der weiterhin starken Publizität des eigenwilligen Erfinders und gesellschaftspolitischen Propheten wäre es schnell vorbei gewesen. Auf zwei dieser Gönner sei im Folgenden näher eingegangen, weisen sie doch Bezüge zu Deutschland, zur deutschen Politik und - in einem Fall - auch zur "Reichsarbeitsgemeinschaft 'Das Kommende Deutschland'" auf.

Zu den sicherlich eigenwilligsten Figuren im Kreise der Gönner gehörte der deutsche Industrielle Friedrich ("Fritz") Klein (geboren in Dahlbruch/Siegerland am 15.1.1877, verstorben in Weidenau/Siegerland am 16.1.1958). Er war nicht nur Erbe der väterlichen Maschinenfabrik in Dahlbruch[15], sondern auch ein weit gereister und welterfahrener Mann, der sich schon in den verschiedensten Positionen bewährt hatte. So hatte er während des Ersten Weltkrieges Studienreisen nach Indien, China, Java, Japan und die deutschen Kolonien im Südpazifik unternommen und war als Offizier an die deutschen Botschaften in Rio de Janeiro, Teheran und Kairo abkommandiert worden. Während des Krieges hatte er im Range eines Majors der türkischen Armee Expeditionen zur Bekämpfung des britischen Einflusses in Südpersien unternommen und war Träger hoher deutscher und türkischer Orden.[16]

Nach dem Ersten Weltkrieg betätigte sich Klein jedoch nicht nur als Industrieller, sondern auch als Autor zweier politisch-weltanschaulicher Werke, in denen er den Versuch unternehmen wollte, "aus dem Fatalismus und der Sinnlosigkeit eines Kultus des Negativen - positive Wege nach vorwärts zu weisen".[17] In der ersten dieser Schriften, die 1924 im Darmstädter Auriga-Verlag unter dem Titel "An der Schwelle des vierdimensionalen Zeitalters" erschien, proklamierte er unter Berufung auf ein weit gefasstes geistesgeschichtliches Panorama, wozu insbesondere auch die Werke Nietzsches und Hörbigers "Welteislehre" gehörten, ein neues, den Materialismus überwindendes Zeitalter der geistes- und naturwissenschaftlichen sowie west-östlichen Synthese.[18]

Es handelte sich um den zu jener Zeit keinesfalls vereinzelten oder ungewöhnlichen Versuch, ausgehend von einer Bestandsaufnahme und Wertung traditioneller philosophischer Systeme und neuer naturwissenschaftlicher Erkenntnisse einen ganzheitlichen Ansatz zur Überwindung der aktuellen politischen, sozialen und geistigen Krise zu entwickeln. In unserem Zusammenhang noch interessanter ist jedoch Kleins zweites und umfangreicheres Werk, das 1929 im "Westdeutschen Lutherverlag" in Witten/Ruhr erschien und den Titel "Logos und Bios. Die Zweiwertigkeit der Welt als Einheit und Fundament einer noetischen Weltanschauung" trug.

Mit dem Begriff des "Noetischen" knüpfte Klein an den nur wenig bekannten Begriff des "Nous" an, der in verschiedenen esoterischen, vor allem rosenkreuzerischen Lehren für das höhere Bewusstsein im Gegensatz zur animalischen Seele steht.[19] Auf das Werk, in dem es Klein um die Überwindung des Zwiespalts von wissenschaftlichem "Erkenntnisraum" und religiös-philosophischem "Erlebnisraum" ging, wurde 1930 in den beiden Broschüren der Reichsarbeitsgemeinschaft nicht nur werbend hingewiesen; es wurde vielmehr von der Reichsarbeitsgemeinschaft selbst offiziell und ausdrücklich auch als "grundlegende(s) neuphilosophische(s) Werk" empfohlen und konnte über den Otto-Wilhelm-Barth-Verlag bezogen werden.[20] Bereits 1928 hatten Gföllner und Wetzel eine Schappeller positiv hervorhebende Sequenz des Buches offenbar als Vorabdruck in ihre "Raumkraft"-Broschüre aufgenommen.[21] Somit bestanden von Seiten Kleins Verbindungen sowohl zu Schappeller selbst als auch zu der später zur "Vril-Gesellschaft" umgedeuteten Berliner Gruppe.

Der deutsch-schweizerische Philosoph Adrian Turel berichtet in seiner 1989 erschienenen Autobiografie "Bilanz eines erfolglosen Lebens" über Kleins Förderung Schappellers und einen Besuch des Siegerländer Fabrikanten in Aurolzmünster. Die Hinweise Turels sind vor allem deshalb interessant, weil sie, wenn auch verzerrend und aus negativem Blickwinkel verfasst, zumindest fragmentarisch von Installationen in Aurolzmünster sowie von weitergehenden, auch militärtechnischen Vorstellungen Schappellers berichten:

> "Nach einem ausgiebigen Sektfrühstück (...) führte man meine Freunde (darunter Fritz Klein, der mit Turel tatsächlich befreundet war, Anm. P. B.) in den Rittersaal des Schlosses. Dort waren vier mächtige Betonklötze in einem Abstand von etwa sechs Metern voneinander in den Boden eingelassen. Für jeden wirklich sachverständigen Techniker oder Ingenieur war es doch wohl sonnenklar, daß man diese Betonklötze nicht hätte anlegen können, wenn die Weltkraftmaschine nicht schon fix und fertig ausgerechnet gewesen wäre, welche darauf aufgebaut werden sollte. Freilich waren die verschiedenen Teile dieser Weltkraftmaschine, die man natürlich (um das Geheimnis zu wahren) einzeln in ganz verschiedenen Industriewerken in England, Schweden, Belgien, Frankreich, in den Vereinigten Staaten, bei der Schweizer Uhrenindustrie und in Werken bei Mailand oder Turin hatte herstellen lassen, noch nicht zur Stelle. Im gleichen Augenblick sollten sie

> (...) auf Aurolzmünster zusammentreffen, um das Welt-Meta-Magneton zu bilden (...). Dieses Meta-Magneton war so konstruiert, daß die beiden Pole innerhalb einer metall-isolierenden Kugelschale gegeneinander gerichtet waren wie die Kohlenstifte einer elektrischen Bogenlampe. Zwischen diesen beiden introvertierten, metamagnetischen Polen entstand ein Kraftzentrum, von dem aus, wie von einem Leuchtturm, Todesstrahlen ins Weite gesteuert werden konnten. Diese Todesstrahlen waren nicht nur imstande, ganze feindliche Bataillons und Tankgeschwader von der Tafel des Lebens hinwegzuschieben (...), sie konnten auch an allen deutschen Grenzen eine unsichtbare, alle elektrischen Motorzündungen paralysierende und alle Geschoßladungen zur Explosion bringende Wand bilden (...).[22]

In den öffentlich vertriebenen Schriften sowohl des Schappeller-Kreises als auch der Berliner Reichsarbeitsgemeinschaft klingen derartige militärische Anwendungsmöglichkeiten der "Raum-", "Ur-" oder "Vril-"Kraft immer nur in sehr verhaltener Weise an, bei der Reichsarbeitsgemeinschaft z. B. lediglich im Rückblick auf die Zerstörung des mythischen Atlantis. Bei den zahlreichen Legendenbildungen um die "Vril-Gesellschaft" und ihren Einfluss auf eventuell vorhandene "Wunderwaffen" Deutschlands im Zweiten Weltkrieg spielen sie dafür eine um so größere Rolle. Es liegt auf der Hand, dass derartige Themen bei internen Diskussionen des Schappeller-Kreises durchaus ihre Bedeutung hatten, sah man sich doch als den Kern einer Bewegung, die dem im Ersten Weltkrieg unterlegenen Deutschland wieder zu neuer Geltung verhelfen sollte, auch gegen eventuelle äußere Widerstände. Was jedoch Turel seinerzeit noch fantastisch, ja lächerlich erschien, gehört inzwischen in Form von Laserwaffen, elektromagnetischen Impulsen zur Zerstörung der feindlichen Waffenelektronik und ähnlichen Entwicklungen zu den realen Möglichkeiten der modernen Kriegstechnik.

Interessant ist auch der Hinweis Turels, wonach Schappeller behauptete, die Komponenten für seine Kraftaggregate würden in verschiedenen Industriewerken Europas und Nordamerikas konstruiert. Die Verbindungen zu Fritz Klein mögen sich daher nicht nur auf der Ebene einer rein finanziellen Förderung und eines geistig-philosophischen Gleichklangs bewegt haben. Keinesfalls auszuschließen ist vielmehr, dass auch Kleins Maschinenfabrik im Siegerland - angesichts ihrer Ausrüstungen wahrscheinlich geradezu prädestiniert für entsprechende Arbeiten - unmittelbar an dieser Komponentenfertigung beteiligt war. Firmengeschichtliche Informationen über entsprechende Aufträge in den zwanziger Jahren sind inzwischen allerdings nicht mehr zu erhalten.[23]

Eine andere Verbindung Schappellers nach Deutschland dürfte, wenn die über sie vorliegenden Informationen stimmen, nicht ohne politische Brisanz gewesen sein. Danach war über eine Verehrerin des Erfinders und Dr. Arthur Ihl, seines Zeichens Leibarzt des abgedankten deutschen Kaisers Wilhelm II., Informationen über die Schappellerschen Erfindungen und Pläne bis ins kaiserliche Asyl im niederländischen Doorn gedrungen. Mit Genehmigung des Ex-Monarchen soll dessen Schatullenverwalter Geheimrat Nitz daraufhin namhafte, im sechsstelligen Reichsmark-Bereich liegende Geldbeträge nach Aurolzmünster geleitet haben.[24] Nitz war zugleich Vorsitzender einer in Deutschland wirkenden Organisation, die sich "Der Gärtner" nannte und vor allem im Sinne einer Wiederherstellung der Hohenzollern-Monarchie wirkte. Diese Organisation arbeitete nach dem Prinzip von sogenannten "Vertrauenszellen", die über das ganze Reich verbreitet werden sollten[25] - ein Konzept, das durchaus gewisse Ähnlichkeiten mit den längerfristig angestrebten Strukturen der "Reichsarbeitsgemeinschaft 'Das Kommende Deutschland'" aufwies.

Nicht ganz auszuschließen ist angesichts dieser Zusammenhänge, dass die Reichsarbeitsgemeinschaft sich aus dem Netzwerk von Nitz heraus entwickelte bzw. Schappellers angestrebte Organisation konzentrischer Ringe und Nitz' "Gärtner"-Gruppe sich in gewisser Weise überlappten. Eine abschließende Aufhellung dieser organisatorischen Verbindungen ist indes außerordentlich schwierig, da weder die zeitgeschichtliche Literatur noch Archivbestände greifbare Auskünfte geben. Die Reichsarbeitsgemeinschaft z. B. war noch nicht einmal ins Berliner Vereinsregister eingetragen, auch sonst fehlen, abgesehen von ihren beiden in Bibliotheken noch zugänglichen Schriften aus dem Jahre 1930, jegliche schriftliche Belege, etwa in den Berliner Archiven.[26]

Der Schappeller-Mythos, der sich in und um Aurolzmünster sowie weit darüber hinaus in der gesamten österreichischen Presse entwikkelte, weiß zu berichten, dass sich Schappeller von den Geldern aus der kaiserlichen Schatulle unter anderem eine luxuriöse Studebaker-Limousine zulegte.[27] Sein Hang zum Luxus schlug sich auch in seinen Vorstellungen und in den zum Teil in Angriff genommenen Arbeiten für einen Ausbau des Schlosses nieder, Arbeiten, in die zeitweilig gar der damalige Linzer Dombaumeister Schlager mit einbezogen war.[28] Das massiv zur Schau gestellte Luxusleben, Verirrungen des Forschungsdrangs - Schappeller vermutete unter dem Schloss den Goldschatz des Hunnenkönigs Attila und ließ über längere Zeit mit immensem Kostenaufwand danach graben[29] –, das zunehmend negativer werdende Urteil der Wissenschaft und der Presse und eine offenkundige Stagnation bei der Inbetriebnahme seiner "Raumkraft"-Maschinen: All dies ließ Schappellers Stern um 1930 merklich sinken. Bisherige Gönner zogen sich zurück, Geldmittel blieben aus. Offene Rechnungen konnten nicht mehr bezahlt werden. Es kam, wie es kommen musste: Am 6. März 1930 erfolgte eine erstmalige Pfändung, man trug Schappellers Möbel aus dem Schloss. Zwar gelang es ihm kurz danach, wieder neue Geldmittel zu beschaffen, das Inventar zu erneuern und seine Rolle als vermögender Schlossherr wieder aufzunehmen[30], doch wurde es in der Folgezeit merklich ruhiger um ihn. Schon 1932 kam es zu einer erneuten Pfändung und anschließenden Zwangsversteigerung des Schlossinventars, wobei offensichtlich nur die finanzielle Intervention Frau Ihls, der Gattin des kaiserlichen Leibarztes, eine völlige Auflösung des Schappellerschen Haushaltes verhindern konnte.[31]

Ein letzter Hoffnungsschimmer in dieser für Schappeller düsteren Zeit ergab sich noch einmal im Juli 1932. Sir John Billes, ein Vertrauensmann der englischen Admiralität, reiste nach Aurolzmünster und führte ein Gespräch mit dem im Scheitern begriffenen Erfinder, das vierundzwanzig Stunden gedauert haben soll und bei dem es um den Bau eines neuartigen, auf den "Raumkraft"-Prinzipien beruhenden Schiffsmotors gegangen sein soll. Die Verhandlungen hatten einen Vertrag zum Ergebnis, in dem sich Schappeller zum Bau eines entsprechenden Aggregats verpflichtete, das offensichtlich aber nie fertiggestellt wurde.[32] Der Kontakt zur Londoner Admiralität und deren ernsthaftes Interesse an Schappellers Erfindung sprechen allerdings dafür, dass das Wirken des "Herren der Raumkraft" auch zu jener Zeit nicht gänzlich unbeachtet blieb und von maßgeblicher Seite im Heimatland des Vril-Poeten Bulwer-Lytton durchaus konkrete technische Anwendungsmöglichkeiten für das gesehen wurden, was etwa zur gleichen Zeit von der Berliner Reichsarbeitsgemeinschaft als "Vril-Technik" propagiert wurde.

Bald darauf brach in Deutschland die Zeit der nationalsozialistischen und in Österreich jene der austrofaschistischen Diktatur an. Schappellers Schicksal seit dieser Zeit bleibt seltsam dunkel. Im Jahre 1933 soll er sich in München mit Heinrich Himmler, dem Reichsführer der SS, zu einem Gespräch getroffen haben. Konkrete Einzelheiten über die dort verhandelten Themen sind nicht bekannt. Auch scheint die Verbindungsaufnahme zu einem der führenden Nationalsozialisten Schappeller zumindest in finanzieller Hinsicht nicht zum Vorteil gereicht zu haben, denn 1935 – Österreich stand schon ganz im Zeichen der Dollfuß-Herrschaft – musste er Konkurs anmelden.[33] Kontakte nach Großbritannien bestanden offensichtlich weiter, der im Zusammenhang mit Rolf Schaffrankes Würdigung Schappellers bereits genannte Engländer Cyril W. Davson hielt sich vor Ausbruch des Zweiten Weltkriegs mit Unterbrechungen fast vier Jahre zum wissenschaftlichen und philosophischen Meinungsaustausch in Aurolzmünster auf.[34] 1935 sollen Davson und ein Mr. Cooper in England gar ein Syndikat zur weiteren Finanzierung der Schappellerschen Arbeiten gegründet haben.[35]

Von 1938, dem "Anschluss"-Jahr, an dienten Teile von Schloss Aurolzmünster erst als Kindergarten und später als Flüchtlingslager. Hinweise auf eine zumindest partielle Nutzung der Schlossanlage für Zwecke der Forschung und der Technik fehlen ebenso wie Belege für Schappellers Tun während jener Zeit, in der er mit seiner Familie das Schloss bzw. Teile davon immerhin noch bewohnte. 1941 traf ihn mit dem Tode seiner Frau Anna ein weiterer Schicksalsschlag.[36] Nach dem Einmarsch der Amerikaner soll er für einige Tage als Bürgermeister seiner Heimatgemeinde eingesetzt worden sein[37], seine nun wieder aufkeimenden Hoffnungen, dass von englischer Seite wieder Fühlung wegen des Schiffsmotors aufgenommen würden, erfüllten sich jedoch nicht.

Am 13. Juli 1947 starb Schappeller an den Folgen eines Darmverschlusses, acht Jahre später folgte ihm seine Tochter Anschy, 1960 der Adoptivsohn Josef Schappeller. Im Jahre 1962 ging Schloss Aurolzmünster an den aus Augsburg stammenden Ingenieur Johannes Janik über, der wegen seiner missliebigen geisteswissenschaftlich-esoterischen Arbeiten während der NS-Zeit zeitweilig im KZ Dachau inhaftiert war und das Anwesen nun im Sinne des "Wassermann-Zeitalters" nutzen wollte – für kurze Zeit fand Schappeller in ihm einen in gewisser Hinsicht seelenverwandten Nachfolger. Janiks Witwe war noch bis in die siebziger Jahre Eigentümerin des Schlosses.[38] Bei dem Eigentümerwechsel

Vom tiefen Schmerze gebeugt, geben Unterzeichnete die Nachricht von dem Ableben ihrer lieben Gattin, Mutter, Schwieger- und Großmutter, der Frau

Anna Schappeller

Schloßbesitzers-Gattin in Aurolzmünster

welche am 12. September 1941 nach längerem Leiden, doch unerwartet schnell, im 64. Lebensjahre von uns gegangen ist.

Das Leichenbegängnis der teuren Verstorbenen findet am Montag, den 15. September, um 10 Uhr vormittags vom Trauerhause aus statt.

Die Trauerfeier findet gleich darauf statt.

Aurolzmünster, im September 1941.

Karl Schappeller
als Gatte

Ingenieur Josef Schappeller
als Adoptivsohn

Anschy Schappeller
als Tochter

Familie Kitzmüller
im Namen aller übrigen Verwandten.

zu Beginn der sechziger Jahre sollen alle noch vorhandenen Unterlagen und technischen Gerätschaften Schappellers vernichtet worden oder aber - wohin? - verschwunden sein.[39]

Karl Schappeller: Er war der Begründer der "Raumkraft" - oder "Urkraft"-Theorie, die von seinen Berliner Epigonen in der "Reichsarbeitsgemeinschaft 'Das Kommende Deutschland'" unter Einbeziehung von Ansätzen Bulwer-Lyttons und Elementen des alchemistischen Denkens zur "Vril-Energie" ausgedeutet und öffentlich propagiert wurde. Als solcher steht der pensionierte Postmeister aus Aurolzmünster und spätere Schlossherr letztlich ganz am Anfang der Legendenbildung um eine mächtige, die Geschicke des gesamten mitteleuropäischen Raumes lenkenden Geheimgesellschaft - der "Vril-Gesellschaft" - in der Zeit zwischen dem Ende des Ersten und dem Ende des Zweiten Weltkrieges. Die Genese dieser Legenden ist lückenlos nachvollziehbar, sie reicht von Schappellers Ideen über die Reichsarbeitsgemeinschaft und ihre kurze Darstellung bei Ley bis zum Aufgreifen der Ley'schen Anmerkungen durch Pauwels/Bergier und den daran anknüpfenden, immer fantastischeren Ausschmückungen. Diese ideengeschicht-

liche und literarische Brücke verbindet somit den kleinen oberösterreichischen Marktflecken Aurolzmünster in gewisser Weise mit dem fernen, von Jürgen-Ratthofer und Ettl hervorgehobenen Planeten Aldebaran ... Selbst Schappeller, der bei aller wissenschaftlich-technischen Originalität stets auch fantastischen Abirrungen zuneigte, hätte sich eine derartige Weiterung seiner Rezeption kaum träumen lassen. Dass jedoch in dem jahrzehntelang wuchernden Wust von Legendenbildungen und Fantasiegespinsten das Wissen um den Ursprung, eben Schappellers naturwissenschaftliche und energietechnische Neuansätze, völlig verloren ging, ist das eigentlich Tragische dieser Entwicklung. Der Erfinder Schappeller hätte – und hier kann man für Schaffrankes 1994 erfolgte Ehrenrettung nur dankbar sein – Besseres verdient.

– 10 –

Vril-Kraft und ihre technischen Anwendungen: Vermutungen und Möglichkeiten

Bei alldem bleibt jedoch noch die gerade im Rahmen der zahlreichen Legendenbildungen immer wieder aufgeworfene Frage offen, ob die im Kontext der "Raum-", "Ur-" oder "Vril"-Energie entwickelten technischen Ansätze und Konzepte jemals praktisch erprobt wurden. Konkret: Fanden die "Raumkraft" Schappellers oder die daran bis in Einzelheiten angelehnte Vril-Technik der "Reichsarbeitsgemeinschaft 'Das Kommende Deutschland'" zu irgendeiner Zeit eine tatsächliche Anwendung? "Funktionierten" die beschriebenen energetischen Konzepte – in welchem Kontext auch immer?

Bei jedem Versuch, diese Frage zu beantworten, begeben wir uns auf ein höchst spekulatives, gewagtes und gewissermaßen "vermintes" Terrain. Zumindest Schappeller hatte die ihm zufließenden hohen Geldsummen wenigstens zum Teil in bestimmte technische Anlagen zur Realisierung und praktischen Erprobung seiner Denkansätze investiert. Die erste Pfändung von Teilen seines Schlossinventars im Jahre 1930 kam bezeichnenderweise aufgrund seiner Zahlungsunfähigkeit gegenüber einer Maschinenfabrik zustande, dabei war ein ausstehender Betrag von 40.000 Schilling zu sichern.[1] Es ist daher durchaus anzunehmen, dass sich bestimmte technische

Apparaturen oder doch wenigstens Teile davon in der unmittelbaren Fertigungsphase befanden. Bei der Berliner Reichsarbeitsgemeinschaft scheint es dagegen eher fraglich zu sein, ob über die bereits von Ley beschriebene reine Theorie hinaus jemals mit praktischen, experimentellen Arbeiten begonnen wurde. Dies gilt zumindest für jene Zeit, aus der die beiden Schriften der Organisation stammen und auf die sich auch die späteren folgeträchtigen Anmerkungen von Willy Ley über "Pseudoscience in Naziland" bezogen. Nicht zuletzt dürften den Berlinern die nicht unerheblichen finanziellen und räumlichen Möglichkeiten gefehlt haben, die Schappeller in Aurolzmünster zumindest zeitweilig für Installationen oder Experimente zur Verfügung standen. So blieb es wohl im Wesentlichen bei der bloßen Propagierung einer ganz bestimmten, weltanschaulich unterfütterten technischen Konzeption.

Nur sehr schwer zu beantworten ist die Frage einer technischen Nutzung der Vril-Energie während der NS-Zeit. In den zahlreichen fantastischen Legenden, die sich um die mysteriöse "Vril-Gesellschaft" ranken, spielte sie immer wieder eine zentrale Rolle, bis hin zu den interstellaren Raumflügen mithilfe von Vril-Kraft, die Sondereinheiten der SS laut Jürgen-Ratthofer/Ettl und – mehr oder weniger in deren publizistischem Gefolge – "Jan van Helsing" unternommen haben sollen. Zu dieser Thematik kann jedoch auch im Rahmen ernsthafter Forschungen zunächst nur mit äußerst vorsichtigen Hypothesen gearbeitet werden. Dabei stellt insbesondere die ungeheure Tabubefrachtung aller diesbezüglichen Erörterungen in Deutschland und in Österreich unter dem Stichwort der "Political Correctness" auf zunächst noch unabsehbare Zeit eine in jeder Hinsicht drückende Belastung und eine rigide Einschränkung jener offenen, unvoreingenommenen und objektiven wissenschaftlichen Diskussion dar.

Zwar war in der 1928 erschienen "Raumkraft"-Broschüre der beiden Schappeller-Schüler Wetzel und Gföllner noch jede Anlehnung an eine politische Bewegung verworfen worden. Doch gab es spätestens im Jahre 1933 unmittelbare Kontakte zwischen Schappeller und der NSDAP. Keinesfalls auszuschließen ist, dass der eine oder andere seiner Förderer, Anhänger oder Mitarbeiter sich bereits geraume Zeit früher im engeren Umfeld des aufkommenden Nationalsozialismus bewegte und Verbindungen herzustellen versuchte. Dass die Kontaktperson der neuen Machthaber in Deutschland zu dem Aurolzmünsterer Erfinder dabei niemand Geringeres als Heinrich Himmler, der Reichsführer der SS, war, ist dabei nicht weiter überraschend, sondern entspricht vielmehr einer ganz bestimmten Logik. Denn gerade von Himmlers SS, dem "Schwarzen Orden" der Nationalsozialisten mit seinem elitären Selbstverständnis, ist bekannt, dass sie zur Förderung ihrer weltanschaulichen Ziele eine eigene und sehr spezielle Forschungseinrichtung unterhielt, die eine zum Teil eindeutig esoterische Ausrichtung hatte: das sogenannte "Ahnenerbe", das sich im Laufe der Jahre zu einer Art von wissenschaftlicher Privatakademie unter der Regie Himmlers entwickeln sollte.

Der Verein "Deutsches Ahnenerbe" war nach längeren inhaltlichen und organisatorischen Vorbereitungen am 1. Juli 1935 von Heinrich Himmler selbst gemeinsam mit dem Vorgeschichtsforscher Hermann Wirth gegründet worden.[2] Wirth wurde Präsident des "Ahnenerbes", Himmler Vorsitzender des beratenden und aufsichtführenden Kuratoriums. Offiziell erklärtes Ziel des Vereins war es, nach einem von Wirth geprägten Terminus "die Wissenschaft der Geistesurgeschichte" zu fördern.[3] Zum Generalsekretär des "Ahnenerbes" wurde der SS-Anwärter Wolfram Sievers (Jahrgang 1905) berufen, ein ehemaliger Privatsekretär Wirths, der trotz seiner noch relativ jungen Jahre bereits als ein "alter Kämpfer" der deutsch-völkischen Bewegung galt.[4] Sievers wurde später im Rahmen der Nürnberger Kriegsverbrecherprozesse zum Tode verurteilt und hingerichtet.

Schon bald beschränkte sich das "Ahnenerbe" keinesfalls nur auf die anfänglich intendierten geistesgeschichtlichen Forschungen, sondern wandte sich auch den verschiedensten naturwissenschaftlichen, medizinischen und technischen Forschungsbereichen zu. Zahlreiche Abteilungen für die einzelnen Wissenschaftszweige entstanden, auf dem naturwissenschaftlichen Sektor bemerkenswerterweise als Erstes eine Abteilung für Geophysik.[5] Eine eigens eingerichtete Unterabteilung befasste sich dabei auch mit der Erforschung des Erdinneren, vor allem der Höhlen und Karste des mitteleuropäischen Raums – "Visita Interiora Terrae ..."? Die naturwissenschaftliche Hauptabteilung der Organisation bearbeitete ein allmählich immer größer werdendes Forschungsfeld, das sich "von der Getreidezucht bis zur Hundekreuzung, von der Vogelkunde bis zur naturwissenschaftlichen Expeditionsplanung" erstreckte.[6]

Nach dem Ausbruch des Zweiten Weltkrieges und insbesondere nach den ersten Rückschlägen der Wehrmacht in Rußland während des Winters 1941/42 begann das "Ahnenerbe" sich in verstärktem Maße auch Forschungen zuzuwenden, die eine wehrwissenschaftliche Bedeutung hatten. Dabei war Himmler – in teilweise scharfer Konkurrenz zu ähnlich gelagerten Forschungsprojekten der Wehrmacht – vor allem an der Entwicklung SS-eigener sogenannter "Wunderwaffen" interessiert. Auf flugtechnischem Gebiet koordinierte der Obergruppenführer Kammler in Himmlers Auftrag entsprechende Arbeiten der SS und ihres "Ahnenerbes". Im Sommer 1944, als das Ansehen der Wehrmacht nach dem fehlgeschlagenen Aufstandsversuch des 20. Juli erschüttert war, wurden Kammler zeitweilig auch die technische Leitung und das militärische Kommando über die beiden vorhandenen Raketeneinheiten des Heeres übertragen.[7] Ebenfalls während des Krieges knüpften die SS und das "Ahnenerbe" an die alte alchemistische Vorstellung des "Goldmachens" an und ließen, zum Teil in den Konzentrationslagern, entsprechende Experimente durchführen.[8]

Im Zusammenhang mit den Versuchen des "Ahnenerbes", eigene sogenannte "Wunderwaffen" zu entwickeln, kam es im Frühjahr 1944 zu Kontakten Himmlers mit dem Luftwaffen-Obersten Schröder-Stranz. Dieser war – und hier klingen Assoziationen an Überlegungen innerhalb des Schappeller-Kreises an – mit der Entwicklung eines besonderen Strahlengerätes befasst, das in der Lage sein sollte, eine bestimmte Art von Strahlen auszusenden, die Lebewesen töten oder lähmen, andererseits aber auch heilsame Kräfte entfalten konnten. Schröder-Stranz war mit seinen Vorstellungen bei der Luftwaffe immer wieder auf taube Ohren gestoßen, Himmler und dessen "Ahnenerbe" dagegen konnte er für seine Pläne durchaus interessieren. Noch bis in den Februar 1945, als russische Truppen bereits an der Oder und amerikanische Einheiten unweit des Rheins standen, führte ein vom "Ahnenerbe" unterstütztes Techniker-Team um Schröder-Stranz entsprechende Experimente in Stapelburg/Harz durch, die nur deshalb abgebrochen wurden, weil die kriegswirtschaftliche Lage zu diesem Zeitpunkt eine Fortsetzung nicht mehr länger zuließ.[9]

Im weitgefächerten Tätigkeits- und Forschungsbereich des "Ahnenerbes" spiegelten sich durchaus Ansätze einer "anderen" oder auch "fantastischen" Wissenschaft wider, die mit dem zuvor für allgemeingültig erklärten Materialismus, Positivismus und Rationalismus radikal brachen. Vorausgesetzt wurde – in Anlehnung an mittelalterliche, nicht zuletzt von der Alchemie geprägte Denkvorstellungen – "die Interdependenz aller Forschungs- und Wissensgebiete", die seit der Aufklärung im Westen übliche Unterscheidung zwischen den Geistes- und den Naturwissenschaften sollte zugunsten eines ganzheitlichen, völkisch geprägten Anspruchs aufgehoben werden.[10] In diesem Punkt trafen sich die wissenschaftstheoretischen Ansätze des "Ahnenerbes" durchaus mit jenen Vorstellungen, die zum Teil bereits Jahrzehnte zuvor z. B. in der englischen S.R.i.A., beim "Hermetic Order of the Golden Dawn", bei Bulwer-Lytton und Eliphas Levi, bei der "Reichsarbeitsgemeinschaft 'Das Kommende Deutschland'" und zahlreichen weiteren Gruppierungen und Einzelpersonen des esoterischen und grenzwissenschaftlichen Bereichs anzutreffen waren, auch wenn sich die praktischen Konsequenzen, die aus diesem verbindenden wissenschaftlichen Grundverständnis jeweils gezogen wurden, oft in extremer Weise unterschieden.

Es ist – auch angesichts der unmittelbaren Fühlungnahme durch Himmler - kaum anzunehmen, dass dem "Ahnenerbe" die Forschungen Schappellers und die Theorien der Reichsarbeitsgemeinschaft entgingen. Dies gilt insbesondere für Schappeller, dessen Vorstellungen in den zwanziger und frühen dreißiger Jahren eine große Publizität erfahren hatten. Daher ist auch nicht auszuschließen, dass sie aufgegriffen und - mit staatlicher Unterstützung und wissenschaftlich bzw. technisch qualifiziertem Fachpersonal - wenigstens zum Teil in eine experimentelle Phase übergeleitet wurden. Der Fall Schröder-Stranz könnte ein Hinweis hierauf sein, zumindest dergestalt, dass der Luftwaffen-Oberst an frühere Experimente Schappellers anknüpfte. Konkret zu belegen und nachzuprüfen ist über diese und ähnliche Zusammenhänge allerdings kaum etwas. Sofern entsprechende Unterlagen vorhanden waren, dürften sie bei Kriegsende vernichtet oder von den Alliierten beschlagnahmt worden sein. Alles Weitere verliert sich zumindest bis auf Weiteres im Bereich von Hypothesen, die durchaus einen gewissen Plausibilitätsgrad haben mögen, aber leider der schlüssigen und wirklich präsentablen Fakten entbehren. Einer geheimnisvollen "Vril-Gesellschaft" - und sei es nur einer ja durchaus denkbaren Nachfolgegruppe des Schappeller-Kreises oder der Berliner Reichsarbeitsgemeinschaft - wesentliche Schlüsselfunktionen bei bestimmten wehrtechnischen Entwicklungen der NS-Zeit zuzuweisen ist deshalb ein zwar immer beliebter werdendes, aber doch auch sehr gewagtes Unterfangen. In diesem Zusammenhang taucht immer wieder einmal die Frage der sogenannten "deutschen UFOs" oder Flugscheiben im Zweiten Weltkrieg auf. Auch sie sind ein beliebter Gegenstand vielfältiger Legendenbildungen. Bei Jürgen-Ratthofer/Ettl und bei "Jan van Helsing" wird dabei sogar eine unmittelbare Verbindung zwischen der Vril-Energie und dem Antriebsverfahren dieser Fluggeräte hergestellt. Dass sogenannte "Flugscheiben" oder "Flugkreisel" während des Krieges von Technikern und Ingenieuren wie Schriever, Habermohl, Miethe, Bellonzo und Epp im Rahmen wehrtechnischer Forschungen konstruiert und auch praktisch erprobt wurden, steht inzwischen außer Zweifel und ist in zahlreichen Büchern und Aufsätzen, durchaus auch in seriösen Fachpublikationen, detailliert und zum Teil unter Angabe der jeweiligen Konstruktionspläne dargestellt worden.[11] Vom Prinzip her handelte es sich dabei um flügellose Flugzeuge und damit um eine sehr reale technische Möglichkeit, die bis in die Gegenwart durchaus aktuell ist.[12] Die bekannt gewordenen Modelle dieser Flugscheiben hatten allerdings so gut wie ausschließlich einen Düsenantrieb mit herkömmlichem Treibstoff.[13] Sie benutzten also die von Schappeller und der Reichsarbeitsgemeinschaft so vehement verurteilte Verbrennungs-, Explosionsbzw. "Schieß"-Technik und keinesfalls die "dynamische Technik" des "Schließens".

Eine gewisse Ausnahme stellen in dieser Hinsicht lediglich die während des Krieges entwickelten Flugapparate des österreichischen Forschers und Erfinders Viktor Schauberger (1885–1958) dar. Auf ausdrücklichen Befehl Himmlers hatte er – dem NS-System ansonsten innerlich völlig fernstehend – 1943 zunächst in der SS-Ingenieurschule in Wien-Rosenhügel und danach im Konzentrationslager Mauthausen mit der Konstruktion solcher Geräte begonnen.[14] Bei seinen vorhergehenden, jahrzehntelangen Forschungen hatte der gelernte Forstmeister Schauberger bestimmte Prinzipien der Bewegungskraft entwickelt, die sich – analog zu den Vorstellungen einer "dynamischen Technik" bei der Reichsarbeitsgemeinschaft - an den Abläufen der Natur orientierten.[15] Seine grundsätzliche Devise, dass bei der Energiegewinnung die "Implosion" an die Stelle der "Explosion" zu treten habe, entsprach in der Intention genau der Gegenüberstellung von "Schließen" und "Schießen" bzw. von "Dynamotechnik" und "Mechanotechnik" in den Ausführungen der Reichsarbeitsgemeinschaft zum "Weltdynamismus". Beim Antrieb seiner Flugscheiben konnte allerdings auch Schauberger offensichtlich nicht ganz auf einen kleinen, herkömmlichen Elektromotor zur Zündung verzichten, wesentliches Medium zur Erzeugung der Levitation der Flugkreisel war aber ein in ihnen enthaltenes Kieselgel. Olof Alexandersson beschreibt zusammenfassend die Grundprinzipien und wichtigsten Funktionswesen dieses Antriebsverfahrens:

> "Schaubergers Vorstellung war es, das Kieselgel auf einer rotierenden Membran in Schwingung zu versetzen. Danach sollte es in eine Art Diffusionskörper geführt werden, um eine Feinverteilung zu bewirken. Die Lösung sah er darin, daß das Gel aus einem Behälter durch eine Doppelmembran floß und von einem Motor in Rotation versetzt wurde, der etwa ein halbes PS stark war (ca. 350 W). Rund um die Membran war ein Mantel mit sehr feinen Öffnungen (...). Das wichtigste jedoch war das Gel in den Kanälen der Doppelmembran, welches zum Teil durch ein Austauschsystem von Diffusoren mit ständig sich ändernder Größe der Durchströmungskanäle geführt wurde, teils gegen die Peripherie zentrifugiert wurde und durch diese Zentrifugalkraft wie eine Wolke durch die Öffnungen des Mantels hinausgepreßt wurde (...). Während dieses Vorgangs wird etwas Luft zugeführt, die sich intensiv mit dieser 'Kieselwolke' verbindet. Diese Mischung strömt durch Öffnungen in den Wänden der 'Untertasse' ins Freie. Durch besondere Aufbauten gab man dem Medium eine turbulent wirbelnde Bewegung. In dem Augenblick, in dem diese Gel-Luftmischung ausströmte, hob die Maschine schnell und lautlos ab (...)."[16]

Schaubergers Prototyp zerschellte bei seinem ersten Flug am Dach der Werkshalle - er hatte wohl besser funktioniert, als er sollte. Nach Kriegsende beschlagnahmten die Alliierten alle Unterlagen, bis zum Abschluss des österreichischen Staatsvertrages im Jahre 1955 war Schauberger jede experimentelle Entwicklungstätigkeit untersagt.[17]

Seine an einer genauen Beobachtung der Natur und ihrer Abläufe orientierte "Implosionstechnik" hat jedoch bis in die Gegenwart hinein zahlreiche Freunde, Nachahmer und Weiterentwickler in einer Reihe von Ländern gefunden. Vor allem sein Sohn Walter Schauberger setzte noch Jahrzehnte nach dem Tod des Vaters die entsprechenden Forschungen an der privat betriebenen "Pythagoras-Kepler-Schule PKS" im oberösterreichischen Bad Ischl in intensiver Weise fort - übrigens gar nicht allzu weit von Schappellers Wirkungsort Aurolzmünster entfernt.

Durchaus denkbar ist es, dass sich über die Reihe der genannten Forscher und Ingenieure - Schriever, Habermohl, Miethe, Bellonzo, Epp, Schauberger - hinaus auch noch andere Stellen im Bereich der deutschen Wehrmacht, der SS oder des "Ahnenerbes" mit ähnlichen und zum Teil weitergehenden energie- und wehrtechnischen Forschungen befassten, sich dabei in einem gewissen Maße auch Theoreme und Erkenntnisse etwa des Schappeller-Kreises und der Reichsarbeitsgemeinschaft zu eigen machten und z. B. um die Entwicklung von Flugscheiben bemüht waren, die einen neuartigen Antrieb auf der Basis von Freier Energie hatten. Ernsthafte wissenschaftliche Untersuchungen zu dieser und zu einer Reihe von damit verwandten Fragen sind jedoch außerordentlich schwierig. Die Gründe hierfür sind nicht allein in der durch die historische Entwicklung bedingten höchst problematischen Quellenlage zu suchen, sondern resultieren gerade auch aus der Belastung des Themas durch eine Vielzahl von Fantastereien und unhaltbaren Legendenbildungen aller Art. Wenn unter

Umständen auch vieles denkbar ist - schlüssig, d. h. mit nachprüfbaren Fakten zu beweisen ist nur sehr wenig.

Kaum bekannt geworden sind dagegen Forschungen oder gar konkrete Anwendungsversuche in der Nachkriegszeit, die sich ausdrücklich auf Schappeller, die Reichsarbeitsgemeinschaft oder gar auf den Begriff der Vril-Energie bezogen. Hierfür waren viele Faktoren maßgebend, Berührungsängste und das fantastische Überwuchern der Thematik, die völlige Abqualifizierung der genannten Ansätze im etablierten Wissenschaftsbetrieb und - wie im Falle Schappellers - das ominöse Verschwinden entsprechender Pläne, Aufzeichnungen und Geräte. Nicht zuletzt war natürlich auch das Abtreten der Akteure von Bedeutung: Von einer Fortführung der Reichsarbeitsgemeinschaft nach 1945 ist nichts bekannt, Karl Schappeller starb nur zwei Jahre nach Kriegsende. Erst im Rahmen von verschiedenen neueren Forschungsansätzen zum Thema der Freien Energie wurden in allerjüngster Zeit bestimmte Theorien und Begriffe aus dem dargestellten ideen- und technikgeschichtlichen Kontext erneut lebendig und einer breiteren interessierten Öffentlichkeit zugänglich: so etwa bei Rolf Schaffrankes Wiederentdeckung und positiver Würdigung Schappellers und beim Neuaufgreifen des Vril-Begriffes durch den amerikanischen Forscher Serge Kahili King.[18] Hier liegen Ansätze, die geeignet sein könnten, den Nebel der negativen Legendenbildungen zu lichten und den Blick auf die tatsächlichen Zusammenhänge und Möglichkeiten wieder frei zu machen.

– 11 –

Verwandte Forschungen: Auf dem Weg zur Freien Energie

Fakten und Legenden, Überlieferungen und Fantasien, ernsthafte Forschungen und Spekulationen unterschiedlichster Art: Vielschichtig sind die geistes- und technikgeschichtlichen Stränge, die sich zum Mythos um Vril verwoben haben. Vril - ein Mythos mit vielen Bedeutungen und darum bereits mehr als ein Mythos, eine energetische Konzeption und das beharrliche Forschen nach Möglichkeiten ihrer technischen Anwendung, uraltes Wissen und zukunftsweisende Pläne, Brückenbau zwischen Natur- und Geisteswissenschaften, eine neue Schau des Kosmos und der Versuch, die Misere der Gegenwart unter Rückgriff auf die ferne Vergangenheit in Richtung auf eine bessere Zukunft hin zu überwinden.

Vril, ein Mythos? Nein, wenn der Begriff des Mythos gleichgesetzt wird mit den Verzerrungen und negativen Legenden, die sich um die Vril-Energie und um die sogenannte "Vril-Gesellschaft" ranken, aber eindeutig ja, wenn Mythen als potenziell durchaus positive und der menschlichen Kultur seit altersher immanente Impulse gesehen werden. Es gab nie eine große und geschichtsmächtige Strömung, die sich nicht auf ihre ureigensten Mythen bezog - vom Christentum und dem Islam über die Bauernkriege des 16. Jahrhunderts und die Französische Revolution bis hin zum Marxismus und den nationalen Befreiungsbewegungen des 19. und 20. Jahrhunderts. Mythen mobilisieren, sie begeistern, verändern, geben Hoffnung und Trost. Mythen bewegen und schaffen dadurch Großes - sie können die Welt entscheidend prägen und verändern, erst recht dann, wenn diese an einem Wendepunkt ihrer geschichtlichen Entwicklung steht.[1]

Der Vril-Mythos: Sein Kern, von Bulwer-Lytton über Schappeller bis hin selbst zu manchen der abseitigen neueren Spekulationen zum Thema liegt im Glauben, im Hoffen auf eine mächtige, dem Menschen potenziell verfügbare energetische Kraft, deren verantwortungsvolle Nutzung in der Lage wäre, das weitere Schicksal dieser Erde in positiver Weise zu verändern. So gesehen handelt es sich um einen sehr zukunftsweisenden, optimistischen und glückverheißenden Mythos, der eine umso stärkere Wirkung entfalten dürfte, je mehr Tendenzen der Stagnation, des Pessimismus und der Katastrophe - zumindest vordergründig - das öffentliche Bewusstsein bestimmen. Denn wo die Verzweiflung um sich greift, dort keimt die Hoffnung auf einen Ausweg früher oder später umso stärker.

Mythen haben nie allein eine zukunftsweisende Perspektive, sondern immer auch einen historischen, den Traditionen und alten Überlieferungen verpflichteten Rückbezug. Und tatsächlich ist das Wissen um mächtige energetische Strahlungen, die sich den Begrifflichkeiten der modernen Schulwissenschaft weitgehend entziehen, uralt. Dieses überlieferte Wissen lässt sich in den Mythologien der verschiedensten Völker und Zeiten nachweisen. Dabei sind die jeweiligen konkreten Begriffe von Kulturkreis zu Kulturkreis zwar höchst verschieden, ihrem Inhalt nach jedoch verwandt.[2]

Gerade Edward Bulwer-Lytton hat nicht wenige der bemerkenswerten Wirkungen dieser überlieferten Energieformen aufgegriffen und in "The Coming Race" als Manifestationen der Vril-Kraft und damit als mögliche Effekte seiner auf den alchemistischen und rosenkreuzerischen Traditionen aufbauenden energetischen

Konzeption beschrieben. Für diese, im Bereich der sogenannten "exakten Naturwissenschaften" allenfalls erahnte Energieform gibt es jedoch, wie bereits an anderer Stelle erwähnt, in der Literatur inzwischen bereits weit über 100 verschiedene Bezeichnungen.[3] Somit stellt der von Bulwer-Lytton in offensichtlich bewusster Anlehnung an das alchemistische "VITRIOL" geprägte Terminus des "Vril" lediglich einen Arbeitsbegriff für die weitere Forschung und Debatte dar - genauso gut könnte man, etwa im Sinne der "Reichsarbeitsgemeinschaft 'Das Kommende Deutschland'", auch von der "Urkraft" sprechen.

Der "mainstream" der abendländischen Geistesentwicklung, vom paulinischen Christentum über die Aufklärung bis zum Positivismus und zum Kritischen Rationalismus hat dieses traditionelle Wissen entweder in den Bereich der "Wunder" und Heiligenlegenden abgedrängt oder gar völlig ausgegrenzt, stigmatisiert und unterdrückt. In Europa wurde es daher allmählich fast nur noch in esoterischen Konventikeln, Orden und Verbindungen tradiert - die Entwicklung der energetischen Konzeption Bulwer-Lyttons in "The Coming Race" aus dem traditionellen alchemistischen Denken und rosenkreuzerischen Überlieferungen heraus ist hierfür exemplarisch, aber gewiss nicht singulär. Es ist dabei eine hochinteressante, an dieser Stelle allerdings leider nicht weiter vertiefbare Fragestellung, welche Zusammenhänge zum Beispiel zur vieldiskutierten Grals-Thematik, zum sagenhaften "Schatz der Katharer", zum "Rätsel der Tempelritter", zur "Bundeslade" der alten Hebräer und manchen ähnlichen, in vieler Hinsicht noch ungeklärten und z. T. höchst umstrittenen historischen Komplexen bestehen.[4]

Die Ansätze Karl Schappellers und der "Reichsarbeitsgemeinschaft 'Das Kommende Deutschland'", aber zum Beispiel auch von Erfindern wie Viktor Schauberger und Nikola Tesla[5] sind als Versuche zu werten, das Wissen um diese Energieformen zu vertiefen und für das 20. Jahrhundert praktisch nutzbar zu machen. Auch

Wilhelm Reichs Orgon-Forschung gehört in diesen Zusammenhang. Vril-Energie begegnet uns dabei in moderneren Begrifflichkeiten, wie z. B. "Tachyonenfeld", "Ätherstrahlung" oder "Orgon-Energie". An bestimmte Grundprinzipien von Schappellers Forschungen erinnert heute auch wieder die Entwicklung des "Raum-Quanten-Motors" in der Schweiz, der - glaubt man seinen Konstrukteuren - unmittelbar vor der praktischen Anwendung steht.[6]

Entscheidend sind dabei nicht die einzelnen technischen Verfahren, Beschreibungen und Details. Sie dokumentieren allesamt nur unterschiedliche Formen der Annäherungen an das Phänomen "Vril". Wesentlich ist dagegen der jeweilige Versuch, aus einer ganzheitlichen - und das heißt, nicht allein technisch-naturwissenschaftlichen - Sicht und einem anderen Bewusstsein heraus neue Formen der Energie jenseits der etablierten schulwissenschaftlichen Dogmen zu erschließen. Diese Energieformen könnten die Möglichkeit bieten, die globale ökologische Krise "nach vorne" statt in rückwärtsgewandter und regressiver Weise zu lösen. Dabei geht es keinesfalls einfach um "mehr Strom", sondern um ein viel umfassenderes energetisches Konzept, das auch medizinische und mentale Aspekte mit einschließt und unter Umständen nicht nur völlig neuartige Formen der Energieerzeugung, sondern auch der Energieverteilung und Energieverwendung ermöglichen könnte. Der Energiekonverter in jedem Haus, der in der Lage wäre, mit der Kraft bestimmter, überall vorhandener Strahlungen zu arbeiten, würde z. B. gigantische Verteilernetze, Steuerungs- und Kontrolleinrichtungen weitgehend überflüssig machen und vorhandene wirtschaftliche Machtmonopole radikal aufbrechen: "Freie Energie statt Blut und Öl", wie es in treffender Form im Titel einer einschlägigen Monografie über Nikola Tesla heißt.

Gerade in dieser an sich höchst optimistischen und zukunftsträchtigen Perspektive dürfte aber auch der reale Hintergrund für die vielfältigen Anfeindungen und Attacken zu suchen sein, denen die Vertreter dieser alternativen wissenschaftlichen Richtung immer wieder ausgesetzt waren. Schmähungen in der Presse und in den Organen der Schulwissenschaft waren dabei noch die mildeste Form der Bekämpfung. Nicht selten sind die Bandagen wesentlich härter. Nikola Tesla wurde wirtschaftlich und persönlich ruiniert.[7] "Rho Sigma" (= Rolf Schaffranke) schrieb dazu anschaulich:

> "Tesla war nahe daran, die Existenz einer primären Physik zu dokumentieren, in der das bekannte elektromagnetische Spektrum nur eine kleine Rolle spielte. (...) Er wurde prompt von seinen finanziellen Quellen abgeschnitten, von einer plötzlich feindselig eingestellten Presse angegriffen und hatte Hunderte von Gerichtsprozessen laufen. (...) Ein eiserner Vorhang war über die Wissenschaft der USA gefallen, Forscher in unerwünschten Gebieten der Physik wurden entweder wirtschaftlich ausgefroren oder durch rechtliche Mittel zur Aufgabe gezwungen."[8]

Wilhelm Reich starb 1957 in einem amerikanischen Gefängnis. Schauberger sollte im folgenden Jahr genötigt werden, all seine Erkenntnisse einem anonymen Konsortium zur alleinigen Verwendung zu überschreiben - er zerbrach an dem massiv ausgeübten Druck und starb bald danach.[9] Alle genannten Erfinder - und mit ihnen zahlreiche weitere, weniger bekannte - hatten ganz bestimmte Tabus angetastet und damit nicht nur Lehrstühle, Reputation und Forschungsgelder ihrer unmittelbaren wissenschaftlichen Gegner, sondern vor allem auch Milliardeninvestitionen in die herkömmliche Energietechnik und damit verbundene Machtpositionen gefährdet. In einer zunehmend mehr von der Logik betriebswirtschaftlicher Kennziffern beherrschten Welt ist es offenbar höchst gefährlich, gute Ideen zu haben oder gar gute Vorschläge zu machen - wenn sie nicht in das Raster der Kennziffern und zu den damit verbundenen Profiterwartungen passen, können die guten Vorschläge sogar existenzbedrohend werden. Und dies ist - leider - keine Legende!

Zeittafel

1378: Angebliches Geburtsjahr von Christian Rosencreutz

1484: Angebliches Sterbejahr von Christian Rosencreutz

1493: Paracelsus geboren

1541: Tod Paracelsus'

1614: Erscheinen der ersten öffentlichen rosenkreuzerischen Schriften

1734: Franz Anton Mesmer geboren

1757: Gründung der "Societas Rosae et Aurae Crucis" in Frankfurt a. M.

1773: Mesmer beginnt in Wien mit seinen Experimenten zum Elektromagnetismus

1788: Karl Reichenbach geboren

1803: Edward Bulwer-Lytton geboren

1810: Alphonse-Louis Constant "(Eliphas Levi") geboren

1815: Tod Mesmers

1842: Edward Bulwer-Lytton veröffentlicht mit "Zanoni" seinen ersten esoterischen Roman

1849: Reichenbachs erste Buchveröffentlichung über das "Od"

1850: Bulwer-Lytton wird korrespondierendes Mitglied ("Adept in Abwesenheit") der Frankfurter Rosenkreuzer-Loge "Karl zum aufgehenden Licht"

1853: Vermutlich erste Begegnung zwischen Bulwer-Lytton und Eliphas Levi

1858: Bulwer-Lytton wird britischer Kolonialminister (bis 1859)

1861: Eliphas Levi wird Ehrenmitglied einer englischen Rosenkreuzer-Gruppe

1866: Gründung der "Societas Rosicruciana in Anglia (S.R.i.A.)"

1869: Tod Reichenbachs

1870: Bulwer-Lytton wird von der S.R.i.A. zum "Grand Patron of the Order" ernannt

1871: Bulwer-Lyttons Roman "The Coming Race" erscheint

1873: Tod Bulwer-Lyttons

1874: Erste deutsche Übersetzung von "The Coming Race"

1875: Karl Schappeller geboren

1877: Helena Petrowna Blavatskys Werk "Die entschleierte Isis" mit positiven Bezügen zur Vril-Konzeption Bulwer-Lyttons erscheint

1885: Viktor Schauberger geboren

1888: Gründung des "Hermetic Order of the Golden Dawn" durch Mitglieder der S.R.i.A.

1902: Theodor Reuß gründet die "Societas Rosicruciana in Germania (S.R.i.G.)" als Ableger der englischen S.R.i.A., die aber 1907 wieder aufgelöst wird

1919: Wilhelm Becker begründet die Zeitschrift "Die Astrologie"

1919: Frühpensionierung Karl Schappellers, der sich danach ganz seinen energetischen Studien widmet

1922: Neuübersetzung von "The Coming Race" ins Deutsche durch den Anthroposophen Günther Wachsmuth auf Anregung Rudolf Steiners

1923: "Beasts, Men and Gods" von Dr. Ferdinand Ossendowski mit Hinweisen auf das innerirdische Reich "Agarti" erscheint

1923: Eintragung des Astrologischen Verlages Wilhelm Becker ins Berliner Handelsregister

1924: Gründung des Otto-Wilhelm-Barth-Verlages

1925: Treffen Schappellers mit Bo-Yin-Ra (Joseph Anton Schneiderfranken) in Wien

1928: Franz Wetzel und Louis Gföllner veröffentlichen die Schrift "Raumkraft. Ihre Erschließung und Auswertung durch Karl Schappeller"

1929: Fritz Kleins Werk "Logos und Bios" erscheint

1930: In Berlin erscheinen die Schriften der "Reichsarbeitsgemeinschaft 'Das Kommende Deutschland'" zu "Vril" und zum "Weltdynamismus" (im Astrologischen Verlag Wilhelm Becker und im OttoWilhelm-Barth-Verlag)

1932: Kontakte Schappellers zur britischen Admiralität

1933: Gespräch Schappellers mit Heinrich Himmler

1935: Konkurs Schappellers

1943: Flugscheiben-Experimente Viktor Schaubergers im Auftrag der SS

1944: Experimente des Ahnenerbes und der SS mit einem "Strahlengerät" unter der Leitung von Oberst Schröder-Stranz (bis Februar 1945)

1947: Tod Schappellers

1947: Zeitschriftenaufsatz von Willy Ley in der US-Zeitschrift "Astounding Science Fiction" über "Pseudo-Science in Naziland" mit marginalen Hinweisen auf eine Gruppe von Vril-Interessierten im Berlin der frühen dreißiger Jahre

1958: Tod Viktor Schaubergers

1960: Tod von Schappellers Adoptivsohn Josef in Aurolzmünster

1962: Im Scherz-Verlag erscheint die deutsche Übersetzung des kurz zuvor in Frankreich erschienenen Buches von Louis Pauwels und Jacques Bergier "Le Matin de Magiciens" ("Aufbruch ins Dritte Jahrtausend") mit Hinweisen auf eine "Vril-Gesellschaft"

1972: "The Spear of Destiny" von Trevor Ravenscroft erscheint

1973: Der Scherz-Verlag übernimmt den Otto-Wilhelm-Barth-Verlag

1988: Umberto Ecos Erwähnung der "Vril-Gesellschaft" in seinem Roman "Das Foucaultsche Pendel" macht erstmals ein Massenpublikum mit diesem Phänomen bekannt

1992: Die Schrift "Das Vril-Projekt" von Norbert Jürgen-Ratthofer und Ralf Ettl erscheint

1993: "Jan van Helsing" greift in seinem Werk über "Geheimgesellschaften" wesentliche Elemente der Darstellung von Jürgen-Ratthofer und Ettl auf

1994: Beiträge in verschiedenen Publikationen (u. a. von Rolf Schaffranke und René Freund) signalisieren erstmals seit Jahrzehnten wieder ein stärkeres Interesse an Schappeller und seinem Werk

1995: In Serge Kahili Kings Buch "Erdenergien" wird der Vril-Begriff erstmals seit Jahrzehnten wieder in positivem Zusammenhang mit freien energetischen Strahlungen verwendet

— TEIL II —

Vril-Energie, Körper und Seele

Heiner Gehring

– Einleitung –

> "Thou shalt not blaspheme the new Idol."
> *Kommentar von Robert Anton Wilson zu den Verbrennungen der Bücher von Wilhelm Reich*[1]

Während der erste Teil des *Vril-Mythos* mit den Ausblicken auf die energietechnische Nutzung der auch als "Urkraft", "Raumkraft", "Freie Energie" o. Ä. bekannten Vril-Energie endete, sollen im zweiten Teil hauptsächlich die therapeutischen Anwendungsmöglichkeiten dieser Energieform aufgezeigt werden.

Am Anfang steht die Orgonomie von Wilhelm Reich, dessen "Orgon-Energie" verblüffende Parallelen zur "Vril-Energie" aufweist: Beide sind Lebensenergie, haben göttliche Aspekte und eignen sich für technische und therapeutische Anwendungen. Selbst die in Edward Bulwer-Lyttons "The Coming Race" erwähnte Beeinflussung des Wetters durch die Beherrschung der Vril-Kraft[2] spiegelt sich in den Cloudbuster-Experimenten nach Wilhelm Reich wider.

Ferner ranken sich um die Person Reich zum Teil ähnliche Mythen wie um die Gruppen und Personen, die sich mit Vril befasst haben. So gibt es im Leben Reichs eine Reihe unklarer Begebenheiten, Teile seiner Arbeit gelten als verschollen, und einflussreiche Stellen stehen dem Konzept des Orgon ablehnend bis feindlich gegenüber.

Auch vor Wilhelm Reich hat es seit dem 19. Jahrhundert im deutschsprachigen Raum eine Reihe von unkonventionellen

Forschern gegeben, deren energetische Ansätze vor allem in therapeutischer Hinsicht auffällige Parallelen zum Konzept der Vril-Energie darstellen, darunter die heute längst vergessenen "Strahlenkundigen" wie Karl Wizenmann, Frenzolf Schmid oder Friedrich Kallenberg. Ihnen und weiteren Forschern sind in diesem Teil einige Kapitel gewidmet. Die in Peter Bahns Vorwort aufgeworfene Frage, wo die Wirklichkeit der Vril-Kraft beginnt, sollte daher mit diesem Teil des Buches hinreichend beantwortet sein.

Obwohl sich die energetische Forschung anerkannter naturwissenschaftlicher Methoden bedient, wird sie von den meisten Angehörigen der etablierten Wissenschaftsgemeinde nicht anerkannt. Energetische Forschungsergebnisse passen oft nicht ins gängige Paradigma; daher 'wissen' viele Kritiker von vornherein, dass sie falsch oder zufällig sind. Ohne die energetischen Experimente oder Beobachtungen selbst überprüft zu haben, 'wissen' die meisten Kritiker auch, dass alles nur auf methodischen Fehlern, Wunschdenken oder ganz anders zu erklärenden Phänomenen beruht. Mit dieser Art der irrationalen Auseinandersetzung, von Robert Wilson als "Neue Inquisition" bezeichnet[3], haben alle auf dem energetischen Gebiet Tätigen zu kämpfen. Besonders brutal hat diese Inquisition bei Wilhelm Reich zugeschlagen, was den folgenden Abschnitten zu entnehmen ist.

Bei der Arbeit an den Kapiteln über Wilhelm Reich haben sich die Seminare und Ausbildungsveranstaltungen des Wilhelm-Reich-Institutes Berlin als sehr hilfreich erwiesen. Besonders danke ich Dr. Heiko Lassek, dem Leiter des Instituts, für seine wissenschaftliche Unterstützung.

Weiterhin gilt mein ganz besonderer Dank Peter Bahn, ohne dessen Einsatz und ohne dessen Kenntnisse dieses Buch in der vorliegenden Form nicht zustande gekommen wäre. Die Zusammenarbeit mit ihm war eine große Ehre und Herausforderung für mich, die ich mit Freude in Angriff genommen habe.

– 1 –

Die Orgonomie von Wilhelm Reich

Der österreichische Mediziner und Psychologe Dr. Wilhelm Reich begründete und entwickelte die Orgonomie, die Wissenschaft von den Wirkgesetzen der Orgon-Energie. Offiziell in den USA immer noch verboten, im deutschen Sprachraum kaum bekannt und selbst innerhalb der Psychologie verfemt, verleugnet oder lächerlich gemacht[1], umfasst die Orgonomie ein weites Feld theoretischer und praktischer Anwendungen – von Psychotherapie und energetischer Körpertherapie über Medizin, Wetterbeeinflussung und Energiequelle bis hin zu Raum-Zeit-Phänomenen und Effekten, die Entropie verringern. Entwickelt wurde die Orgonomie aus den psychoanalytischen (im weitesten Sinne) und bio-psychologischen Studien Wilhelm Reichs. Orgon ist eine universelle Lebensenergie, die sich anhand einer Vielzahl von Phänomenen nachweisen lässt:

1. als Stau in den Muskelpanzerungen genannten Verspannungen des menschlichen Körpers;
2. als Bione (Energiebläschen) bei der Entstehung und beim Zerfall organischer Materie;
3. als atmosphärische Störungen;
4. als hochgradig durch Radioaktivität störbare Lebensenergie;
5. als Energiequelle für Motoren und
6. als Antrieb von und Waffe gegen UFOs und Flugscheiben.

Wilhelm Reich bei seiner Verhaftung im März 1957

Alle Forschungen von Reich und seinen Mitarbeitern und deren Ergebnisse wurden 1954 in einem von der US-amerikanischen Food & Drug Administration initiierten Prozess für widerlegt und nicht existent erklärt, jedoch ohne bis heute die Namen der Wissenschaftler oder die Experimente, auf die sich dieses Urteil stützt, bekanntzugeben oder zugänglich zu machen. Der von 1947 bis 1954 dauernde Prozess gegen Reich verbrauchte jährlich ein Drittel des gesamten Haushaltes der Food & Drug Administration.[2] Die ganze Aktion gipfelte in der gerichtlich verfügten Verbannung von Reichs Schriften aus Bibliotheken, der Zerstörung seiner Apparaturen[3] und deren öffentlicher Verbrennung im Jahre 1956 (dabei wurden allein sechs Tonnen (!) Bücher verbrannt[4]) und, was kaum bekannt ist, nochmals im Jahre 1960:

> "The works of Wilhelm Reich listed above (im Urteilstext; Anm. H. G.), including his books and other publications, were burned under the supervision of agents of the Food and Drug Administration. This occured on August 22, 1956 and, again March 17,

> 1960." (Die oben aufgeführten Werke von Wilhelm Reich, einschließlich seiner Bücher und anderer Veröffentlichungen, wurden unter Aufsicht von Vertretern der "Food and Drug"-Verwaltung verbrannt. Dies geschah am 22. August 1956 und erneut am 17. März 1960.[5])

Daneben gab es auch illegale Verbrennungsaktionen.[6] Ganze 18 Psychiater in den USA unterschrieben eine Protestnote gegen diese Verbrennungen![7] All diese schändlichen Vorgänge gegen einen der fähigsten Wissenschaftler dieses Jahrhunderts hätten wohl kaum stattgefunden, wenn Reich nur der Quacksalber und Scharlatan gewesen wäre, der er laut Gerichtsurteil gewesen sein soll. Es steckte wohl etwas anderes dahinter. Ob z. B. Reichs Verbindungen zu Raum-Zeit-Experimenten und UFO-Forschungen (s. u.) eine Rolle spielten, ist offiziell nie diskutiert worden.

Da das Orgon eine universelle Energie ist, umfasst die Orgonomie naturgemäß zahlreiche Wissenschaftsbereiche und gerät sehr oft in Konflikt mit ihnen. Der Orgonomie wird vorgeworfen, sie ziehe unzulässige Analogieschlüsse, beruhe auf subjektiven Wahrnehmungen und sei eine Scheinwissenschaft mit Scheinexperimenten. Abgesehen davon, dass die experimentellen Arbeiten der Orgonomie von den meisten Kritikern kaum nachvollzogen werden, finden diejenigen, die die Theorien Reichs experimentell überprüfen[8], die orgonomischen Ergebnisse bestätigt. Auch aus der "seriösen", also etablierten Wissenschaft kommende Ergebnisse (s. u.) weisen immer mehr in Richtung der Thesen der Orgonomie, wie u. a. die Entdeckung der Biophotonen[9] oder die Zusammenhänge von Geist und Materie.[10]

Die grundlegenden Ergebnisse und Erkenntnisse Reichs können heute nicht mehr wegdiskutiert werden, auch wenn vereinzelt behauptet wurde, einige physikalische Arbeiten Reichs würden erhebliche methodische Fehler aufweisen. So soll Reich z. B. Skalen vertauscht oder undichte Vakuumröhren benutzt haben. James DeMeo jedoch, einer der führenden Vertreter der Orgonomie in den USA, der wie andere amerikanische Wissenschaftler auch viele von Reichs Experimenten erfolgreich wiederholt hat, weist in einem Brief vom 18.07.1997 an den Omega-Verlag und in zwei "Offenen Kritiken" darauf hin, dass in Wirklichkeit diejenigen, die Reichs Experimente in jüngster Zeit wiederholten, schwerwiegende methodische Fehler machten, indem sie in wesentlichen Punkten von den von Reich verlangten Versuchsaufbauten und -bedingungen abwichen. DeMeo zufolge ignorierten sie nicht nur alle Empfehlungen, ihre Versuchsanordnung zu korrigieren, sie begannen auch, sich öffentlich damit zu brüsten, sie hätten gezeigt, dass Reich sich nahezu bei allem, was er je tat, geirrt habe.

Letztendlich ist die Orgonomie keine Neuheit. Ihre Ideen, Thesen und Anwendungen lassen sich seit den Überlieferungen der Sumerer in nahezu allen höher entwickelten Kulturen nachweisen. Die Orgonomie ist also keine Spinnerei eines wahnsinnigen Wiener Sexfetischisten, sondern beruht auf einer der ältesten belegten Erkenntnisse der Menschheit.

So verwundert es denn auch wenig, wenn die meisten Skeptiker, je genauer sie sich in die Orgonomie einarbeiten, diese umso ernster nehmen.

Nachfolgende Ausführungen zur Orgonomie und den Forschungsaktivitäten von Wilhelm Reich sollen einen Überblick bieten. Die Literaturhinweise ermöglichen es, sich mit jedem einzelnen Aspekt genauer auseinanderzusetzen. Auch wenn einiges reichlich abwegig erscheinen mag, so ergibt sich dennoch ein zusammenpassendes Bild von dem, womit sich Reich vor allem in den 50er Jahren beschäftigt hat. Vieles, aber nicht alles, konnte von berufener Seite bestätigt werden, sodass es auch weiterhin vonnöten ist, mehr über Wilhelm Reich in Erfahrung zu bringen.

1.1. Die Orgon-Energie

Die Orgonomie versteht sich als Naturwissenschaft des Orgons, einer primordialen (ursprünglichen) Energie. Orgon ist universell, es findet sich in jedem belebten Körper, in der Atmosphäre als Hülle um die Erde und im Weltall als sich überlagernde Energieströmungen. Auf Untersuchungen und Experimente gestützt, haben Reich und seine Mitarbeiter eine Anzahl von orgonomischen Prinzipien entwickelt, die das Wesen des Orgons konkretisieren. Gemäß Ola Raknes[1] beruht die Orgonomie auf folgenden wichtigen Leitsätzen:

1. Die Orgon-Energie ist universell, allgegenwärtig und in ständiger Bewegung. Sie kann durch bestimmte Einflüsse unbeweglich und damit zum DOR (Deadly ORgone) werden.
2. Orgon-Energie hat keine Masse und ist primordial, d. h. vor Materie und anderen Energieformen vorhanden.
3. Orgonische Vorgänge verringern die Entropie (Wärmetod), da sich starke Orgonkonzentrationen nicht mit schwächeren ausgleichen, sondern diesen noch mehr Energie entziehen. Dieser Mechanismus ermöglicht erst Entstehung und Erhaltung der Lebensformen.
4. In natürlichen Konzentrationen bildet das Orgon Systeme (Galaxien, Planeten, Lebewesen), die wachsen und nach einem Höhepunkt wieder abnehmen und verschwinden.
5. Materie entsteht durch das Verschmelzen von Orgonströmen.
6. Materie kann sich durch Einwirkung der Orgon-Energie spontan zu Leben organisieren (z. B. nachgewiesen in den Bion-Experimenten).
7. Die Erde ist von einer Orgon-Hülle umgeben, die sich etwas schneller als die Erdrotation von West nach Ost bewegt.

8. Das Wetter wird von den unterschiedlichen Orgon-Konzentrationen in der Atmosphäre beeinflusst.
9. Der freie Orgonfluss ist eine Grundvoraussetzung für das Funktionieren eines Organismus. Wird der Energiefluss gehemmt, kann sich Orgon in DOR verwandeln.
10. DOR ist auch in der Atmosphäre vorhanden und lässt Landstriche veröden.
11. Der Orgonfluss in einem Organismus hängt auch von der Orgonbzw. DOR-Konzentration in der ihn umgebenden Atmosphäre ab.

Reich machte in "Äther, Gott und Teufel" folgende Aussagen über die Funktion des kosmischen Orgon, die sich mit den alten Vorstellungen des "Äthers" fast decken:

1. Bei der Überlagerung von zwei oder mehr Orgonwellen entstehen Kreiselwellen, die sich als Massepartikel äußern;
2. Orgon hält die Materieeinheit der Bione zusammen;
3. Orgonotische Erregung wird mit Lichtgeschwindigkeit übertragen und
4. Kosmisches Orgon ist überall deutlich nachweisbar und für bisher unerklärte Naturphänomene verantwortlich: spontane Entladungen, schlechte Sicht, Elektrostatik ...

Neben diesen allgemeinen Prinzipien enthält die Orgonomie noch zahlreiche Aussagen zu Physik, Meteorologie, Medizin, Theologie und Psychologie. Leider sind durch die Zerstörung der Literatur und Reichs Tod in der Haft Erkenntnisse verschollen. Insbesondere Reichs letzte Schrift, die sich neben Gravitationsphänomenen auch mit UFOs oder Zeitphänomenen befassen soll, ist nicht auffindbar. Vermutlich handelt diese Schrift von

Wärmegewinn aus Orgon, Orgonmotor, Wetterkontrolle, Licht aus Orgon, Pflanzenveredelung, Pflanzenheilung usw.

Über Pflanzenheilung sind Versuche bekannt, bei denen durch Bestrahlung mit Orgon kranke Pflanzen gesundeten.[2] Generellen Einfluss hat Orgon auf das Wachstum der Pflanzen, aber auch das von Tieren, da es sich als energetisches Gesamtsystem ausdehnt und zusammenzieht, was sich einerseits in Wärme und Kälte, andererseits durch Oszillieren in lebenden Organismen äußert.[3] Zusammengezogenes Orgon (Materie, Winter) neigt zu Stillstand und Kälteeffekten, ausgedehntes Orgon (Energie, Sommer) dagegen neigt zu Bewegung und Wärmeeffekten.

Der Orgon-Motor ist im Prinzip ein Elektromotor, der als Energiequelle Erd- oder atmosphärisches Orgon verwendet. Das Orgon wird dabei mit einer speziellen Röhrenkonstruktion genutzt, wobei die Geschwindigkeit des Motors von der Anzahl der Röhren abhängt sowie von der Orgonkonzentration und einem weiteren Faktor, den Reich zwar angesprochen, aber nicht erläutert hat. Von diesem Motor ist nur überliefert, dass er noch nicht ausgereift war, denn Reich beschreibt sein Verhalten wie das einer hysterischen Frau, mal wolle er, mal wolle er nicht. Reich hat diese Probleme in den Jahren vor seinem Tod aber anscheinend überwunden.[4] Neueste Untersuchungen lassen allerdings vermuten, dass Reich hier physikalisch und methodisch unsauber gearbeitet hat.

Zum Komplex DOR hat die Gruppe um Reich u. a. gefunden, dass Radioaktivität Orgon in das schädliche DOR umwandelt. In Reichs umfangreichem sogenannten ORANUR-Experiment[5] wurde Orgon in so erheblichen Maße durch Radioaktivität in DOR umgewandelt, dass das Experiment aus Sicherheitsgründen abgebrochen werden musste. Reich folgerte einerseits, dass der Einsatz von Kernwaffen und Atomkraftwerken die atmosphärische OR[6]-Energie so sehr reizt, dass sie in DOR übergeht. Für alle lebenden Organismen ist DOR schädlich, der menschliche Organismus z. B. wandelt bei

Behinderungen des Energieflusses ebenfalls Orgon in DOR um, was eine Hemmung des Organismus bewirkt. Andererseits war Reich der Ansicht, dass die Erde regelmäßig von kosmischen DOR-Überflutungen heimgesucht wird, die durch eine Austrocknung der Atmosphäre die Wüstenbildung auslöst und Pflanzen, Tieren und Menschen die Feuchtigkeit entzieht. Gleichzeitig tritt die sogenannte 'DOR-Krankheit' auf, die sich in allgemeiner Mattigkeit, Hitzewallungen, emotionaler Stumpfheit und Sauerstoffhunger äußert.[7]

Mit dem 'Cloudbuster' kann Reich, wie er in Versuchen gezeigt hat, die DOR-Wolken auflösen. Der Cloudbuster ist ein von Reich und seinen Mitarbeitern entwickeltes Gerät, das u. a. aus mehreren rund vier Meter langen hohlen Eisenrohren besteht und ähnlich einer Kanone auf DOR-Wolken in der Atmosphäre gerichtet werden kann, um die Ladungen abzuziehen.[8] Dieser Vorgang, "Cloudbusten" genannt, beeinflusst dabei auch den Auf- oder Abbau von Wasserdampf in der Atmosphäre und damit das Wetter.[9] Die Wirkungen des Cloudbusters sind bis in die Jetztzeit immer wieder untersucht und belegt worden.[10] Doch schon Reich musste erkennen, dass die Schulwissenschaft davon keine Notiz nimmt[11], und auch heute noch 'wissen' fast alle, dass der Cloudbuster Hokuspokus ist und es deswegen auch keinen Sinn macht, die Untersuchungen über ihn zu lesen, ehe man sie ablehnt.

1.2. Der Ursprung des Lebens

Seit den 30er Jahren beschäftigte sich Reich, anfangs in Form von Literaturstudien, später in Versuchen, mit biologischen Experimenten. Es ging ihm darum, seine psychologischen Beobachtungen naturwissenschaftlich zu belegen.[1] Dabei hat Reich Ergebnisse aus verschiedenen Wissensgebieten zusammengetragen und

Orgonakkumulator; Original-Nachbau von Jürgen Fischer nach Reichs Angaben (*mit freundl. Genehmigung J. Fischer, Worpswede*)

diese, zusammen mit eigenen Erkenntnissen, zu zwei wesentlichen Schlussfolgerungen verbunden. Dadurch verließ Reich seine rein psychologische Ausrichtung. Einerseits konnte er zeigen, dass es einen "Urgegensatz des Lebens" gibt, der sich in Bewegungen hin zur Welt (z. B. sexuelle Erregung, Entspannung oder Entladung) und Bewegungen weg von der Welt (Angst, Ladung, Spannung) äußert.[2] Andererseits war Reich dem Geheimnis des Lebens und dessen Entstehung in seiner Bion-Forschung auf der Spur.

Bione sind die elementaren Funktionseinheiten aller lebenden Materie. Eine Forschungsgruppe um den Berliner Arzt Heiko Lassek hat Mitte der 80er Jahre einige der Experimente von Reich nachvollzogen und die Entdeckung der Bione durch Reich bestätigt.[3] Bione sind Vorstufen des Lebendigen, eine Art Bläschen, die als energetische Funktionseinheiten Übergangsgebilde von der unbelebten zur belebten Materie sind. Besonders intensiv kann man die Bione bei der Entwicklung von Amöben beobachten. Die Ergebnisse von Reich und Lassek widersprechen somit der allgemein geltenden "Luftkeimtheorie", derzufolge sich Amöben aus abgekapselten Luftkeimen bilden. Gegen diese Luftkeimtheorie sprechen auch Theorien, die als allererste Lebensformen Tonkristalle mit charakteristischen Baufehlern vermuten.[4]

Reich vermutete sogar, bei entsprechender Erforschung der Bione sei vielleicht der Tod eines Organismus abwendbar.[5] Ein Bischof der Gemeinschaft der Mormonen, die selbst an der Lebensverlängerung forscht, war mehrere Jahre lang der Fahrer eines Mitarbeiters von Reich und berichtete seiner Gemeinschaft laufend über diesbezügliche Forschungsergebnisse Reichs.[6]

Das bekannteste der Reichschen Geräte ist der 'Orgon-Akkumulator', der intensiv erforscht wurde und dessen Anwendung für eine Vielzahl von Möglichkeiten empfohlen wird.[7] Eine Darstellung mit den technischen Einzelheiten zeigt, wie einfallsreich und prinzipiell einfach Orgon-Anwendungen sind. Heute (1996) werden im deutschsprachigen Raum von einigen tausend Personen Orgontechnik und -akkumulatoren privat genutzt. Daneben gibt es ärztliche Anwendungen, z. B. bei Schmerzpatienten in Berlin.[8]

Weitere Forschungsarbeiten wurden durchgeführt in den Bereichen Wetterbeeinflussung[9], atmosphärisches Orgon[10], Krebsbehandlung[11] oder Wärmelehre.[12] Zumindest für die Krebsdiagnostik und Krebsbehandlung scheint die Bionik vielversprechende Ergebnisse bereitzuhalten.[13]

1.3. Flugscheiben und Wetterbeeinflussung

"An einem Tag im August 1952 hatte ich (W. Reich; Anm. H. G.) mittags auf der Terrasse meines Hauses gehört – aber nicht ge-

> sehen – wie ein Objekt binnen Sekunden mit unvorstellbarer Geschwindigkeit den Himmel kreuzte. Mir war klar, daß es sich um ein Raumschiff handelte."[1]

So beschreibt Reich seine erste eigene Erfahrung mit Flugscheiben. Sein erstes Buch über UFOs[2] las er aber erst über ein Jahr später.[3]

Die Erforschung der Orgon-Energie führte Reich auch zu Erkenntnissen, die zeigen, wie umfangreich die Möglichkeiten der Nutzung von Orgon sind. Allerdings hat Reich dabei nicht nur eine in vielen alten Überlieferungen verschieden bezeichnete Kraft entschlüsselt, sondern sich anscheinend auch zu weit in militärische Geheimnisse vorgewagt. Reich war von der Existenz der Flugscheiben überzeugt und versuchte, alle entsprechenden Berichte auf eine orgonomische Grundlage zu stellen.[4]

Bei seinen Wetterexperimenten mit dem Cloudbuster ist Reich des Öfteren von Flugscheiben beobachtet worden, die, wie sich heute vermuten lässt, irdischen Ursprungs waren. Beim Beschuss der Flugscheiben mit dem "Space Gun", einer Weiterentwicklung des Cloudbusters, begannen diese zu taumeln und wirkten in ihrer Manövrierfähigkeit gestört. Reich vermutete, dass die Flugscheiben Orgon-Energie im Universum und in der Erdatmosphäre verwenden, wobei sie DOR und Melanor (Orgon, dem Wasser und Sauerstoff fehlen) hinterlassen. Von dem DOR als Abfallprodukt der Flugscheiben werden die Menschen beeinträchtigt.[5] Diese Abfallprodukte entfallen vielleicht, wenn beim Betrieb der Flugscheiben entsprechende spirituelle Bedingungen eingehalten werden oder eine bessere Technik eingesetzt wird.

Reich hat die kosmische Energie mittels Farbfilm sichtbar gemacht, sie ist objektiv und subjektiv blau.[6] Viele UFO-Sichter berichten ebenfalls von einem bläulichen Licht, das von den Flugscheiben ausgeht. Die anderen Farben der Flugscheiben und ihre

Änderungen hängen laut Reich von der jeweiligen Orgonkonzentration ab: Blau als Grundfarbe der fliegenden Flugscheiben, Rot oder Weiß bei höheren Konzentrationen.[7] Diese Farbveränderungen lassen sich auch auf dem Radarbild von Flugscheiben durch die verschiedenen "Vibrations-Frequenzen" beobachten und sprechen für einen orgonomischen Antrieb.[8]

Reich schrieb dazu in einem Brief an seinen Freund Alexander Sutherland Neill, einen englischen Pädagogen:

> "Ich habe schon lange, bevor ich es selbst bemerkt habe, mit dem UFO-Problem zu tun gehabt. Die Außerirdischen verwenden zweifellos Orgon-Energie für ihre Maschinen und schädigen mit deren Abfallprodukten unseren Planeten. Aber ich habe die Orgon-Energie entdeckt, ohne dabei auch nur im geringsten an die UFO-Technologie zu denken."[9]

Die Flugscheiben und ihre Wirkungen hat Reich im Rahmen des CORE (Cosmic Orgone Engineering) weiter erforscht.[10] Schließlich hat er sich eine eigene Meinung über diesen Bereich gebildet: Reich befürchtete, dass die Flugscheiben die Erde vom Weltraum aus angreifen wollten und dass dieser Angriff durch seine Arbeit mit der kosmischen Orgon-Energie abgewehrt werden könnte.[11] Der Kampf gegen die Flugscheiben steht für Reich im Zusammenhang mit der Auseinandersetzung zwischen Gut und Böse, er nennt den ersten Einsatz seines Spacegun "The first Battle of the Universe" (Die erste Schlacht des Universums).[12] Was genau Reich zu dieser Meinung veranlasst hat, wird aus seinen allgemein zugänglichen Schriften nicht klar. Reich soll nach dem angeblichen oder wirklichen Absturz eines UFOs in Roswell dort 1954 eigene Untersuchungen angestellt haben, doch alle diesbezüglichen Unterlagen sind verschwunden.[13] Hat Reich dort vielleicht etwas herausgefunden, was auf eine Bedrohung durch UFOs hinweist?

In seinem Buch "OROP-Wüste", in dem er die Urbarmachung von Wüstengebieten durch eine "technische Operation unter Nutzung und Manipulation der funktionellen kosmischen Energien" (= OROP) beschreibt, sagt Wilhelm Reich mit aller Deutlichkeit, wen er für die Besatzung der Flugscheiben hält, nämlich Menschen, die die CORE-Gesetze beherrschen.[14] Über diese Flugscheiben-Besatzungen äußerte Reich sich folgendermaßen:

> "Die CORE-Menschen waren offensichtlich mit den im kosmischen OR-Ozean herrschenden Funktionsgesetzen völlig vertraut. (...) Sie nutzen für den Antrieb ihrer Maschinen die kosmische Or-Energie. (...) Die CORE-Menschen »ritten« offensichtlich mit ihren Raumschiffen auf den großen Orgon-Strömen des Universums."[15]

Die in "OROP-Wüste" beschriebenen Wetterbeeinflussungsversuche sind im Wesentlichen vier vollständig dokumentierte, durch Presseberichte belegte und den Behörden bekannte Fälle:[16]

- Beendigung einer Trockenperiode in Neuengland im August 1952
- Beendigung einer Trockenperiode in Maine im Juli 1953
- Regenverhinderung anlässlich einer Kinderparade in einem Ort inmitten eines Regengebietes im August 1953
- Cloudbuster-Einsätze in Maine im Oktober 1953

Eigentlich gibt es keinen naheliegenden Grund, diesen Berichten grundsätzlich zu misstrauen, es sei denn, man 'weiß' sowieso schon, dass all dies lediglich auf Massenhalluzination, Zufällen oder journalistischer Wichtigtuerei beruht.

Reich hatte bereits im Sommer 1952 die US-Regierung und den Gouverneur von Maine über sein Projekt zur Wetterbeeinflussung in Kenntnis gesetzt. Diese reagierten jedoch anders, als Reich es sich wünschte: Am Ende der 40er Jahre startete die US-Regierung das geheime "Phoenix-Projekt"[17], das vordergründig der Wetterbeeinflussung diente. Nachdem Reich seine Erkenntnisse in der Wetterforschung ab 1952 der Regierung zur Verfügung gestellt hatte, wurden kleine, als "Radiosonden" getarnte DOR-Auflösungsgeräte in die Atmosphäre befördert und so ein stetiger Einfluss auf das Wetter erreicht. Offiziell wurde nie zugegeben, dass diese Sonden etwas mit der Orgonomie zu tun haben, jedoch deuten Konstruktion und Art der Verwendung nach Expertenmeinung[18] auf einen DOR-Zerstörer hin. Das Phoenix-Projekt ist Teil des Montauk-Projekts, eines wenig bekannten, folgenschweren Raum-Zeit-Experiments der US-Regierung.[19] Auch Reich soll neben Tesla, Einstein und Neumann an Zeitexperimenten mitgewirkt haben.[20]

Schließlich bewegte Reich auch die Frage, was die CORE-Menschen zu ihren Flügen veranlasst. Reich vermutet, dass die Atombombenversuche ab den 40er Jahren das komplizierte kosmische Orgongefüge beeinflusst haben und daher die UFO-Leute sehen wollten, was los ist:

> "Die weit ins All hinauswirkenden Effekte der Atomexplosionen haben also die CORE-Menschen (...) auf die Erde gelockt. Bisher lassen die verfügbaren Berichte darauf schließen, daß diese CORE-Menschen in friedlicher Absicht und nur zur Erkundung kamen."[21]

Die neueren Berichte über schmerzhafte Prozeduren bei UFO-Entführten könnten dem widersprechen, die Viehverstümmelungen, die mittlerweile mangels anderer Erklärungen selbst von einigen 'offiziellen' Stellen als Werk Außerirdischer angesehen werden[22], noch mehr.

1.4. Das Experiment XX

Seit ungefähr zehn Jahren vor seinem Tod 1957 verfügte Reich anscheinend über schlüssige Belege für die Ursprünglichkeit des Kosmos aus der Orgon-Energie.[1] Alles deutet darauf hin, dass Reich Belege für Teile alter Mythen hat, die eine Energieform ähnlich dem Orgon als Ursprung allen Seins annehmen. Neben den weitreichenden Folgen solcher Belege für das Weltbild seien laut Reich auch gewaltige praktische Auswirkungen zu erwarten, da Orgon-Energie u. a. auch Kohle, Fette und Zucker bilden könne.[2]

Die Möglichkeit, Reich habe eine Art "Stein der Weisen" entdeckt, ist so fantastisch nicht. Immerhin war es ihm gelungen, bei Versuchen in präatomarer Chemie im Juli 1953 ein "ORENE" zu erzeugen, was gemäß Reichs Ausführungen "nichts Geringeres als die Quintessenz des Wachstums per se in Form eines weißen (in saurem Milieu gelben) Pulvers" ist.[3]

Während seines Gefängnisaufenthaltes arbeitete Reich an einem Buch mit dem Titel "The Creation". Es hat anscheinend die Ergebnisse des sogenannten "Experimentes XX" und weitere Neuerungen, wie z. B. die Formel für negative Schwerkraft, zum Inhalt. Obwohl die Existenz dieses Manuskriptes von verschiedenen Stellen bestätigt wird (u. a. von Reichs dritter Frau Ilse Ollendorf-Reich), ist das Manuskript seit Reichs Tod verschwunden. Aus den verbliebenen Aufzeichnungen und den Archiven lässt es sich anscheinend nicht rekonstruieren. Reich hat in seinem Testament verfügt, seine Archive sollten erst 50 Jahre nach seinem Tod für die Allgemeinheit geöffnet werden, wenn die Menschheit seine Erkenntnisse besser würdigen werde, wonach es momentan nicht aussieht. Die Archive selbst bieten nach Angaben des Wilhelm-Reich-Instituts Berlin keine grundlegend anderen oder neuen Erkenntnisse.

1.5. Verschwörung gegen Reich?

Als nichtkonformer Forscher, der gegen bestehende gesellschaftliche Zwänge und Irrtümer zu Felde zog, der eine Verbesserung der Welt durch psychologische Erkenntnis gepredigt und dazu noch im Bereich Freier Energie bahnbrechende Erkenntnisse erzielt hat, war Reich nicht nur wissenschaftlichen und publizistischen Angriffen ausgesetzt. Die Geschichte der Prozesse gegen ihn, seine Verhaftung und Gefängnisstrafe aufgrund einer Kleinigkeit und sein Tod im Gefängnis zeigen, dass Reich für einige Kreise mehr war als der Kurpfuscher und Quacksalber, der er laut Gerichtsurteil gewesen sein soll.

Einstein hat sich unter dem Druck politischer Interessen für die Atomkraft entschieden und sich gegen Reichs Orgonomie gestellt, wenn auch nur halbherzig. Reich und Einstein standen kurzzeitig in brieflichem Kontakt miteinander und trafen sich im Januar 1941 auch in Princeton. Allerdings brach Einstein den Kontakt aus bis heute unbekannten Gründen ab.[1] Reich bezeichnete dies als "The Einstein Affair" und veröffentlichte seinen Briefwechsel mit Einstein.

Die Regierung, die schließlich empört Reichs Forschungen mit dem Bannstrahl des Verbots bedachte, war selbst in Reichs UFO-Aktionen nicht nur eingeweiht, sondern daran beteiligt. Jerome Eden, ein Kenner der Orgonomielehre[2], und Jim Martin, der ausführliche Gespräche mit Reichs Tochter Eva führte[3], berichten, dass William Moise, Mitarbeiter von Reich und Evas damaliger Ehemann, im Oktober 1954 Kontakte mit Armee und Geheimdienststellen hatte. Bei diesen auf Wunsch Reichs stattfindenden Treffen wurden Unterlagen ausgetauscht und eine Zusammenarbeit auf dem Gebiet der Wetterbeeinflussung und der Erforschung von UFOs vereinbart. Später wollte die Regierung davon nichts mehr wissen.

Die Umstände von Wilhelm Reichs Tod eine Woche vor seiner Entlassung aus der Haft gelten offiziell als "normal" – Herzversagen sei die Ursache gewesen. Reichs damaliger Zellennachbar war 'zufällig' ein erprobter und bezahlter Regierungsspitzel namens Harvey Matusov. Dieser berichtete 1995 in einem Interview[4] über den Morgen, an dem Reich tot in seiner Zelle aufgefunden wurde. Demzufolge habe es eine ziemliche Panik im Gefängnis gegeben, die ihn an die Zustände erinnerte, als man auf Anordnung von McCarthy inhaftierte Regimekritiker ermordet im Gefängnis aufgefunden habe. Laut Matusov habe Reich am Abend vor seinem Tod keinen kranken Eindruck gemacht, er habe aber keine Belege für eine Ermordung.[5]

Reich selbst hatte vermutet, es gebe mehrere Verschwörungen gegen ihn. Er befürchtete einerseits, der Geheimdienst der Sowjetunion, die Reich als ehemaligen Kommunisten scharf angriff, wolle ihn beseitigen. Andererseits hatte er Angst vor dem FBI und der CIA. Daher stellte er seine Forschungsergebnisse der US-Regierung zur Verfügung, um nicht als Verschwörer oder Schlimmeres zu gelten.[6] Dies zumindest vermutet aufgrund von Aussagen und Aufzeichnungen Reichs letzte Frau Ilse Ollendorf-Reich, die nach Reichs Tod ebenfalls Kontakte zum FBI hatte.[7] So kann man zu dem Schluss kommen, Reich sei zweifelsohne ermordet worden, es stellt sich jedoch die Frage, warum.[8] Aber wahrscheinlich gibt es auch bei dieser Frage wieder "kluge" Köpfe, die 'wissen', dass all dies so niemals gewesen ist, auch wenn sie selbst nirgends dabei waren.

Vor seiner Verhaftung schrieb Reich in einem Brief an seine Frau folgenden Satz: "Ich könnte das Gefängnis nicht überleben und werde – sehr wahrscheinlich – dort umgebracht werden."[9]

– 2 –

Das Energiekonzept des menschlichen Körpers bei Wilhelm Reich

Wilhelm Reich war ein Schüler Sigmund Freuds, von dem er sich aber bald im Streit abwandte. Reichs Arbeitsschwerpunkt lag neben der Sexualwissenschaft in der Erforschung des Energieflusses im Körper, in dessen Erstarrung und Blockierung er die Ursache für psychische Störungen sah. Die Ausgangsfrage all seiner Forschungen war die Frage nach der Energieverteilung im Menschen, die das Ich als bewusste Persönlichkeit sowie als Vermittler zwischen biologischen und sozialen Anforderungen benötigt, um die Triebe des Es, der Gesamtheit der ungezügelten, aber grundlegenden biologischen Lüste, Bedürfnisse und Wünsche, abzuwehren.[1] Anders gesagt: Wie schafft es ein Mensch, seine Bedürfnisse und die Suche nach Befriedigung, Erfüllung und Selbstverwirklichung in für ihn und für die Gemeinschaft angemessene Bahnen zu lenken? Die Beantwortung dieser Frage führte Reich einerseits zu den Neurosen, an denen die damals wie heute kranke und unnatürliche Gesellschaft schuld sei, und andererseits zum Energiekonzept in Mensch und Kosmos.

Gemäß Reich strömen im menschlichen Körper unablässig biologische Energien, die sich normalerweise frei entladen sollten.

Die Fähigkeit dazu nennt Reich "orgastische Potenz", wobei es primär nicht um die Fähigkeit geht, zum Orgasmus zu kommen, sondern um die Fähigkeit, sich diesen Energieströmen ungehemmt hingeben zu können. Reich betont immer wieder, Sexualität sei eine, aber nicht die einzige Form des Spannungs- und Ladungsabbaus. Mit "orgastisch" bezeichnet Reich die unwillkürlichen Muskelzuckungen, wie sie auch beim Orgasmus auftreten können. Dieser Spannungs- und Ladungsabbau setzt eine unneurotische charakterliche Haltung voraus. Durch eine, modern ausgedrückt, fehlgeleitete Sozialisation oder restriktive (im Sinne von fähigkeitshemmende) Gesellschaft wird die orgastische Potenz behindert, es kommt zu Neurosen, die den Energiefluss hemmen, und die gestaute Energie wird dann zu einer Kraftquelle für die Neurose. Dieser in die Neurose umgeleitete Energiefluss bildet dann eine chronifizierte Fehlfunktion, die Reich als "Charakterpanzer" bezeichnet. Dieser Panzer, sozusagen die erstarrte Lebensgeschichte einer Person, ist an sich nichts Negatives, da er Schutz vor zu starken Affekten und Emotionen bietet. Werden durch den Charakterpanzer allerdings zu viele Energieströme gebunden, so ist kein ungehemmtes, angstfreies und situationsangemessenes Verhalten mehr möglich – die Person verhält sich wie ein undurchlässiger Panzer und ist daher unfähig, die allfälligen Lebensprobleme zu lösen. Die Charakteranalyse, ein zentraler Punkt in der psychologischen Lehre Reichs, unterscheidet sechs Haupttypen solcher Panzerungsarten.

Körperlich gesehen manifestieren sich diese Charakterpanzer in chronifizierten muskulären Verspannungen, dem "Körperpanzer". Aus der Art der Verspannung bzw. den betroffenen Muskelgruppen lässt sich Sinn und Geschichte der Störung ableiten. In der Therapie werden nun diese Spannungen gelockert, und die dabei aufkommenden, teils sehr heftigen Gefühle werden psychotherapeutisch aufgearbeitet. Bei dieser Körperarbeit wird der Körper in sieben horizontale Segmente gegliedert, die funktionelle organische und energetische Strukturen des ansonsten vertikal organisierten Körpers bilden.

Der psychische und der somatische Aspekt sind für Reich eine Ganzheit, die der Lebensformel "Anspannung - Ladung - Entladung - Entspannung" folgen, wobei sich Lust und Entspannung bzw. Angst und Anspannung als funktionell identisch entsprechen. Energiequelle für diesen "Viertakter" ist die Lebensenergie, das Orgon.

Die meisten auf Reich aufbauenden Therapien beschränken das Energiekonzept auf den einzelnen menschlichen Körper, wohingegen Reich in seinem Orgonkonzept die Körperenergie immer im Zusammenhang mit der kosmischen Verbreitung des Orgons betont. Der bekannte Bioenergetiker Alexander Lowen z. B. greift dies überhaupt nicht auf, und viele Übersichtsarbeiten zur Psychotherapie[2] enden an dieser Stelle. Weitere vom Reichschen Energiekonzept ausgehende Therapieansätze sind:[3]

- "Biodynamische Psychologie" von Gerda Boyesen, die einen Eingeweide-Panzer postuliert.
- "Biosynthese" von David Boadella, der das Wirken der Lebensenergie in Atemstrom, Bewegungstendenz und Kontaktwunsch einteilt.
- "Core-Therapie" von dem ehemaligen Lowen-Mitarbeiter Dr. John Pierrakos, der u. a. das Konzept der Aura miteinbezieht.
- "Life Energy Therapy" von Sebetti, der östliche Methoden wie Akupressur und Esoterik miteinbezieht.
- "Organismische Psychotherapie" von P. Brown, eine esoterische Abwandlung der Bioenergetik.
- "Posturale Integration" von Jack Painter, die Orgontherapie und Gestalttherapie verbindet.
- "Radix" von Charles R. Kelley, eine Abwandlung der Orgontherapie.

Besonders hinzuweisen ist auf die "energetische Medizin" von Dr. Heiko Lassek[4], der die wesentlichen Ansätze von Reich beibehalten und weiter erforscht hat. Die energetische Medizin ist von Ilse Ollendorf-Reich als offizielle Nachfolge der Arbeit Wilhelm Reichs sozusagen legitimiert worden.

Ein Reduzieren der Reichschen Erkenntnisse auf den menschlichen Körper ist meines Erachtens ein unangemessener Umgang mit Reich, dessen spätere Aktivitäten und Verfolgung durch die US-Regierungsstellen sowie sein Gesamtwerk überhaupt erst durch dieses universelle Orgonkonzept verständlich werden. Unverständlich ist auch, dass dies an den Universitäten ebenfalls ausgeklammert wird und entsprechende Hinweise nicht gegeben werden oder man sich über Reich lustig macht.

Auch wenn Sektenexperten bezüglich des Esoterikmarktes und der Psychokulte zur Skepsis mahnen[5], ist der Gedanke legitim, ob sich nicht viele der New-Age-Methoden unbewusst orgonomischer Wirkweisen bedienen: Radiästhesie, Heilkräfte in Pflanzen, Steinen, Farben usw. oder holistische Methoden.[6] Auch diese Methoden arbeiten mit Übertragung irgendeiner Energie.

2.1. Der unbekannte Reich

Wilhelm Reich ist im Zuge der Kommunismusbegeisterung an den Hochschulen der 70er Jahre zeitweise sehr beliebt gewesen. Aber gelesen wurden nur einige wenige ausgewählte Schriften, Reichs energetisch-kosmischer Gesamtentwurf wurde kaum in seiner Gesamtheit studiert. So könnte es denn auch sein, dass die Äußerungen des späten Reich in diesem Kapitel einen marxistisch indoktrinierten Reichianer erheblich verwirren.

Die Hinwendung zum Kommunismus hatte bei Reich zwei Gründe: Einerseits sah er nicht ein, warum Freud und die meisten Psychoanalytiker die jahrelang dauernde psychoanalytische Behandlung nur einigen reichen Patienten zukommen ließen[1], und andererseits sah Reich die handlungsfähige Jugendorganisation der Kommunistischen Partei als Basis an, um seine sexualhygienische Aufklärungsarbeit durchführen zu können.[2] Je mehr sich Reich aber später seiner orgonomischen Forschung zuwandte, umso stärker erkannte er den Kommunismus als ein System der Unterdrückung.

In einem Artikel über Reich schafft es der Soziologe Dahmer 1975 trotzdem, in einer seitenlangen Analyse der marxistischen Orientierung Reichs die Orgonomie so abzuhandeln: "Seine (Reichs; Anm. H. G.) naturwissenschaftlich aufgemachten Spekulationen über die 'kosmische Lebensenergie Orgon', die Entstehung des Lebens etc. werden ihr Publikum finden, das nach einer einfachen Lösung der Welträtsel verlangt."[3] Ob es wohl Dahmer war, der es sich in seinem Artikel etwas zu einfach machte?

Der so in den 70er Jahren ideologisch verbrämte und entstellte Reich allerdings sah seine eigenen Arbeiten völlig anders: "We have the approach, we have the connection, and we must start seeing human beings as cosmic concentrations of energy with cosmic laws. Otherwise, we shall get lost in talky-talk ..."[4] (Wir haben den Ansatz, wir haben die Verbindung, und wir müssen anfangen, Menschen als kosmische Konzentrationen von Energie mit kosmischen Gesetzen zu sehen. Anderenfalls werden wir uns in Geschwätz verlieren ...)

Der Mensch als Konzentration von Energie, eingebunden in die kosmischen Gesetze, dies ist eine religiöse Dimension: Der Leib-Seele-Dualismus, europäische Eigenart des Denkens, wird durch diese energetische Sichtweise des Menschen abgelöst. Das

Bewusstsein, mit der Mitwelt und dem Kosmos in einem ständigen energetischen Austausch zu stehen, leitet hin zu einem bewussten Umgang damit. Für Reich war diese Einheit und Ganzheit Voraussetzung für ein befriedigendes Leben, das für ihn in einem unmittelbaren Kontakt des Menschen mit sich und der Welt in Tiefe und Ernst besteht. Dieser vegetative Einklang des Menschen mit der Natur ist für Reich die mythische Vorstellung von Gott.[5] Reich selbst sagte, man müsse lernen, religiöse Gedanken zu respektieren. Er selbst habe dies zu lange nicht getan. In seinen späten Jahren identifizierte Reich das Leben mit Orgon und Orgon mit Gott und sagte, "Jesus ist das Leben."[6]

In den letzten Jahren seiner Tätigkeit gab Reich nicht mehr viel auf seine marxistisch geprägte Frühzeit und sah allein seine energetischen Forschungen als wichtig an. Seine Schriften aus der Frühzeit lehnte Reich sogar ab und wollte nicht, dass sie jemals wieder aufgelegt werden, außer mit erheblichen Änderungen.[7] In einem Interview mit dem Sigmund-Freud-Institut 1954 fasste er sein Werk dann folgerichtig so zusammen: "Ich habe in Wirklichkeit nur eine einzige Entdeckung gemacht: die lebendige Plasmazuckung."

Die derzeitige Wiederentdeckung von Reich zeigt sich in der Veröffentlichung seiner späten Schriften auf deutsch, den Aktivitäten des Wilhelm-Reich-Instituts, einem Netzwerk von Akkumulator-Besitzern und sogar in künstlerischen Werken: "Wilhelm Reich in Hell" betitelte der an der Universität in Berkeley ansässige Wissenschaftsphilosoph Robert Anton Wilson seine als Bühnenstück gestaltete Abrechnung mit dem 'etablierten' Wissenschaftsbetrieb[8], und die Industrialband 'Schloss Tegal' widmete ihre CD 'Oranur III – The Third Report' aus dem Jahre 1995 Wilhelm Reich. Die CD 'Aldebaran' der Industrialband 'INADE' von 1996 ist sogar der Vril-Kraft gewidmet.[9] Über mediale Kontakte mit Wilhelm Reich berichtet der Akkumulator-Techniker Jürgen Fischer seit 1995.[10] Das Schicksal Wilhelm Reichs war tragisch, der Umgang mit seinem Lebenswerk war barbarisch und wurde oft ideologisiert. Aber all das, was von Reich und über Reich an Erkenntnissen zusammengetragen wurde, lässt sich nicht mit einer geringschätzigen Bemerkung als "Scharlatanerie" abtun. Während im etablierten Wissenschaftsbetrieb die Schlussfolgerungen aus Daten Gegenstand eines Disputes sind, meint die Neue Inquisition, mit dem Ablehnen energetischer Schlussfolgerungen seien auch die Daten, auf denen diese Schlussfolgerungen gründen, aus der Welt. Reichs Forschungen sind eine Aufforderung, sich einer neuen Art im Umgang mit der Schöpfung zu öffnen. Man entledigt sich dieser Aufforderung nicht, indem man beschließt, sie zu ignorieren.

– 3 –

Orgonomie und Vril: Gleichheit von Konzept und Anwendung

3.1. Uraltes energetisches Wissen über Vril und Orgonomie

Alle Zeitalter haben der Vril-Kraft ähnelnde energetische Vorstellungen über den Menschen und den Kosmos, die letztendlich auf gleiche Ergebnisse und Schlussfolgerungen hinauslaufen. Ziel dieser Vorstellungen ist ein Zeitalter neuer, positiver, göttlicher Technik.

Nicht nur im fernöstlichen Kulturkreis ist schon seit Urzeiten die energetische Funktionsweise des Menschen und des Kosmos bekannt. Auch in unseren nordischen Breiten war Wissen über die Zusammenhänge von Energie, Psyche, Körper und Natur bekannt. Vieles von dem, was in der bioenergetischen Therapie angewendet wird, haben schon die Kelten und die Germanen gekannt. In der "Wyda", der keltischen Version des Yoga, gibt es Übungen zum Erspüren und Bewusstmachen der Energiemuster in der Umgebung. Dadurch erhöht sich das allgemeine Wohlbefinden. Bei einer falschen Balance der Energien treten psychische und körperliche Probleme auf.[1] Die Wyda teilt den Körper in drei energetische Segmente, die gestärkt, harmonisiert und schließlich vereint werden müssen. Die Deckung mit der Reichschen Konzeption ist unübersehbar.

Im germanischen Kulturkreis erreicht man durch Runen-Übungen eine Konzentration von Leben und Bewusstsein. Diese Runenübungen sind Sprach-, Atem- und Körperübungen und bringen mittels der "Wirkkreise" den stofflichen Körper in einen energetischen Austauschprozess mit der irdischen Natur.[2] In der Edda, dem großen germanischen Sagenepos, werden diese Übungen und die Wirkungen beschrieben. Infolge der Renaissance der heimat- und volkstreuen Religionen ist auch Runenkunde heutzutage wieder im Aufwind.[3]

Die Körperübungen von Reich sind nahezu identisch mit denen der Runen-Übungen.

Die Vorstellungen eines solaren Sommertypus und eines lunaren Wintertypus als Einteilungsmerkmal der Menschheit[4] muss in Verbindung mit den Vorstellungen von ausgedehntem und zusammengezogenem Orgon auch in einem anderen Licht betrachtet werden.

In der Tradition der Alchimie ist die "Rotunde" (lat. das Runde) die allgemeine Bezeichnung für das Lebenselixier. Im esoterischen Verständnis ist es ein Ganzheitssymbol. Reich vertritt gemäß einer kaum beachteten Textstelle in "Die Funktion des Orgasmus" die Ansicht, die eigentliche Gestalt des Menschen sei die Kugel.[5] Energetische, nichtstoffliche Wesen werden zumeist auch in Kugelgestalt dargestellt. Damit reiht sich Reich in die Tradition uralter energetischer Konzepte ein.

3.2. Agartha und Wilhelm Reich

Bisher nur wenigen bekannt ist, dass sich in Tibet Orgon-Akkumulatoren und andere orgonomische Anwendungen finden[1], lange bevor Wilhelm Reich seine eigenen konstruiert hat! Die

Forscherin Alexandra David-Neel, die in den 30er Jahren Tibet ausgiebig bereiste und deren Reiseberichte einen tiefen Einblick in tibetische Magie und Geheimlehren bieten, erzählt auch von schwarzmagischen Ritualen. Dabei steht eine Kraft mit dem Namen 'tchu ki len' im Mittelpunkt, die Unsterblichkeit verleihen soll. Aus ihrem Bericht lässt sich schließen, dass die schwarzmagischen Mönche eine Technik beherrschten, die diese Kraft erst mittels einer speziellen Kammer konzentriert und sie dann zum Einsatz bringt.[2] Obwohl in den volkstümlichen Überlieferungen Tibets dabei unappetitliche Säfte aus Leichen das Mittel der Wahl sind, ist dies laut David-Neel

> "nur der entstellte Ausdruck für Vorgänge, die zu den geheimen Wissenschaften gehören. So ist der "tchu ki len" nicht eine Flüssigkeit, sondern ein mystisches Verfahren, durch das man die universelle Lebenskraft oder Nährsaft erfaßt und sich einverleibt."[3]

Die Parallelen zum Orgon-Akkumulator liegen auf der Hand: Anscheinend haben die Mönche erkannt, dass man sich in nach bestimmten Richtlinien erbauten Kammern energetisch aufladen kann, wenn man sich darin aufhält. Das Wissen darüber ist in Tibet schon lange angewendet worden: "Es gibt darüber eine Sammlung seltsamer Lehren, die auf ein hohes Alter zurückzugehen scheinen"[4], ist bei David-Neel zu lesen. In anderen Reisebeschreibungen führt David-Neel weitere energetische Techniken und Konzeptionen tibetischer Mönche an, die sich sehr stark mit den Aussagen der Orgonomie decken.[5] Diese augenfälligen Übereinstimmungen deuten auf das uralte Wissen hin, das von Reich bearbeitet wurde. Kannte Wilhelm Reich vielleicht tibetische Lehren? Hat er aus tibetischen Quellen Ideen und Ansätze bezogen? Untrennbar mit Tibet verbunden sind Agartha und Shambhala.[6] Wusste Reich um Shambhala, auch wenn er es nie gegenüber seinen Mitarbeitern erwähnte? Wie auch immer, man kann die

Aussagen der Legenden um Agartha mit den Erkenntnissen der Orgonomie mühelos verbinden und erklären.

Eingeweiht in die tibetanischen Berichte über Shambhala war der Wolgadeutsche Nicholas Roerich. Er lebte von 1874 bis 1947, beschäftigte sich mit Archäologie, Geschichte, Kunst und Religion und schrieb zwei wichtige Bücher. Einmal "Shambhala", worin er in mehreren Aufsätzen seine Reisen nach Tibet und Shambhala beschreibt, und "Die verlorenen Jahre Jesu" über das Leben Jesu in Tibet bis zu seinem Auftreten in Judäa. Allgemein heißt es, Roerich habe in den Jahren 1925–28 fünf Expeditionen an die Grenzen Tibets gemacht. Seine Nachkommen aber sagen, er habe praktisch sein ganzes Leben in Tibet verbracht[7].

In den 40er Jahren schrieb Roerich über die Grundsätze des von ihm so benannten 'Neuen Aeons': "Es ist die große, ewige Energie, diese erhabene, unermessliche Kraft, die alles durchfließt und von uns in jedem Moment benutzt wird."[8] Damit meint Roerich das gleiche wie Orgon oder Vril. Roerich schreibt auch von der Errichtung einer neuen Rasse mit kosmischer Energie als Grundlage. Dies ist in ähnlicher Weise zu verstehen, wie es Bulwer-Lytton in "The Coming Race" beschreibt: Durch die Verwendung der natürlichen Vril-Kraft ändert sich auch das Wesen der Menschen, sie werden zu einer neuen, im geistigen Sinn höherstehenden Rasse.

Vieles, was mit Vril in Verbindung steht, findet seine Entsprechungen in den Legenden und magischen Ritualen Tibets. Ihnen zufolge werden der verehrungswürdige Dalai Lama und mit ihm Agartha und Shambhala, aber auch die Vril-Kraft beim Kommen des Neuen Aeons eine bedeutende Rolle spielen. Vor diesem Hintergrund sollte man die Sätze verstehen, die Ferdinand Ossendowski 1924 in seinem Buch "Tiere, Menschen und Götter" über Agartha schrieb:

> "Wenn die wahnsinnige Menschheit (der oberen Erde; Anm. H. G.) einen Krieg gegen das unterirdische Königreich (Agartha;

Anm. H. G.) beginnen sollte, so wäre dieses imstande, die ganze Oberfläche in die Luft zu sprengen und sie in eine Einöde zu verwandeln. Die Bewohner von Agartha können Meere trocken legen, Kontinente in Ozeane verwandeln und Berge zu Wüstenstaub machen."[9]

Die Bemerkungen über die Einöde lassen an Wetterbeeinflussung und Reichs Erfahrungen mit dem DOR denken. Die Abwesenheit von Krankheit in dem unterirdischen Reich könnte man sich als Folge der Anwendung von Orgon in der Heilkunde vorstellen. Nicht nur Reich hat dafür entsprechende Techniken entwickelt. Im Abschnitt "Strahlenkräfte und Gesundheit" werden Heilweisen vorgestellt, die zeigen, dass die Aussagen Ossendowskis über das unterirdische Reich ohne Krankheit in der Zukunft nicht nur eine Wunschvorstellung sein müssen.

3.3. Vril als umfassender Begriff

Das Wissen um die Gesetze der Orgonomie bzw. Vril hat zu allen Zeiten in den verschiedensten Ländern der Erde existiert. Nicht immer waren alle Aspekte bekannt, und es gab unterschiedliche Namen für die Vril-Kraft. Die Parallelen zwischen den einzelnen Entwicklungslinien sind aber eindeutig. In den orgonomischen Forschungen hat Wilhelm Reich diese Kraft am ausführlichsten erforscht und beschrieben. Zusammenfassend kann man sagen:

1. Es handelt sich bei Orgon und Vril um verschiedene Bezeichnungen und Ansätze für ein und dieselbe Kraft.
2. Sowohl die Existenz von Vril als auch einzelne Aspekte sind durch Reich wissenschaftlich nachgewiesen und praktisch anwendbar.

3. Die Möglichkeiten von Vril waren zu verschiedensten Zeiten und an unterschiedlichen Orten bekannt und wurden in Teilbereichen erprobt. Die Kenntnisse sind aber größtenteils verschollen, wurden unterdrückt oder werden geheim gehalten. Bei umfassender Nutzung der Vril-Kraft hat die Menschheit eine große Verantwortung, da Vril als kosmische Kraft bei falscher Anwendung oder Anwendung durch falsche Personen das kosmische Gleichgewicht zerstören kann. Anscheinend ist oder wird die Menschheit als noch nicht reif angesehen. Aus diesem Grund halten verschiedene Gruppen ihre Erkenntnisse über Vril noch zurück. Andere Gruppen unterdrücken aus Machtinteressen ihrerseits Erkenntnisse über Vril.

Vril umfasst neben einer Technik sowohl mythisches und spirituelles Wissen und Möglichkeiten für die Heilkunde als auch das Bewusstsein des Eingebundenseins in das kosmische Geschehen durch den energetischen Austausch. Dies ist wesentlich für Vril und seine Anwendung. Technik, Lebensweise und soziale Ordnung sind durch Vril dem Ideal aller Religionen angenähert und verhelfen der Menschheit zu einer der Schöpfung angemessenen Lebensweise.

– 4 –

Strahlenkräfte und Gesundheit: Ein Überblick über energetische Heilverfahren im deutschsprachigen Raum

Das Wissen um Vril beinhaltet auch heilkundliche Erkenntnisse. Auch wenn nun keiner der nachfolgend beschriebenen Ansätze den Begriff Vril benutzt, so arbeiten doch alle mit der Vril-Kraft und geben ihr nur andere Namen.

4.1. Die Zeit bis zum Ersten Weltkrieg

Vieles aus der nichtkonformen Forschung des 18. und des 19. Jahrhunderts liegt noch im Dunkeln. Neben den bekannten Namen wie Reichenbach und seine Od-Kraft oder Mesmer mit seinem Mesmerismus[1] hat es viele andere engagierte Forscher gegeben, die sich mit der Entwicklung ganzheitlicher Technik, Chemie und Heilmethoden beschäftigt haben. Als Beispiel für das 18. Jahrhundert sei der Psychologe Joh. Christian Reil (1757–1813) genannt, der das Gleichgewicht der elektrischen Lebensströme als Grundlage für die seelische Gesundheit ansieht.[2]

Ein plötzlicher tiefer Schock könne ein aus den Fugen geratenes Gleichgewicht wiederherstellen. So schlägt Reil für die Heilung der Schizophrenie ein einschneidendes grauenhaftes Erlebnis vor wie z. B. das schnelle Hochziehen in einem Turm.

Ähnlich ungewöhnliche, aber keineswegs grauenhafte Einblicke stehen jetzt bevor. Der Leser ist uns bisher über verschiedene Wege gefolgt und hat dadurch eine Reihe von Personen kennengelernt wie einen Romanautor, einen Energieforscher oder einen Psychologen. Daneben konnte der Leser mehrere Orte mit uns besuchen - von Tibet über amerikanische Gefängniszellen und ein österreichisches Schloss bis hin zum Erdinneren. Ab jetzt jedoch begeben wir uns in diesem Buch auf eine Entdeckungsfahrt durch die deutschsprachige Literatur zum Thema Energie und Heilung. Es ist unglaublich, welche Fülle an Aufsätzen, Traktaten, Schriften und Büchern zu energetischen Themen im Deutschland insbesondere der Zwischenkriegszeit veröffentlicht worden ist. Das Literaturverzeichnis ist somit auch eine Dokumentation dieser heute zu unrecht vergessenen oder verschwiegenen Texte. Noch längst nicht alles, was bei der Literatursuche ans Tageslicht gefördert wurde, ist auch verarbeitet worden. Umfang und Zeit legen dem Schreiber eines Buches Beschränkungen auf. Dieses Buch kann da nur der erste Schritt sein.

Beginnen wollen wir, wieder einmal, bei einem Österreicher. Sein Name ist Franz Rychnowski von Welehrad. Infolge seiner Tätigkeit als Ingenieur und Elektrotechniker beschäftigte sich der im zu Österreich gehörenden Lemberg lebende Adelige in den 80er und 90er Jahren des letzten Jahrhunderts mit der Elektrolyse. Dabei entdeckte er eine neue Kraftform, die er "Elektroid" nannte. Gemäß Rychnowski, der auch Hoflieferant des Königs von Rumänien war und auf der Pariser Weltausstellung 1878 für eine seiner Erfindungen die große Silbermedaille bekam, ist Elektroid "eine beinahe freie Energie, die in ungemein feinen Teilchen wägbarer Materie verteilt ist."[3] Mittels verschiedener Methoden konnte er diese Energie nachweisen, speichern und benutzen. Elektroid war für ihn Weltäther, der von der Sonne stammt, also ständig erneuert wird. Es ist überall auf der Erde verbreitet, allerdings in verschiedener Dichte. Rychnowski entwickelte einige biologische Anwendungen des Elektroids wie Beschleunigung des Wachstums oder Fleischkonservierung, benutzte es zur Gewinnung von Goldsand und dachte an eine medizinische und therapeutische Nutzung.

Die Glaubwürdigkeit der Entdeckung und Forschung Rychnowskis belegt ein Gutachten einer aus vier Professoren bestehenden Kommission von 1896, in dem die Elektroiderscheinungen bestätigt werden.[4]

Leider ist nicht bekannt, was nach 1920 aus Rychnowski und seiner Energie wurde. Festzuhalten bleibt, dass Elektroid von seiner Konzeption her wesentliche Ähnlichkeiten mit der Reichschen Orgonomie aufweist und somit eindeutig in den Bereich der Vril-Kraft fällt.

In Bad Kreuznach entwickelte Alexander Müller 1890 eine Theorie, derzufolge alle Krankheiten mit atmosphärischen Störungen zusammenhängen.[5] Durch eine Art von Hochfrequenzstörungen würde der Organismus negativ beeinflusst. Dieses Modell hat dann Frenzolf Schmid in den 20er Jahren dieses Jahrhunderts aufgegriffen und wesentlich erweitert.

4.2. Die Zwischenkriegszeit

Es ist erstaunlich, dass zu Beginn der 30er Jahre in Deutschland insbesondere im Bereich der Heilwissenschaften Methoden ausgearbeitet waren, die auch heute noch überaus fortschrittlich sind. Dabei werden drei wesentliche Bereiche berührt: zum einen die Stellung des Arztes und die Grundlagen der Medizin, die Vorstellung von Lebenskraft, des weiteren die Vorstellung von kosmischer Energie und Heilstrahlen und schließlich die Verbindung beider Gedanken zu einzelnen Heilmethoden.

Der Arzt Walther Völler aus Kassel fasst die energetischen Vorstellungen der Strahlenkundigen in den 20er und 30er Jahren so zusammen:

> "Das Weltall, welches vor kurzem noch dem materialistisch eingestellten Forscher eine unendliche Leere bedeutete, ist zu einem belebten, gesetzmäßig arbeitenden Organismus geworden. Die Gestirne, die nur Anhäufungen von Stoff verschiedener Aggregatzustände waren, sind jetzt zu Akkumulatoren, Transformatoren und Sendern kosmischer Energien geworden. (...) Logischerweise kann der Mensch dann auch nichts anderes sein als die übrigen Dinge des Alls, also eine Art Akkumulator, oder sagen wir noch besser, eine organische Sende- und Aufnahmestation. Diese neuen Anschauungen werden die größte Revolution auf medizinischem Gebiete, die wir bisher erlebt haben, entfachen."[1]

In den folgenden Kapiteln werden dem Leser die einzelnen Gesichtspunkte dieser medizinischen Umwälzung nahegebracht.

Daneben, und das ist ebenso wichtig, haben die Strahlenkundigen immer auch Kritik an der materialistischen, liberalistischen und ich-bezogenen Welt geübt. Im Gegensatz zur Hauptströmung der Politik damals wie heute sind bei den Strahlenkundigen Natur, Volk, Gemeinschaft und harmonische Weltordnung noch zentrale Begriffe. Entsprechend verbirgt sich hinter der energetischen Weltsicht damals wie heute auch eine grundlegende Kultur- und Systemkritik. Als ein Beispiel von vielen sei aus einer Veröffentlichung der deutschen Sektion der Liga Biologica, gegründet 1925 in Stockholm zur "Förderung naturgesetzlicher Grundlagen und internationaler Zusammenarbeit zur Erneuerung der westlichen Kultur", zitiert:

> "Unser kulturelles und soziales Leben befindet sich in schwerster Krise. Wir glauben ihren tiefgehenden Grund in einem verkehrten Lebensbegriff zu sehen, der das Erbe einer materialistischen Naturwissenschaft ist. (...) Eine Neuordnung des Wissens und Fühlens nebst neuen Antrieben zum sittlichen Wollen, nach und nach verstärkt durch die Erweckung aller in uns schlummernden und bisher gelähmten Kräfte, soll die Gegenstände liefern, die wir entwickeln wollen."[2]

Der Leser wird es sicher gemerkt haben, dass es die Vril-Kraft ist, die da erweckt werden soll.

4.2.1. Ein neues Verständnis von Arzt und Medizin

Verbunden mit der Einführung des Strahlenkonzeptes war immer auch der Anspruch, den Stellenwert des Arztes bei der Heilung hin in Richtung Begleiter und Berater zu verändern, ein wesentlicher Bestandteil des Ansatzes der Strahlenheilkundigen. Diese auch von den Autoren vertretene Sichtweise einer Heilkunde, die sich der natürlichen Heilkräfte in der Natur und im Menschen bedient, ist die Ideenwelt, die alle Strahlentheoretiker, Strahlentherapeuten und Strahlenkundigen verbindet.

Einen guten Ein- und Überblick in diese Ideenwelt gibt das Buch von Karl Wizenmann. Weitgehend vergessen ist sein 1930 erschienenes umfangreiches Werk "Heilung und Heiligung", ein sechsbändiger Almanach für "Kranke und Suchende", der auf über 2000 Seiten eine medizinisch-politisch-allumfassende Weltsicht darlegt.

In der Einleitung heißt es:

> "Der Wille zur Macht, der Glaube an den Erfolg der Gewalt und die Seligkeit des Besitzes – das ist vielen die Tat und das Evangelium

des Lebens geworden. Daneben gelten die Hochziele des Lebens nur so weit, als sie den Nutzen nicht stören: im leeren Wort, während der Predigt und in der Klage über die verdorbene Jugend."[1]

Nach einer klaren Absage an den Materialismus und die angebliche Vernunft, die immer nur Sekten, Bünde und Revolutionen hervorbringt, empfiehlt Wizenmann eine Orientierung an dem Naturmenschen und der Suche nach dem "ewig Neuen". Das dann kommende Erwachen der Menschen beschreibt Wizenmann so: "Aufsteigt ein namenloses Sehnen nach Freiheit und Stärke, nach Glück und Frieden, nach Überwindung und Sieg!"[2] Dies ist der Weg und die Kraft zur einer Erneuerung. Wizenmann appelliert dann: "Es liegt an uns, diesen Ruf (nach dem Sehnen, s. o.; Anm. H. G.) zu hören und das neue Leben zu spüren."[3]

Diese Forderung nach grundsätzlicher Erneuerung ist heute ebenso aktuell wie damals. Wizenmann, der diese Erneuerung nicht als Massenbewegung, sondern von Einzelnen ausgehend meint, sieht Glaube und Sehnsucht als die Triebkraft für ein Leben in Erfüllung im Diesseits.

> "Denn nicht Weltflucht heißt das Ziel, sondern Weltbildung. Wir sehnen uns nach der Erweckung aus dem Tod unseres Gewissens, aus dem Scheinfrieden dieser Welt, den wir nun nur erlangen durch die Betäubung der inneren Stimme, durch Mißachtung unseres Besten."[4]

Diese klare Absage an die Harmoniesehnsucht der esoterischen "Softies" der heutigen Tage gilt auch heute noch für alle, die sich stattdessen ein "Neues Aeon" als Bruch mit dem Jetzt, nicht als dessen Weiterentwicklung erhoffen.

Den Großteil der Bände von Wizenmann nehmen seine medizinischen Er- und Aufklärungen ein. Sie gehen von einem Menschen aus, der Empfänger und Sender einer Vielzahl von Strahlen ist.

> "Außer den meßbaren Strahlen und Schwingungen werden wir von zahllosen, nicht nachweisbaren und doch stark auf uns wirkenden Wellen getroffen."[5]

Dadurch steht der Mensch mit einer Welt im Austausch, die durch stetige Wechselwirkung nach Austausch und Ausgleich gekennzeichnet ist. Daraus erwächst auch Verantwortung für den Einzelnen:

> "Es gibt keine Empfindung, die nicht weiter strahlen würde. Keine Veränderung gibt es in unserer Umwelt, die uns nicht treffen würde und uns nicht mitschwingen ließe."[6]

Und als Fazit. "Leben ist hemmungslose Wechselwirkung."[7]

Ein Blick auf psychologische Aspekte des Werkes zeigt, dass hier die heute als neu geltenden Konzepte der Selbstheilungskompetenz und der Krankheitsbewältigung schon klar beschrieben wurden. Wizenmann führt aus:

> "Heilung ist eben immer eine Sache des Kranken, der Arzt ist nur Berater. Und wie die Erziehung nur Hilfe zur Selbsterziehung ist und sein darf, so alle Heilung nur Hilfe zur Selbstheilung."[8]

Dies ist heute z. B. das Grundprinzip der sogenannten "bewältigungsorientierten Psychotherapien".[9] Was Wizenmann damals zur Reaktion des medizinischen Standes sagte, gilt leider auch heute noch, wenn (weil) die Ärzteschaft aufgrund ihres Selbstverständnisses als "Macher" ihre Refugien sichern will:

> "Das Bewußtsein, daß des Kranken eigene Kraft und eigener Wille das Entscheidende ist für die Heilung, ist eine alte Vorstellung. Und wenn es auch heute noch Ärzte und Kranke genug gibt, welche solche Heilungen, die sich keiner greifbaren Mittel bedienen, mit dem Schlagwort: Einflüsterung, Einbildung abtun wollen – die Tatsachen bleiben damit trotzdem bestehen."[10]

Die herkömmliche Medizin heilt den Körper, nicht aber den Menschen. Laut Wizenmann kann nur die Entfaltung und die Höherführung des Menschen dessen Dreieinheit von Leib, Geist und Seele gesund erhalten bei gleichzeitiger 'artgerechter' Lebensweise. "Es gibt nur eine Heilweise: die einheitliche (heute würde man ganzheitlich sagen; Anm. H. G.) Lebensweise."[11] Modern gesagt, nur ein natürlicher Lebensstil, der weder Ernährung, Denken noch Handeln in die als schädlich erkannten heutigen Formen presst, bringt Gesundheit:

> "Die Gesundheit ist kein allgemeines, sondern ein ganz persönliches Ding, sie ist das Gleichgewicht in der Entsprechung von Bedingung und Bestimmung, vom einzelnen und der Gemeinschaft."[12]

Wizenmanns Schlussfolgerung ist dann auch ein Aufruf an alle, sich nicht an Geld und Bequemlichkeit zu orientieren, sondern sich der Möglichkeiten und Anforderungen der Vril-Kraft bewusst zu werden: "Gesundheit ist Erfüllung der Bestimmung."[13]

4.2.2. Biologische Medizin und Selbstheilung

Wizenmann vertritt mit seinen Vorstellungen eine Richtung, die sich selbst als "Biologische Medizin" getreu der gleichnamigen Zeitschrift oder auch als "psycho-biologische Heilkunde"[1] bezeichnete.

Der Medizinalrat Dr. Franz Bachmann beschreibt in seinem Werk "Abbruch der Schulmedizin – Neuaufbau als wahrhafte Volksheilkunde"[2] die psycho-biologische Heilkunde als eine immer mehr anschwellende Gegenbewegung zur vorherrschenden Schulmedizin. Alle Lebewesen sind durchdrungen von einer Lebenskraft, die sich u. a. in Strahlen äußert, die von allen Lebewesen ausgesandt werden. Diese Lebenskraft ermöglicht den Zellen eines Organismus die Fähigkeit zur Selbststeuerung, durch die das Leben den Stoff beherrscht. Eine wirkliche Heilkunde muss daher ein neues Verständnis vom Leben erreichen mit dem Ziel, geistige und körperliche Reinheit zu verbinden. Die psycho-biologische Heillehre

> "berücksichtigt meist den ganzen Körper, den beseelten Organismus, und sucht dessen natürliche Kräfte nach Möglichkeit zum Kampf gegen alle Schädlichkeiten mobil zu machen, beziehungsweise zur Verhütung der Krankheit zu stärken."[3]

Diese Kräfte sind in der Hauptsache der durch die unnatürliche moderne Lebensweise verdeckte Instinkt zur Selbstheilung. Diese Selbstheilungskraft sei ureigene Sache des Volkes im Gegensatz zur degenerierten Zivilisation:

> "Unser heutiges Kulturleben, wie es die Großstädte und Industriezentren ergriffen hat und von dort aus sich allmählich auch aufs Land erstreckt, birgt in sich verhängnisvolle Quellen des Unheils für die Einzelpersonen und Keime des Verfalls sogar für das ganze Geschlecht."[4]

Damit drückt Bachmann auch aus, was der gesamten Strahlenheilbewegung und den Vril-Forschern gemeinsam ist: eine grundsätzliche Kritik, ja Ablehnung der als entartet und verweichlicht betrachteten modernen Gesellschaft[5], die den Menschen von seinen natürlichen Grundlagen entfernt hat.

In den "Blättern für biologische Medizin" wird seit dem Ersten Weltkrieg ein Umdenken in der Medizin hin zu einer anderen Medizin gefordert. Diese solle entgegen der bisherigen Gelehrtenmedizin eine aus der gesunden Volkskraft erwachsende Heilkunde sein, bei der die Krankheitsvorbeugung im Vordergrund steht. Eine Heilung solle nur die wirklichen Krankheitssymptome bekämpfen, nicht aber denjenigen Teil der Krankheitserscheinungen, die Selbstheilungsmaßnahmen des Körpers sind:

> "Wir (die Medizinisch-Biologische Gesellschaft, Herausgeber der Blätter; Anm. H. G.) erblicken im Krankheitsprozeß in erster Linie eine Selbstregulationstätigkeit des Organismus, wobei wir jedoch nicht verkennen, daß neben den 'Heilsymptomen' oft zahlreiche, den Bestand des Organismus gefährdende 'Krankheitssymptome' einherlaufen".[6]

Dem Begriff der Lebenskraft kommt in dieser Konzeption eine zentrale Bedeutung zu, denn erst durch diese Lebenskraft bekommt ein Organismus die Kraft zur Selbstheilung.

Die weitreichenden Auswirkungen der Betonung der Selbstheilung sollen kurz am Beispiel der Schizophrenie erläutert werden. Schizophrenie galt bis zur Entwicklung der Psychopharmaka in den 50er Jahren als unbehandelbar und wird auch heute noch von vielen Psychologen und Psychiatern als unheilbar eingestuft.

Bereits Eugen Bleuler, der Anfang dieses Jahrhunderts den Begriff "Schizophrenie" einführte, hat in ihr nicht nur eine Erkrankung gesehen, sondern auch den Ausdruck von Selbstheilungsversuchen. Dieser Gedanke wurde dann von einigen anderen aufgegriffen und ausgebaut.[7]

So schreibt Mayer-Gross[8], dass nach dem akuten Schub der Patient von sich aus und für sich selbst eine Stellungnahme zur abgelaufenen Psychose vornimmt, die in Verzweiflung beginnt und günstigstenfalls im Stadium der Einschmelzung und Bekehrung endet: "Einschmelzung und Bekehrung sind, bildlich gesprochen, ehrliche Wege aus der Gefahr, die die Existenzwerte bedroht".[9] Das Individuum sucht sich selbst einen Schlüssel zum Verständnis der Krankheit. Ziel dieser Heilungsmechanismen ist für Müller "die Wiedergewinnung der für das betreffende Individuum in der jeweiligen Kulturgemeinschaft geltende Norm, Besserung jeder Veränderung des psychischen Zustandes, die sich diesem Ziele nähert".[10]

Es gibt seit der Jahrhundertwende auch einige Ansätze, in der Psychiatrie und Psychotherapie ohne Medikamentation auszukommen und eine auf den natürlichen Heilkräften der Natur und des Körper beruhende Psychotherapie zu entwickeln. Einige Psychiater wie I. H. Schultz sehen den Zweck ihres Tuns folgerichtig darin, den Patienten die Aktivierung ihrer Heilungsmechanismen zu ermöglichen:

> "Es muß bei den Erstbesprechungen prüfend erwogen werden, ob so viel Selbstheilungstendenzen und -valenzen lebendig sind, daß eine Symptombeseitigung genügen kann, um ihnen den Weg frei zu machen".[11]

Gleiches forderte schon 1922 Jacob Klaesi, ein Schüler von Bleuler. Am wichtigsten bei der Therapie Schizophrener ist für ihn,

> "die Kranken, vorgängig jeder Behandlung, genau auf die ihnen innewohnenden Tendenzen zur Selbstheilung zu untersuchen und dann erst im Sinne der Unterstützung und Förderung derselben die Therapie zu wählen".[12]

Andere Therapeuten befürworten die Wiederherstellung der "Tüchtigkeit" in der Therapie, die mit Selbst- und Spontanheilungskräften gleichzusetzen sei.[13]

Diese Versuche einer andersartigen Schizophreniebehandlung zeigen, dass die Vertreter der biologischen Heilkunst und der Strahlenkunde mit ihrem neuen Verständnis des Arztes nicht allein standen. Hartnäckig fordern die "Blätter für biologische Medizin" immer wieder den Umbau der Medizin auf eine biologische sowie natur- und volksnahe Grundlage:

> "Die Wurzel, die Quelle aller Volksgesundheit, ist einzig und allein eine einfache, natürliche Lebensweise. Naturheilkunde ist in ihrem Kern die alte hippokratische Psychiatrie und als Volksmedizin berufen, die irregehende Schulmedizin ins rechte Gleis zurückzuführen".[14]

Diese "Blätter für biologische Medizin" (später umbenannt in "Biologische Heilkunst") sind es dann auch, die in den 20er und 30er Jahren den überwiegenden Teil der wissenschaftlichen Aufsätze zur Strahlenlehre und zu den Strahlenheilverfahren veröffentlichen.

Neben "Blätter für biologische Medizin" gab es noch weitere Zeitschriften wie "Naturocultura – Nachrichtenblatt der Liga psykobiologica" oder die "Zeitschrift für Geistes- und Wissenschaftsreform", die sich ausführlich strahlenkundlichen Themen widmeten. Auch in einigen christlich inspirierten Blättern finden sich Aufsätze mit entsprechenden Themen. Dahinter und daneben existierte eine große Zahl von Vereinen, Gruppen und Gemeinschaften sowohl in Deutschland als auch in Österreich und der Schweiz[15], über deren Wirken und Aktivitäten kaum Hinweise zu finden waren und auf die daher hier auch nicht näher eingegangen wird.

Letztendlich kann die Selbstheilung nicht ohne Glauben, Spiritualität oder Einbeziehung des Feinstofflichen beschrieben werden. P. Braun[16] fordert, die Dreieinheit von Kraft, Körper und Geist ("Intelligenz und Bewußtsein") zu beachten. Die Selbstheilung, die er als einzige wahre Heilung ansieht und die durch äußere Mittel durchaus gefördert werden soll, ist Teil der Schöpfungsmacht, die uns Menschen in eine hohe Verantwortung stellt.

> "Es wird uns zur Pflicht, zu einer hohen, heiligen Pflicht: unsere Fähigkeiten und Kräfte in Harmonie mit den aufbauenden Kräften der Natur zu gebrauchen."[17]

Dieser Umgang mit der Schöpfungsmacht bedarf auch einer entsprechenden Gesellschaftsordnung, in der das Individuum sich dessen bewusst ist und auch Grund hat, sich angemessen und verantwortungsvoll zu verhalten. Bereits 1920 hat Stransky darauf hingewiesen, dass dazu ein seelischer Wiederaufbau des Volkes notwendig ist.

4.2.3. Strahlen, Energien, Schwingungen und andere Kräfte

Eingebettet in diese Vorstellungen natürlicher Lebens- und Heilweise gab es eine Vielzahl theoretischer Ansätze, die Ursprung, Wesen und Wirkung der Strahlen beschrieben haben. Eine einheitliche Lehrmeinung über die Strahlen gab es nicht, die meisten Strahlenforscher haben ihre Vorstellungen einzeln und unabhängig voneinander erarbeitet. So mag denn auch der nun folgende Reigen der Strahlenlehren anfangs verwirren. Doch dies zeigt nur die Vielfalt, mit der in der damaligen wissenschaftlichen Literatur das Strahlenthema behandelt wurde.

Schon bei der Namensgebung für die beschriebenen Phänomene herrscht munteres Allerlei. Bekannt sind die Bezeichnungen Äther, Od, Ilu-Kräfte, Lebenskraft, Lebensstrahlen u. v. a. Günther Wachsmuth, der Übersetzer von Bulwer-Lyttons Vril-Buch, nennt sie "ätherische Bildekräfte"[1], bei Dietrich Blos heißen sie "Magische Erdstrahlen"[2]; "Kosmische Wellen und vitale Schwingungen" ist die Bezeichnung von Georges Lakhovsky[3], der Ariosoph Alfred Judt benutzt schlicht "Schwingungen"[4] und Ludwig Kaul "Weltallkräfte".[5]

Ebenso unterschiedlich sind die Ausgangspunkte, von denen aus man sich den Strahlen näherte. Einige Strahlenkundige sind Ärzte, die nach natürlichen Heilmethoden suchen; andere sind Physiker, die ihre Forschungen auf das Gebiet der Strahlen verlegt haben, und Einzelne sind Astronomen, Astrologen oder "Tüftler". Es verwundert nicht, wenn aufgrund dieser Verschiedenheit der Herangehensweise auch völlig gegensätzliche Erkenntnisse über die Herkunft der Strahlen sowie Vorstellungen über deren Anwendung herauskommen.

Als Erster sei allerdings kein Deutscher, sondern ein Franzose genannt, der entscheidenden Einfluss auf die Forschungsansätze von Wilhelm Reich gehabt haben könnte: Für Georges Lakhovsky[6] kommen die Strahlen aus dem Weltraum und sind eine Art Urenergie, die von jedem Lebewesen aufgenommen und seinerseits wieder abgestrahlt werden. Diese kosmischen Wellen durchdringen mittels des Äthers jeden Raum, ihre Wellenlänge beträgt 0,0002 Ångström (Licht hat eine mehrtausendfach größere Wellenlänge). Sie sind die Lebensenergie, deren Wirkung Lakhovsky in zahlreichen Pflanzenversuchen nachgewiesen hat.

Die Gesamtheit aller kosmischen Strahlenschwingungen nennt Lakhovsky "Universion", die von allen Sternen der Milchstraße ausgeht. Universion ist eine Protomaterie, aus der alle Materie entstanden ist. Krankheiten sind Störungen in diesem Schwingungsgefüge und können mit entsprechenden Kollektoren wieder behoben werden.

Spätestens hier wird die geradezu verblüffende Ähnlichkeit von Lakhovsky mit der Reichschen Orgonomie auffällig, auch wenn er keine Orgonbox, sondern Hals- und Taillenbänder zur Behandlung anbietet. Und wenn dann Lakhovsky seine Krebsforschungen beschreibt und berichtet, dass er das Entstehen von lebenden Zellen mittels der Universion zeigen will, dann werden diese Parallelen verdächtig, und man könnte vermuten, Lakhovsky sei der Mann, der Reich die Ideen gab (in Abwandlung eines bekannten Buchtitels[7]). Allerdings lässt sich Lakhovsky in keinem Literaturverzeichnis der Bücher Reichs finden.

Leider ist bisher noch nicht klar, ob und was Reich von den in diesem Buch beschriebenen Ansätzen bekannt war. Reich spricht selbst erstmals in einem im Juli 1939 herausgegebenen Artikel über das Vorhandensein einer bestimmten Art bio-energetischer Strahlung.[8] Zu dieser Zeit betrieb er in Oslo biologische Experimente, bei denen er auch die Ergebnisse anderer Forscher ausdrücklich miteinbezog.[9] Es ist sehr wahrscheinlich, dass Reich oder seine Mitarbeiter sich dabei auch mit einigen der Forschungen aus dem Bereich der Strahlenkundigen beschäftigt haben. Die Arbeitsbibliothek von Reich in seinem "Orgonon" genannten Forschungszentrum ist heute noch vollständig vorhanden, ein Mitarbeiter des Wilhelm-Reich-Instituts, der sie einmal begutachten durfte, konnte sich aber nicht erinnern, die Werke Lakhovskys dort gesehen zu haben.

George Lakhovsky war kein einsam arbeitender Autodidakt, sondern praktischer Arzt. Seine Forschungsergebnisse sind von einer Vielzahl damals zum Teil weltbekannter Wissenschaftler wie Professor Jacques Arsène d'Arsonval, Michel M. Adam, Professor Boutaric oder Dr. Foveau de Courmelles mitentwickelt oder bestätigt worden.[10] Es wäre eher seltsam, wenn Wilhelm Reich nicht von Lakhovsky gewusst hätte.

Eine mit Lakhovsky vergleichbare Ansicht über die Entstehung des Lebens vertritt der Arzt Dr. Bossert, für den das Weltall durchflutende Wellen- und Elementarkörper Grundlage des Lebens sind.[11] Kosmische Strahlen sind schließlich gemäß Hans Wolfgang Behm Ursache für astrologische Einflüsse.[12] Diese kosmischen Einflüsse glaubten Wissenschaftler durch experimentelle Studien am biologischen Institut am Goetheanum nachweisen zu können.[13] Diese Anthroposophen meinten, auf feste Stoffe würden Erdkräfte, auf flüssige Stoffe aber die Planetenkräfte einwirken. Auf flüssiges Bleisalz z. B. wirke der Saturn, was L. Kolisko in seinem Buch mittels einer Fotoserie zu belegen versucht. Die Verbindungen zur Alchemie sind unverkennbar.

Blos dagegen vertritt in ausdrücklicher Abgrenzung zu Lakhovsky die Hypothese, die Strahlen kämen aus dem Erdinneren, von dem sie über Wasseradern an die Oberfläche gelangen.[14] Diese Erdstrahlen können nicht abgeschirmt werden und lassen sich auch in 1400 m Höhe noch nachweisen. Im Gegensatz zu den meisten anderen Strahlenforschern haben diese Strahlen für

Blos nur verderbliche Eigenschaften. Sie verursachen Krebs, Baumsterben und vorzeitiges Altern. Allerdings betont Blos in seinem Buch immer wieder, er wisse eigentlich gar nicht, was diese Strahlen seien, ob sie so wirken, wie er es beschreibt, und ob sie überhaupt existieren. Dass es irgendwelche Strahlen gäbe, sei aber unzweifelhaft, und zur Vorsicht solle man seine Abschirmdecken erwerben. Seine entsprechenden Anzeigen am Ende seines Buches verwundern um so mehr, da er ja nur einige Seiten zuvor behauptet hat, die Strahlen könnten nicht abgeschirmt werden.

Für Judt beruht jede Lebensäußerung und der Gang des Weltgeschehens auf Strahlungen und Schwingungen, die Lebensenergie sind.[15]

Eine Veränderung der Schwingungen verändert den Lebensrhythmus. Dadurch kann die Lebensenergie entweder vermindert werden oder die Intensität der Lebensäußerungen steigt.

Ganz anders sind die Vorstellungen einer Gruppe von Strahlenkundigen, die das Konzept der Strahlen- oder Kraftfelder des Menschen hervorheben. Bei Heinrich Nüßlein ist der Mensch von einer aus Lebenskraft bestehenden Aura umgeben. Ist diese Aura stark und rein genug, kann deren Besitzer mit seiner Lebensenergie andere heilen:

> "Wenn Lebenskraft übertragen werden soll, so ist es erklärlich, daß der heilende Mensch in dem Moment, in dem er in den Stromkreis des Kranken eintritt, auch mit dessen Aura verbunden ist, und zwischen den beiden, Heiler und Kranker, entwickelt sich ein negativer Stromverlauf aus der Erde kommend und ein positiver aus den Sternen kommend zu einem Stromkreis."[16]

Diese Übertragung geht langsam vor sich. Die Aura eines Menschen ist verantwortlich für Aufbau, aber auch Zerstörung der Atome, der Zellen und somit des Gesamtkörpers. So ist denn auch neben der heilenden Beeinflussung eine zerstörende möglich.

Felix Buttersack beschreibt dieses Zerstören etwas genauer[17]: Der Mensch ist von einem psychischen Kraftfeld umgeben. Dieses Kraftfeld hat je nach der psychischen Verfassung des Senders eine bestimmte Ausstrahlung. Streit kann z. B. dann entstehen, wenn zwei Menschen mit gegensätzlichen Kraftfeldern zusammenkommen. Hass, Liebe oder Zuneigung werden so übertragen:

> "Es gibt wirklich böse, krankmachende Geister, und diese Geister sind wir Menschen selbst. Indem wir uns gegenseitig unfreundlich behandeln, scheel ansehen, uns Vorwürfe machen, recht haben, unterdrücken, übervorteilen wollen, stören wir die Harmonie des psycho-physischen Gefüges und rufen dadurch Störungen, Krankheiten hervor."[18]

Diese Sichtweise ist heutzutage unter dem Schlagwort "psychosomatisch" in aller Munde.

Das Konzept der Aura wird von Gregor Schwartz-Bostunitsch ausgeweitet und u. a. auf Städte und Landschaften übertragen.[19] Diese Aura meint nicht den "Reiz" oder das "Flair" eines Ortes, sondern ist bestimmt von den historischen Ereignissen, die an einer Stelle stattgefunden haben und noch stattfinden werden, von den dort lebenden Menschen und auch von der geografischen Lage. Als Schwartz-Bostunitsch im Jahr 1915 als Sanitätsoffizier in der Ukraine auf Inspektionsreise war, empfand er auf dem Friedhof eines Ortes eine selbst für diese Stelle bedrohliche, sonderbare Aura, die ihn innerlich aufwühlte. Dieser Ort war Tschernobyl[20].

Dieses strahlende und schwingende Gewirr mag einem leicht die Sinne verwirren. Aber bereits 1917 hat Dr. Joseph Böhm eine kleine Schrift mit dem Titel "Kann das Lebensrätsel gelöst werden?" veröffentlicht, die sozusagen wie ein Leuchtfeuer all den Strahlenkundigen den Weg weist. Unter seinen Gedanken, die hier als grundlegende Überzeugung gelten können, lassen sich alle Ideen aus dem Strahlenbereich einordnen. Böhm, der seine Schrift u. a. dem Freiherrn von Reichenbach widmet, beschreibt Vril, ohne diesen Begriff zu verwenden.

Unter Strahlung versteht Böhm zum einen Schwingungen des Weltäthers, zum anderen Energieabgabe an den umgebenden Raum durch sich mit großer Geschwindigkeit fortbewegende Teilchen. Die zu seiner Zeit offiziell anerkannten Strahlenarten ergänzt er dann: "Ohne Bedenken darf man die Bio- und Gedankenstrahlen als vierte und fünfte Gruppe den Sonnen-, Radium- und Röntgenstrahlen anreihen."[21]

Die Biostrahlen sind für die Aura des Menschen zuständig und regulieren den Einfluss der anderen Strahlenarten auf den Träger der Aura.

> "Zweifellos von Bedeutung für die Entstehung, Leitung und Abgabe der Strahlen im Körper sind die Drüsen der inneren Sekretion, die in den Zellen enthaltenen Mineralstoffe, die Lymphe, gewisse Teile der Muskulatur, das Auge, ein Abschnitt des sympathischen Nervensystems und das nicht-akustische Labyrinth."[22]

Als Gedankenstrahlen bezeichnet Böhm die elektrochemische Reizübertragung des Nervensystems, die auch nach außen und auf andere Menschen wirken kann. Dadurch entstehen Erinnerungsbilder, Spukerscheinungen und ist Telepathie erklärbar.

"Geist und Körper" stehen bei Böhm wechselseitig und auch mit den anderen Strahlenarten in Beziehung:

> "Durch psychische Erregung kann die Bioradioaktivität ebenso beeinflußt werden wie durch die Einwirkung fremder Strahlen das psychische Gleichgewicht. Ähnliches scheint der Fall zu sein bei der Therapie von Krankheiten, welche auf Störungen der inneren Strahlung beruhen."[23]

Dieses Wirkungsgefüge nennt Böhm das "Gebiet der dunklen Strahlungen"[24], weil diese Strahlen nicht unmittelbar und von jedermann wahrgenommen werden können. Ihre Erforschung ist ihm ein zentrales Anliegen:

> "Sobald sämtliche Eigenschaften aller strahlungsfähigen Energieformen bekannt sind, wird man der Lösung des Lebensrätsels ein gutes Stück näher gekommen sein. (...) Es wird sich durch eingehende Prüfung zeigen, daß man die durch die feinere Physik erkannten Strahlen und mikroelektromagnetischen Wellen bisher als wichtigen Faktor im Schaffen und Wirken der Natur viel zu wenig beachtet hat."[25]

Das Leben, so Böhm, ist wesentlich von der richtigen Aufladung der Zellen abhängig, aber auch von der Gedankentätigkeit. Diese energetische Einheit wiederum nimmt auch Strahlen der Erde und aus dem Weltraum auf.

> "Jedenfalls kann behauptet werden, daß das Leben von Mensch, Tier und Pflanze mit den Vorgängen auf unserer Erde und anderen Körpern unseres Planetensystems in noch weit größerem mittelbaren Zusammenhang steht, als bisher angenommen wurde."[26]

Die Intensität dieser Strahlen sei aber so gering, dass sie mit der damals (1917) zur Verfügung stehenden Technik nicht gemessen werden könne.

Mit diesem Gedanken endet die Schrift von Böhm. An diesem Punkt haben seither viele Forscher begonnen und sind zu höchst eindrucksvollen, wenn manchmal auch 'illustren' Ergebnissen gekommen.

4.2.4. Strahlenforschung

Ausgehend von den grundsätzlichen Strahlenvorstellungen haben eine Reihe von Strahlenkundigen umfangreiche physikalisch geprägte Forschungen über ihre Strahlenlehre veranstaltet.

Bereits 1920 veröffentlichte der Ingenieur Hermann Plauson, der dem Forschungslabor einer internationalen Kautschuk-Firma vorstand, eine Schrift über die "Gewinnung und Verwertung der atmosphärischen Elektrizität". Nach umfangreichen physikalischen Darlegungen, die hier nicht wiedergegeben werden können, kommt Plauson zu dem Schluss, dass sich die atmosphärische Elektrizität am deutlichsten im Blitz manifestiert und zur menschlichen Nutzung "eingefangen" werden kann. Dies geschieht mittels Antennen und anschließender Transformation in sogenannten Resonanzmotoren. Nicht nur technisch, sondern auch organisatorisch und finanziell sei dies weltweit machbar. Plauson schreibt dazu:

> "Die Menschheit wird frei von der Sorge des drohenden Kältetodes, da die Naturschätze in absehbarer Zeit aufgebraucht sein werden. (...) Die Menschheit braucht nicht zu frieren, da ihr die Mutter Natur reichlich Energie spendet."[1]

Plausons Ideen sind patentiert, es fragt sich, was mit diesen Patenten geschehen ist.

Eine andere umfassende Strahlentheorie entwickelte der bayerische Professor für Psychologie und Philosophie Frenzolf Schmid, der von Ur-, Rein- und Nebenstrahlen ausgeht.[2] Im Gegensatz zur herkömmlichen Strahlenlehre, die damals viele verschiedene Strahlenarten kannte, meint Schmid, diese seien lediglich Kombinationen der drei Grundarten von Strahlung. Die Urstrahlen (kurzwellig) wirken zerstörend, die Reinstrahlen (langwellig) aufbauend, und die Nebenstrahlen (mittelwellig) sind indifferent. Diese Konzeption erinnert an das Orgon und das DOR. Diese drei Strahlen

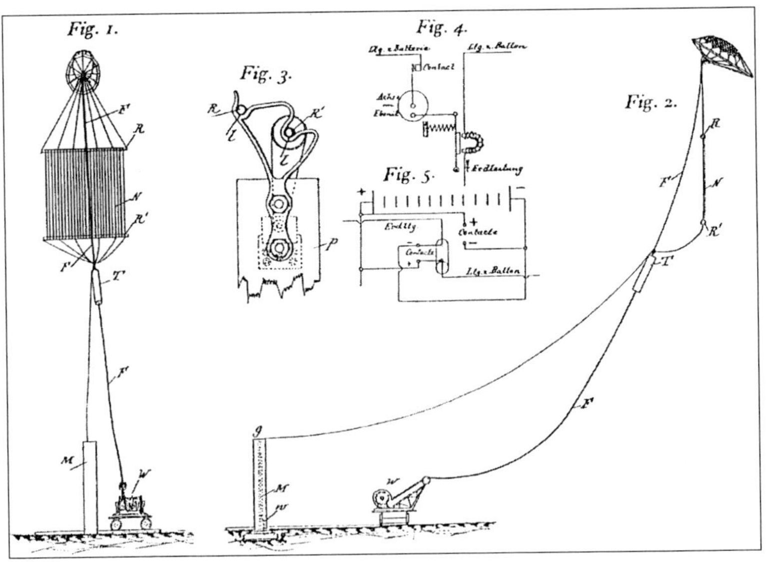

Schematische Darstellung der Gewinnung und Verwertung der atmosphärischen Elektrizität, wie sie sich der Ingenieur Hermann Plauson 1920 vorstellte

treten immer zusammen in Drei-Strahlen-Bündeln auf. Ihre Zusammensetzung ist unterschiedlich, je nachdem, ob es sich um Weltätherstrahlen, kosmische Strahlen, Erdstrahlen oder künstliche Strahlen handelt. Während die Urstrahlen zur Energiegewinnung verwendet werden können (leider schlägt Schmid dafür Atomspaltung vor), sind die Reinstrahlen Ausgangspunkt für therapeutische Anwendungen. Hierzu entwickelte und erprobte er das "Neue Strahlen-Heilverfahren".[3] Es basiert auf der Annahme, dass sich durch Bestrahlung mit Reinstrahlen in den Zellen der Ionenaustausch verändert und dadurch der gestörte Stoffwechsel der Zellen wiederhergestellt wird. Dabei ist eine psychologische Begleitung erforderlich, um die Selbstheilungskräfte des Körpers zu aktivieren. Nur dann habe die Bestrahlung Erfolg. Diese äußerst moderne Einstellung war in der damaligen Schulmedizin überhaupt nicht vorhanden. Trotz durch Krankengeschichten belegter Heilerfolge und der Fürsprache anderer Mediziner ist auch diese Methode sang- und klanglos in der Versenkung verschwunden.

Schmid hat seine Forschungen mit der Untersuchung von Strahlungen der Materie begonnen. Dazu benutzte er die nahe seinem Haus gelegenen Felspartien über der Donau.

> "Bei nächtlichen Beobachtungen hatte ich an den bloßliegenden Felspartien seitwärts unseres Anwesens und hinter unserem Häuschen zu gewissen Zeiten ganz schwache, kaum sichtbare Fluoreszenzerscheinungen wahrgenommen. Ich verfolgte diese Erscheinung lange Zeit hindurch, und es gelang mir, das Vorhandensein einer Strahlungsaktivität in den Felspartien nachzuweisen, die sich als induzierte Strahlungsaktivität zeigte. Bei weiteren Beobachtungen und Versuchen stellte sich heraus, daß jene Felspartien, die dem Sonnenlichte tagsüber besonders ausgesetzt waren, stärkere Strahlungsaktivität zeigten als jene, die von der Sonne nur vorübergehend, also nur zeitweise bestrahlt worden waren. Ganz folgerichtig mußte diese Tatsache den Gedanken in mir wachrufen, daß die sogenannte Strahlungsaktivität der Materie letzten Endes nicht als Wesenheit des Stofflichen zu betrachten sei, sondern auf Einflüsse zurückgeführt werden müsse, die außerhalb des Stofflichen liegen."[4]

Diese Berichte ähneln so sehr denen, die Reich über seine Beobachtungen machte, dass der Schluss nahe liegt, beide haben das gleiche Phänomen beobachtet, nämlich Orgon bzw. Vril.

Schmid schließt daraus, dass die Sonnenstrahlen von der Materie in anders geartete Strahlen umgewandelt werde. Diese andersartigen Strahlen beschreibt er in seinem Drei-Strahlen-Bündel der Weltäther-Strahlung. Aus diesem entwickelt er dann seine Strahlentherapie. Dieser liegt die Idee zugrunde, die Tätigkeit der erkrankten Zellen wieder anzuheben und nicht lediglich nur die Folgen der zu niedrigen oder falschen Tätigkeit zu beheben.

> "Das neue Strahlenheilverfahren unter Anwendung der heilenden, verjüngenden Reinstrahlen wird sich unter streng durchgeführter therapeutischer Dosierung einerseits einer absichtlich herbeigeführten Weitung der Arterienmuskulatur, damit auch einer tiefgehenden Wallungsdurchblutung bis in die Präkapillaren, andererseits des Gegenteils bedienen, um die lahmgelegte Zellentätigkeit, das Kreisen der Ionen und Elektronen in den Zellen – sowohl in den Grundzellen wie in den Arbeitszellen – und die damit verbundene Sekretabsonderung der Drüsen wiederherzustellen, die erkrankte Gesamtkörperlichkeit von den halb abgebauten Stoffwechselprodukten, besonders von den Oxal-, Phosphor- und Harnsäureverbindungen, wie auch von angesammelten Rückständen des stetigen Zellzerfalls zu befreien, dadurch aber nicht nur völlige Genesung, das heißt Beseitigung der Krankheitsursache, sondern noch viel mehr: eine durchgreifende Verjüngung des Organismus, eine Verlängerung des Lebens herbeizuführen."[5]

Was Schmid hier wenig leserfreundlich in einem einzigen Satz (!) beschreibt, ist das Anheben des Körpers auf ein erhöhtes energetisches Niveau. Dadurch werde nicht nur der Stoffwechselkreislauf "durchgepustet" und gesäubert, sondern auch die feinstofflichen energetischen Bahnen gerichtet.

> "Von besonderer Wichtigkeit erscheint hier natürlich auch die Beeinflussung und Stärkung der Feinstofflichkeit des menschlichen Körpers, welche Feinstofflichkeit sich in engster Beziehung zu der Zellfunktion zeigt."[6]

Zur Anwendung seiner Strahlentherapie hat Schmid zwei Geräte entwickelt, eine Reinstrahlen-Apparatur und einen Reinstrahlen-Schirm. Die Apparatur soll die Ionisierung des Organismus

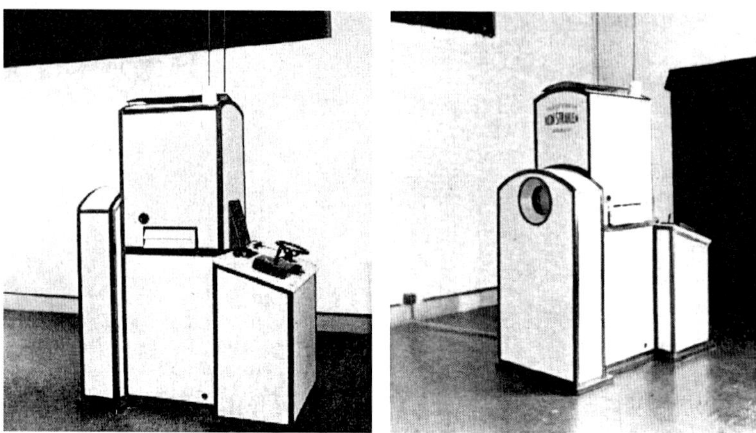

Reinstrahlen-Apparatur von Frenzolf Schmid, Vorder- und Seitenansicht

bewirken. Dazu werden Lichtstrahlen erzeugt, die aus Reinstrahlen bestehen und den gesamten Körper durchdringen. Während der Bestrahlung steht der Klient vor dem Schirm, einer parabolisch gebogenen Stellwand, die die ebenfalls von der Apparatur erzeugten Fluoreszenzstrahlen auf den Klienten zurückwirft.[7] Auf diesem Wege will Schmid den Weltäther medizinisch nutzbar machen.

Nun gab es natürlich auch Bereiche, die innerhalb der Strahlenkunde umstritten waren und zu heftigem Schlagabtausch in einzelnen Zeitschriften und in kleinen Veröffentlichungen führten. Einer dieser Bereiche ist das "Siderische Pendel", für den sich vor allem der Privatgelehrte Friedrich Kallenberg stark machte. Kallenberg behauptet in seinen bereits 1913 erstmals aufgelegten "Offenbarungen", man könne mit einem Pendel von einem Foto Krankheiten der Person auf dem Bild diagnostizieren. Grundgedanke war, dass ein durch Krankheit veränderter Strahlenhaushalt eines Körpers Auswirkungen auf die Fotoplatte habe. Die Fotoplatte reflektiert die, so Kallenberg, "lebensvolle charakteristische Wesenseinheit des betreffenden Individuums"[8], die man mit einem Pendel erfassen und bei entsprechender Kenntnis diagnostizieren könne:

Friedrich Kallenberg mit dem siderischen Pendel

> "Wie auch bei der Wünschelrute so ist auch hier die Befähigung eine rein individuelle, welche bei dem einen stärker, bei dem anderen schwächer entwickelt ist, während sie der Dritte gar nicht besitzt."[9]

Das richtig angewendete Pendel folge den Schwingungen auf dem Foto und führe zu erstaunlichsten Ergebnissen, wie Kallenberg mehrmals beteuerte. Die von ihm entdeckten Strahlen eines Fotos nennt er treffend P-Strahlen (von Photo abgeleitet) und sieht in ihnen etwas Ähnliches wie das Reichenbachsche Od. Kallenberg und andere Anhänger des siderischen Pendels, wie z. B. Prof. Leopold Oelenheinz, verbinden die alten Sagen über "Wünschelringe" mit Kallenbergs P-Strahlen. So sei der Ring der Nibelungen ein "P-Strahlen-Wünschelring".[10]

Wer sich mit Wünschelruten, Pendeln und Ähnlichem auseinandersetzt, läuft immer Gefahr, sich in die Nesseln zu setzen. So schrieb Dr. Jakob Aebly 1933 einen Artikel für das Zentralblatt der Strahlenheilkunde, die "Biologische Heilkunst", und griff die Rutengänger, Pendler und andere Diagnostiker scharf an.[11] Aebly kritisierte nicht den theoretischen Hintergrund, machte aber deutlich, dass die bisherigen Erfolgsquoten dieser Methoden nicht höher als der Zufallsfaktor und daher gar keine Erfolgsquoten seien. Insbesondere prangert er die Aussagen der Rutengänger an, die Strahlen könnten alles durchdringen und seien daher gefährlich, wenn man sich nicht mit von ihnen entwickelten Abschirmungen schütze. Diese Abschirmungen seien Schwindel, denn könnten die Strahlen alles durchdringen, dann auch die damit nutzlosen Schirme.

Direkt auf Aeblys kritische Betrachtungen folgen die "Bemerkungen zur kritischen Betrachtung". In ihnen fordert ein Dr. V. Rambeau, die Rutengänger seien objektiv zu prüfen. Man müsse die vielen Fantasten und Schwindler von den ernsthaften Rutenkundigen abtrennen:

> "Jedenfalls ist es an der Zeit, daß endlich Klarheit geschaffen wird und die Beunruhigung des Volkes durch übertriebene für oder gegen das Problem gerichtete Artikel aufhört."[12]

4.2.5. Energetische Behandlungsarten und Heilweisen

Bestand in der neuen Sicht von Arzt und Medizin noch Einigkeit und war man sich trotz aller Unterschiede in ihrer Erklärung grundsätzlich über die Existenz von Strahlen und Energien einig, so gibt es kaum Übereinstimmungen in den Heilmethoden, die aus der Strahlenbewegung kamen. Wie auch immer, sie kommen fast ohne Medikamente aus, und alle sind vom Grundgedanken einer natürlichen Heilung getragen, was das im Einzelnen auch bedeuten mag. Aber so vielfältig wie die Natur in ihren Störungen ist, so vielfältig ist nun auch deren natürliche Behandlung. Bei den Vorarbeiten zu diesem Kapitel fiel weit mehr Literatur an, als verarbeitet werden konnte, und auch weit mehr, als erhofft worden war. Das fröhliche Durch- und Nebeneinander sich ab und an auch widersprechender Ansätze zeigt aber nur, wie lebendig und einfallsreich die "Szene" damals war, und sollte Ansporn sein, dies heute wieder aufzugreifen, weiter zu erforschen und zu entwickeln. Auf der Expedition ins Strahlenreich werden nun einige Heilweisen vorgestellt. Anspruch auf Vollständigkeit besteht nicht.

Auch wenn es keine vereinheitlichte Lehre der Strahlenheilkundigen gab, so kann man doch die folgenden Zeilen, die Karl Kern 1931 in seinem Aufsatz "Töne und Farben - Ein Kapitel neuzeitlicher Therapie" schrieb, als grundsätzliche Überzeugung der gesamten Heilbewegung ansehen:

> "Ein jeder Gegenstand der Welt befindet sich in Schwingung, und der Unterschied der verschiedenen Gegenstände, also die Erscheinungsformen der einzelnen Körper – leblose wie lebende – beruht auf den Unterschieden der in ihnen enthaltenen Schwingungen. Nach dieser Lehre bestehen alle Körper aus einem Urstoff, während die an ihnen wahrzunehmenden Unterschiede nur auf Bewegung in ihnen beruhen. Die Vorstellung der Heilkraft durch Schwingungen und Strahlen erscheint auf dieser Basis eine Selbstverständlichkeit."[1]

All die unterschiedlichen grundsätzlichen Überlegungen haben die Vorstellung gemeinsam, dass Strahlen, Lebensenergie oder Schwingungen sowohl den Körper als auch den Geist grundlegend beeinflussen und nur deren Ausgeglichenheit ein gesundes Wesen zulässt. Die Ausgeglichenheit ist im Krankheitsfalle gestört, und weniger der Arzt als der Kranke selbst kann durch innere Selbstheilungsprozesse die Ausgeglichenheit wiederherstellen. Die Heilverfahren, die die Ärzte zur Verfügung stellen können, unterstützen dabei die Selbstheilung.

Diesen Grundsatz der Ausgeglichenheit führt O. Schär weiter aus und erhebt den Grundsatz "Vergeude keine Energie, verwende sie!" zum Dogma[2]. Dieser an den energetischen, 1911 von Ostwald formulierten Imperativ anknüpfende Grundsatz beinhaltet ebenfalls die Forderung nach Ausgeglichenheit und naturgemäßer Lebensführung. Schär sagt, der Mensch sei ein stationäres, offenes Energiegebilde, das seine Energie aus Nahrung, Atmung und Strahlung aufnimmt. Für die Geistesleistungen wird Freie Energie benötigt, die je nach Energieaufnahme und Verbrauch durch entsprechende Lebensart viel oder wenig zur Verfügung stehen kann. Krankheiten entstehen, wenn die "energetische Bilanzrechnung" einen Fehlbetrag ausweist. Diese Fehlbeträge entstehen bei permanenter Über- oder Unterbeanspruchung des energetischen Systems. Sinnvolle und nicht ständig überfordernde Arbeit ist als Betätigung notwendig, um den Energiefluss im Körper aufrechtzuerhalten. Problematisch für eine ausgeglichene energetische Bilanz sind falsche Ernährung, falsche Einstellungen zur Arbeit, Konsum und Materialismus sowie die Ansprüche für Glück und Zufriedenheit:

> "In den letzten Jahren (1922 wie 1996; Anm. H. G.) haben sich die diesbezüglichen Begriffe in unheilvollster Weise verschoben, sicher nicht zum Wohle des Menschengeschlechts, in welchem ein unzufriedener, haßerfüllter Volksteil, der in der Arbeit nur ein Übel sieht, mit mathematischer Sicherheit dem energetischen Imperativ schwere Opfer bringt. (...) Die heutige Zeit wird am allerbesten derjenige überstehen, der den energetischen Imperativ zur rechten Zeit erkannt hat und befolgt."[3]

Neben diesen ausführlich ausgearbeiteten energetischen Heilansätzen gab es eine Gruppe von Medizinern, die sich einzelner Aspekte der Strahlen für umgrenzte Anwendungen bedient haben. All diese zu beschreiben, würde den Rahmen dieses Buches sprengen. Da aber dieses Kapitel der deutschen Kulturgeschichte noch allzusehr im Dunkeln liegt, seien hier einige dieser Ansätze stellvertretend zumindest kurz erwähnt: In Baden-Baden verstärkte Dr. Aurelius Bauerle mittels besonderer Bewegungsübungen den Lebensmagnetismus[4], eine stark an Wyda und Yoga erinnernde Methode, die Energieaufnahme im Körper zu erhöhen. Durch gezielte Energiezufuhr mittels ultrakurzer Wellen arbeitete Dr. A. Missriegler, um dadurch die körperliche und seelische Energie zu erhöhen.[5] Ähnlich, aber mit Kurzwellen, behandelten Stierböck in Wien und Schliephacke in Jena ihre Patienten.[6] Mittels künstlichen, ähnlich dem Sonnenlicht aufgebauten Strahlen erzielt der Arzt Dr. Helwig in Bonn eine Steigerung der natürlichen Abwehrkräfte im Körper[7]. Eine Reihe von Heilkundigen verwenden die von Nikola Tesla entwickelte "Hochfrequenztherapie"[8] und berichten ausführlich über ihre Erfahrungen[9], andere bedienen sich dazu der Luftelektrizität.[10]

Die Organo-Elektrizität als Lebenskraft erhöhten mittels Suggestion W. Beyer[11] und Walther Völler.[12] Die Schwingungen in der Nahrung als Heilkraft nutzte Dr. Baur [13], und die Energieströme im menschlichen Körper lenkt mittels Berührungen Maximilian Kohorn.[14] Damit ist er ein direkter Vorgänger der Orgontherapie von Wilhelm Reich.

Nach diesem Schnellkurs über energetische Heilweisen kommt nun etwas ausführlicher der Mediziner Reich zu Wort. Aber nicht Wilhelm Reich, sondern Heinrich Wilhelm Reich. Letzterer hat mit Ersterem nicht nur den Namen fast gemein, sondern beide gehen auch von einer Lebensenergie aus, die im Menschen und im Kosmos fließt. In seinem Buch "Grundlagen und neue Wege der Strahlenbehandlung" schreibt Heinrich Wilhelm Reich 1933:

> "Leben sowohl als Gesundheit sind vor allem Funktions- und Energiebegriffe. Aber die im Dienste der Gesundheit stehenden Energien sind nicht chaotisch gegeneinander gerichtet, sondern in Form von Funktionen einheitlich dienstbar gemacht dem

> Ganzen, der Entwicklung, Erhaltung und Vervollkommnung des Lebewesens".[15]

Grundlage eines solchen Systems ist ein Fließgleichgewicht, das durch eine Reihe von Stabilisatoren gesichert ist. Die durch das Fließgleichgewicht gewährleistete Harmonie des Körpers beruht auf der Abstimmung verschiedener Systeme durch die verschiedenen Nervensysteme wie endokrines System, retikulo-endotheliales System oder vegetatives System. Durch Letzteres ist die Psyche als integrierender Bestandteil alles Lebenden mit dem Körper verbunden, sozusagen "Schnittstelle" zwischen Leib und Seele. Die Psyche verarbeitet alle Signale aus der Außen- und der Innenwelt, reguliert daraufhin die Energieverteilung und beeinflusst dadurch wesentlich die Funktion aller Organe. Je nach Temperament oder Konstitution tritt dann die Einheit aus Körper und Psyche in Erscheinung. Jede Heilung ist davon abhängig und muss entsprechend ansetzen. Denn sie muss auf das Temperament abgestellt werden:

> "Letzten Endes ist jede Wiederherstellung der Gesundheit ein Akt der Selbstheilung, eine Tat der Heilkraft des Organismus. An diese allein kann der Arzt sich wenden, wenn er zweckdienlich handeln will."[16]

H. W. Reich meint, jede Materie sendet Strahlung aus, deren Schwingungen dann von anderer Materie aufgenommen werden können. Durch diese Strahlungen steht alles im Kosmos miteinander in Verbindung. Radiowellen sind nur ein Beispiel davon, wie Strahlungen durch entsprechende Empfänger nutzbar gemacht werden können. Dies gilt für alle bekannten Strahlungen wie Wärmestrahlen, Röntgenstrahlen, Gammastrahlen oder kosmische Strahlen. Die Wirkungen all dieser Strahlungen beeinflussen alle Materie und damit auch den Menschen und seine Psyche:

> "Bei der außerordentlichen Verbreitung von Strahlen verschiedenster Wellenlänge in der Natur ist zu erwarten, daß die Resonanzerscheinungen eine viel größere Rolle spielen, als wir bis jetzt annahmen."[17]

All diese Strahlen, darunter auch die Lebensstrahlung, beeinflussen das körperliche Wohlbefinden, Krankheiten und Stimmung. Dies kann man sich unter Verwendung entsprechender natürlicher und künstlicher Strahlen zur Heilung zunutze machen. Das Sonnenlicht ist dabei als biologisch aktivierend die wichtigste natürliche Strahlung. Durch die moderne Zivilisation allerdings verlieren die Sonnenstrahlen ihre zur Heilung notwendigen Qualitäten, z. B. durch die Luftverschmutzung:

> "So werden die biologisch wichtigen ultravioletten Strahlen, vor allem (...) in großen Städten durch atmosphärische Einflüsse so geschwächt, daß sie den größten Teil biologisch aktiver Strahlen verlieren. (...) Die Domestikation, das Zusammenleben in großen Städten, in engen, dunklen Gebäuden, bringt zudem noch einen Mangel an 'frischer' elektronenreicher Luft (...) mit sich."[18]

H. W. Reich hat entsprechende Geräte entwickelt, um den Mangel an natürlicher Strahlung künstlich auszugleichen. Künstlich bedeutet dabei die Wiederherstellung des gestörten natürlichen Strahlungsgefüges:

> "Auch die künstlichen Strahlen sind wie die Sonnenstrahlen (...) Brunnen von Energie. Die strahlende Energie muß sich dabei in biologische Energie umwandeln, d. h. sie muß dem lebenden Organismus sinngemäß einverleibt werden."[19]

Bei der künstlichen Bestrahlung können eine Vielzahl von Symptomen an ihrer Ursache behandelt werden, da sie die chemischen Reaktionen im Organismus und so die verschiedensten

Lebensfunktionen beeinflussen. Dabei ist auf eine vorsichtige und verantwortungsvolle Nutzung dieser Möglichkeiten zu achten:

> "Wir vertrauen auf die Heilkraft der Natur und bauen auf sie, wollen wir jedoch weiterkommen, so dürfen wir den Boden der Wissenschaft nicht verlassen; denn nur hier ist gemeinsame Arbeit und Verständigung möglich."[20]

Diese Verständigung allerdings hat es selten gegeben. Verfolgt man die Äußerungen in den Fachblättern der Strahlenkundigen, so wird immer wieder von Anfeindungen, Verächtlichmachung und Verleumdung seitens der Schulmedizin berichtet. Aber die offiziellen Ärztekammern haben sich dennoch vereinzelt auf dem Boden der Wissenschaft mit den Heilweisen der Strahlenkundigen beschäftigt, wie man einer Sammlung von Kongressvorträgen des Ausschusses für das ärztliche Fortbildungswesen in Preußen aus dem Jahre 1930 entnehmen kann.[21]

Dort versuchen Ärzte auf humoraler Ebene die Heilkraft von Strahlen zu erklären. In dem Aufsatz "Umstimmung durch Bestrahlung" heißt es dort über die Strahlenwirkung:

> "Einen großen Teil der humoralen Veränderungen im Blute, insbesondere die Summe der Verschiebungen an den mineralischen Bestandteilen, die man (...) als Transmineralisation bezeichnet, kann man auch beschreiben als Ausdruck einer Veränderung in der Reaktionslage des vegetativen Nervensystems."[22]

Umstimmung meint also die Veränderung des Stoffwechsels, um dadurch Heilkräfte zu aktivieren. Diese Aktivierung der Selbstheilung beeinflusst folgende Prozesse:

1. die Bildung spezifischer Abwehrstoffe;
2. die Wirkung unspezifischer Abwehrstoffe;
3. die allgemeine Resistenz und
4. die örtliche Immunität.

Dieses sachliche Urteil über die Strahlen von traditionellen Medizinern war anscheinend die Ausnahme. Umso höher ist die damals wie heute zukunftsweisende Feststellung zu bewerten, mit dem der Aufsatz "Umstimmung durch Bestrahlung" endet:

> "Es ist zu erwarten, daß wir die Bedeutung der Wirkungen, die wir in dieser Vortragsreihe unter dem Begriff 'Umstimmung' zusammengefaßt haben und die bei den Strahlen eine ganz erhebliche Rolle spielen, in wachsendem Maße zu würdigen und bewußt anzuwenden lernen."[23]

In diesem Sinne soll auch dieser Abschnitt dieses Buches enden. Vielleicht sind all die vorgestellten Ansätze ja ein Ansporn, sich diesem Gebiet wieder zuzuwenden.

– 5. –

Weitere energetische Forschungsansätze vom Zweiten Weltkrieg bis zur Gegenwart

In den Wissenschaften lebt man seit Jahrzehnten mit der Kenntnis über nur vier Kräfte (Gravitation, elektromagnetische Wechselwirkung, starke Kernkraft und schwache Kernkraft). Diese Kräfte aber sind weder die einzig denkbaren noch sind weitere prinzipiell ausgeschlossen.[1]

Das von Wilhelm Reich nachgewiesene Orgon ist nun eine weitere universelle Kraft, die sich in ihren Manifestationen und als Energiequelle nachweisen lässt. Doch haben es diese nichtkonformen Ansätze schwer. Es scheint, dass die im vorherigen Kapitel beschriebene Kunde von den Strahlen nicht bloß ins Reich des Vergessens weggeflossen ist, sondern absichtlich dorthin verdrängt wurde. In einem Buch mit dem Titel "Heilmethoden der Außenseiter"[2] zum Beispiel wird keine der bisher erwähnten Heilweisen erwähnt!

Durch die fortschreitende Entwicklung der Messtechnik können nun auch Kraftfelder sichtbar gemacht werden, deren Existenz zuvor nur hypothetisch vermutet werden konnte. So steht mittlerweile fest, dass der Planet Erde sowohl Strahlungen aus dem Weltraum empfängt (Sonnenlicht als allgegenwärtiges Beispiel) als auch selbst ausstrahlt (z. B. Ionenaustausch). Das Magnetfeld der

Erde hat Einfluss auf das menschliche und tierische Verhalten, ebenso der Mondumlauf (28 Tage) und die Umdrehungszeit der Sonne (26 Tage). Das Wissen um diese Phänomene ist anscheinend schon uralt.[3] Neben diesen All- und Erdstrahlen sind auch Strahlen der Tiere, Pflanzen und Menschen nachgewiesen, z. B. in der Hochfrequenzoder Kirlianfotografie[4] oder der Aura-Forschung von Harold Saxton Burr an der Universität von Yale. In den 50er Jahren wurde unabhängig von Reich eine energetische Komponente des Sonnenlichts neu entdeckt.[5] Die französischen Physiker de Broglie und Vigier meinen, dass die von uns erfasste Welt nur eine Oberfläche sei, unter der sich gleich unbekannter Meerestiefen ein Subuniversum erstreckt.[6] Das naturwissenschaftliche Weltbild ist heute wohl wesentlich weniger gefestigt als noch vor 50 Jahren.

Umso merkwürdiger ist es, dass die oben beschriebenen Ansätze und Gedanken insbesondere aus der Zwischenkriegszeit heute vergessen sind. Einerseits wird zwar immer wieder beklagt, "die Nazis" hätten die vielversprechende Forschung in Deutschland um Jahrzehnte zurückgeworfen, aber andererseits wird nichts unternommen, um bestimmte Bereiche eben dieser Forschung heute aufzuarbeiten. Passt es nicht ins Bild, dass all die zuvor beschriebenen therapeutischen und energetischen Ansätze nicht der Schule Freuds entsprungen sind, sondern sich auf völlig andere Weltbilder stützen? Oder liegt hier eine systematische Unkenntnis vor? Die Bevölkerung allerdings scheint nichtkonformen medizinischen Methoden viel aufgeschlossener gegenüberzustehen, als es die Schulmedizin glaubt (oder gerne hätte?).

Gemäß einer im November 1995 vom Emnid-Institut veröffentlichten Umfrage sehen 89 Prozent der Befragten alternative Heilmethoden als sinnvolle Ergänzung der Schulmedizin an, 62 Prozent erkennen den Einfluss durch Gene an, lehnen aber gleichzeitig Genforschung (gleich Genmanipulation) ab. Besonders aufschlussreich ist, dass 82 Prozent der Befragten mehr Mündigkeit für den

Patienten fordern und 97 Prozent angeben, das Gespräch mit dem Arzt sei ihnen wichtiger als die vom Arzt benutzte Methode. Dies ist ein Schlag ins Gesicht all derer, die auf High-Tech-Medizin setzen, und eine Bestätigung der Richtigkeit der Forderungen der Strahlenkundigen, den Patienten in den Mittelpunkt der Behandlung zu stellen. Der Mensch sollte im Zentrum stehen, aber anders als es heute der Fall ist. Die heutige individualistische Gesellschaft der Industriestaaten sieht den einzelnen Menschen als Endpunkt allen Konsums und als Zentrum der Selbstverwirklichung.[7] Vielmehr aber ist der Mensch Ausgangspunkt aller Veränderung, sowohl bei sich selbst als auch in der Gesellschaft. Anders gesagt: Beginnen muss eine Veränderung in jedem Einzelnen selbst, damit das Ganze angemessen mittels der Vril-Kraft gestaltet werden kann.

Ansätze dazu liegen ausreichend vor. Es finden sich in der heutigen Forschung immer mehr Versuche, das Konzept der Orgonomie weiter auszubauen. Im Bereich der Biopsychophysik konnten Kraftlinien und Kraftfelder in und um belebte Körper nachgewiesen werden, die funktionelle Einheiten im Sinne der Orgonomie darstellen. Es zeigt sich, dass biologische Prozesse eng mit energetischen Prozessen verknüpft sind.[8] Die (Wieder-) Entdeckung der Biophotonen als Schnittpunkt von Geist und Materie deutet darauf hin, dass, wie von der Orgonomie vermutet, Energie als fließende Grundkraft Puls des Lebens ist.[9]

Als weitere Ergänzungen zur Orgonomie und den Biophotonen seien nur genannt[10]: die Neubewertung des "Äthers" als Energie im freien Raum, Paul Diracs Theorien der Nullpunktenergie des Vakuums gegen das Postulat vom absoluten Nullpunkt, die Konzeptionen von Skalarfeldern und Quantenschaum zur Beschreibung von Kraftfeldern und Burkhard Heims sechsdimensionales Weltmodell zur Verbindung von Raum-Zeit-Kontinuum und intern-äonischen Dimensionen. In diesen Bereich fallen auch die Untersuchungen von Helmut Schmidt und Walter von Lucadou, die eine

Beeinflussbarkeit quantenphysikalischer Systeme durch den Geist und die Beeinflussbarkeit der Gene durch den Geist belegen.[11]

Man nähert sich Vril von verschiedenen Seiten, aber die vorliegenden Arbeiten deuten in eine gleiche Richtung. Besonders hervorzuheben ist der zu Unrecht vergessene Nikola Tesla, der die heutige Wechselstromtechnologie entwickelte[12] und Elektrizität mit Lebensenergie verband.[13] Er forschte im Bereich der Freien Energie, die er als "Äther" bezeichnete und die viele Parallelen zum Orgon aufweist. Seine Technologie für eine weltweite freie Nutzung dieser Energie ist leider verschollen.[14]

Letztlich sind auch bei medizinischen und psychologischen Therapien, insbesondere durch die Biophotonenentwicklung, orgonomische Ansätze weiterentwickelt worden.[15] Im Zusammenhang mit den Biophotonen ist vielleicht auch eine orgonomische Erklärung der Phänomene spontaner Selbstverbrennung[16] möglich.

In der Astronomie, deren Theorie der Schwarzen Löcher ja der Orgonomie widerspricht, werden in letzter Zeit Zweifel laut, wobei einige davon in Richtung Orgonomie weisen.[17]

Der Physiker Stephen Hawking, sicher einer der berühmtesten Wissenschaftler dieses Jahrhunderts, überraschte Mitte 1995 die Welt mit seinem Plan, eine Zeitmaschine zu bauen. Hauptproblem bei der ganzen Sache, so Hawking, sei die Erzeugung der für diese Maschine nötigen ungeheuren Energiemenge. Kein Problem ist dies für den weniger bekannten Forscher G. R. Steinhäuser. In seinem Buch "Heimkehr zu den Göttern" behauptet er, durch eine entsprechende Verbindung der Körperenergien mit den kosmischen Energieströmen sei eine Bewegung durch die Zeit ganz einfach.

> "Einmal wird es soweit sein, daß der Kapitän eines irdischen Raumschiffes ganz selbstverständlich ansagt: '98 Prozent LG, Normalantrieb aus, 5-D-Werke auf Vollast, Zielstern am Computer, Schutzschirme ein. Bitte zum Zeitsprung bereitmachen, in drei Minuten erfolgt der Übergang ...'."[18]

Dass diese energetische Technik dann auch so nebenbei das ewige Leben ermöglicht, versteht sich für Steinhäuser von selbst. Bezeichnenderweise taucht in seinem Buch der Begriff Vril nicht auf, obwohl Steinhäuser in seinem Buch zwei wesentliche Ziele der Vril-Gesellschaft, nämlich Zeit- und Raumreisen[19], auf energetischer Grundlage bespricht.

Wesentlich bescheidenere Ziele vertritt die in den USA ansässige ISSEEM, die "International Society for the Study of Subtle Energies und Energy Medicine". In der Ankündigung zur Jahresvollversammlung 1996 heißt es, die ISSEEM verbinde das überlieferte Wissen um feinstoffliche Energie und deren Heilmöglichkeiten mit modernen Wissenschaften, Medizin und Theorien. Dabei werden Themen berührt wie Felder und Energien, Bioelektromagnetismus, Spiritualität oder energetisches Heilen. Damit steht die ISSEEM in der Tradition der deutschen Strahlenkundigen der Zwischenkriegszeit.

Erkenntnisse über Vril berühren auch die Ernährungsgewohnheiten. Der Mensch nimmt das Vril aus der Umwelt auf, also durch Atmung und durch Nahrung. Angesichts der heute weltweiten Zerstörung unserer Lebensgrundlagen erhält dadurch die Umweltvergiftung eine neue, bedrohliche Dimension. Auch die Radioaktivität von den Kernkraftwerken und deren Abfall, die Orgon in DOR umwandeln, droht das atmosphärische Orgon als Energiequelle für die Zukunft zu vernichten.

Der Mensch nimmt einen Großteil des Orgon durch die Nahrung auf. Da diese Nahrung aber durch die Produzenten wissentlich immer mehr denaturiert wird[20], ist auch hier die Quelle der Lebensenergie bedroht. Da nicht die Kalorien, sondern der Informationsgehalt für die Biophotonen die Qualität der Nahrung bestimmt[21], ist die meiste Nahrung, auch die als "biologisch angebaut" deklarierte, minderwertig.[22] Es steht zu befürchten, dass die für den Energiefluss notwendigen Transmutationsprozesse nicht mehr ablaufen können[23] und der Organismus in einer vollständigen und nicht mehr auflösbaren Panzerung erstarrt. Die durch die Gentechnologie möglichen Schäden für diese Prozesse sind nicht abzuschätzen. Energetisch gesehen sind wir ernährungsbedingte Pflegefälle, was es sehr erschwert, die natürlichen Energien nutzen zu können. Eigentlich müsste jeder Mensch angesichts der Massentierhaltung, der Nahrungsmittelproduktion in Industriebetrieben und dem unnützen Nahrungsmittelüberangebot mit allen Mitteln dafür kämpfen, diesem System ein Ende zu bereiten.[24]

Es gibt aber einen guten Grund, auf Rettung der geschändeten Mitwelt zu hoffen: Der bereits durch die Medien bekannt gewordene Mechaniker Roland Plocher, der sich selbst als "Finder" bezeichnet[25], hat eine Methode entwickelt, in toten Seen das Gleichgewicht wiederherzustellen, schadstoffüberladene Gülle wieder in nährstoffreichen Dünger zu verwandeln und Pflanzenwachstum zu fördern.[26] Sein Quarzsandmehl, in dem anscheinend energetische Information gespeichert ist, reduziert nachweislich Schadstoffe, erhöht den Sauerstoffgehalt und setzt stabilisierende Prozesse in Gang.[27] Schon viele schweizerische[28] und westdeutsche Gemeinden haben die Methode erfolgreich angewendet und kommunale Gewässer, die biologisch tot waren, wieder kuriert. So hat z. B. die Stadt Cuxhaven ihren Schlossgraben im Juni 1996 mit Quarzsand regeneriert. In der dortigen Tageszeitung heißt es dazu ganz offen:

> "Kosmische Strahlung wird mittels einer von Plocher entwickelten und streng geheim gehaltenen Apparatur zu einem starken Energiefeld gebündelt. (...) Die energetische Information strahlt an das Wasser ab und wandelt anaerobe Fäulnisprozesse in aerobe Prozesse – also Atmung – um".[29]

Sogar in Vietnam wird Plochers Quarzsand benutzt.[30]

Roland Plocher ist durch die magnetische Behandlung eines Arztes angeregt worden, sich eingehend mit der Urenergie im Universum zu beschäftigen. Diese bündelt er und speichert sie im Quarzsand. Es ist gespeicherte energetische Information, die durch herkömmliche physikalische Methoden nachweisbare Effekte bei der Behandlung hervorruft. Plocher bedient sich kosmischer Energie als aufbauendes und den natürlichen Zustand wiederherstellendes Mittel. Reich hatte in Pflanzenversuchen Orgon mit ähnlichen Erfolgen verwendet.

Plocher selbst strebt eine umfassende Heilung der Natur an und sagt:

> "Bei all meinen Versuchen steht die ethische Verantwortung an erster Stelle. Weg und Ziel müssen in harmonischem Einklang mit der Schöpfung stehen. Schon eine geringe Abweichung von dieser grandiosen Schöpferordnung hat fatale Folgen. Mein Ziel ist es, dort, wo diese natürliche Ordnung gestört ist, sie wiederherzustellen."[31]

Obgleich sich sogar staatliche Stellen Plochers Quarzmehls bedienen, gibt es immer noch einige, die genau 'wissen', dass das alles überhaupt nicht wahr ist. "Die Humbug-Produkte (von Plocher; Anm. H. G.) finden reißenden Absatz" heißt es unter erprobter Nichtachtung der Tatsachen im Spiegel.[32] Auch in der Schweiz hatte Plocher Probleme, nach der erfolgreichen Wiederbelebung z. B. des Murtensees, von den Behörden zugesagte Finanzmittel zu bekommen.[33] Aber Plocher hat es geschafft, im Alleingang Anerkennung und Bekanntheit für seine Methode zu erlangen.

Die Gefahren, die durch die vielfältigen Formen des Strahlen- und Wellensmogs auf unser körpereigenes Energiesystem einwirken, sind noch nicht abzusehen. Computer, Fernseher, Handys, Mikrowellenherde und Atomreaktoren erzeugen ein Strahlen-

und Wellenwirrwarr, das die Grundschwingung unserer Erde (um die 8 Hertz) überlagert und die körpereigenen Systeme beeinflusst.[34] Schon Tesla hatte das erkannt und entsprechende Vorsichtsmaßnahmen gefordert.[35] Durch dieses Wellenchaos wird auch die direkte Aufnahme von Vril behindert.[36] Anscheinend haben Lebewesen speziell ausgebildete Strukturen, die in der Lage sind, diese freie Raumenergie anzuzapfen. Bei der Untersuchung einer Vielzahl von Tieren gelang es, diese Fähigkeiten bei 87 Tierarten nachzuweisen.[37] Hier zeigen sich deutliche Zusammenhänge mit der Biophotonen-Forschung.[38] Für den Menschen liegen bisher die Ergebnisse von Seidel vor, der Energieeintritte und -austritte am menschlichen Körper mit einer speziellen Messtechnik sichtbar machen konnte.[39] Der Physiker Karsten Krause hat biophysikalische Messmethoden entwickelt, um die Energie und Schwingungen zu erfassen.[40]

Der Mensch als offenes System ist ein Signalwandler und Biosensor, der die verschiedensten Umweltreize verarbeitet und beantwortet. Diese Prozesse, die in der Esoterik mit dem "Bewusstsein" beschrieben sind, können durch Amplituden- und Frequenzmessung nachgewiesen werden. Anscheinend ist es heutzutage also möglich, den Weg der energetischen Information vom Körpereintritt über die Verarbeitung bis zum Wiederauftritt zumindest sichtbar zu machen.

Nun sind aber die Wege, auf denen der Mensch Vril durch Materie aufnehmen kann, gestört. Man könnte daher fast vermuten, die Vergiftung der Nahrungsmittel geschehe geplant. Einer der wichtigsten Schritte auf dem Weg ins neue Weltenalter ist daher wohl die Säuberung unserer Umwelt von diesen Störungen. Ökologie hat somit den Rang einer überlebensnotwendigen Haltung. Hoffnung auf eine umfassende Reform bietet der Bioregionalismus[41], der Spiritualität, Ökologie und Heimatbewusstsein verbindet. Der Bioregionalismus richtet sich vor allem nach den

Gegebenheiten der Natur, er steht für einen spirituellen Bezug zum Land und zu den Orten der Kraft und eine am Landeswohl ausgerichtete Politik. Im deutschsprachigen Raum sind an die hiesigen Verhältnisse angepasste bioregionalistische Gruppen erst im Entstehen.[42]

Gemäß der Konzeption und der Realität ist Vril interkosmisch und untrennbar verbunden mit dem Wissen um kosmische Zusammenhänge. Daher bezeichnet Joseph H. Cater Vril auch als die "erhabene Lebenskraft" und sieht in ihr die Grundlage für alle okkulten und physischen Phänomene des Universums.[43] Cater zieht auch eindeutige Verbindungen zwischen Vril und den Reichschen Forschungen zur Orgonomie. Der Zusammenhang zwischen der inneren Erde und dem Searl-Effekt[44] sowie der Freien Energie wird ebenfalls deutlich betont.

Ähnlich konzipiert ist die Metronfeldtheorie von Burkhard Heim, die als sechsdimensionale Struktur- und Quantenfeldtheorie neben Licht oder Gravitation auch Bewusstsein oder esoterische Phänomene zu erklären versucht.[45] Bemerkenswert ist, dass Heim die Entstehung von Krebs auf eine Störung der Biophotonen zurückführt, was der Reichschen Auffassung von Krebs sehr nahekommt.

Joseph Oberbach beschreibt die von ihm entdeckte und als "Feuer des Lebens" bezeichnete Kosmo-Energie als eine Kraft, die in verschiedenen Wellenformen als magnetisches Erdfeld nachgewiesen werden kann.[46] Sowohl im All als auch im Menschen (Bio-Energie) haben diese Wellen Auswirkungen auf Gleichgewicht und Energetik. Oberbach bezeichnet Wilhelm Reich zwar als Pseudowissenschaftler, vermittelt aber in seinem etwas verworrenen Buch selbst viel eher einen pseudowissenschaftlichen Eindruck.[47] Dennoch sind auch bei ihm die Parallelen zu Vril unübersehbar.

Mit dem Begriff Energie im Zusammenhang mit Heilverfahren und Therapien ist in den letzten Jahren viel Unfug getrieben worden. Nicht alles, was energetisch klingt, ist es auch. Die "Psychoenergetik" eines Therapeuten aus Norddeutschland arbeitet nicht mit wirklicher Energie. Der von einem Versand in Regensburg angebotene Kristallstab wird zwar "Vril-Stab" genannt, hat sonst aber mit der Idee, die hinter Vril steht, nichts zu tun. Der gleiche Versand bietet aber auch Pendel an, die "wie kleine Orgon-Strahler" wirken sollen und "somit Information und Energie durch Schwingungen übertragen" (aus dem Werbeprospekt vom August 1995).[48] Als "nützlichen" Nebeneffekt soll das Pendel auch gegen die Störinformationen der Bar-Codes (Strichcodes auf allen Verpackungen) helfen.

"Wunderheilungen" hat es zu allen Zeiten gegeben, und diese haben nichts zu tun mit dem, was heute in der wild wuchernden pseudotherapeutischen Sektenszene als solche verkauft werden. Der heutige in der Wissenschaft verbreitete Begriff ist "spontane Remission". Dabei handelt es sich um medizinisch nicht erklärbare, unvermutete und außerhalb jeder Erfahrung liegende plötzliche Gesundungen von Kranken. Eine ausführliche Dokumentation von mehreren Hundert Fällen aus der wissenschaftlichen Literatur hat das kalifornische Institute of Noetic Science durchgeführt.[49] In dieser Dokumentation kommt man zu dem Schluss, dass spontane Remissionen ein Ergebnis der Selbstheilungskräfte des Menschen ist. Diese können durch besondere psychische Faktoren entfacht werden. Der Schluss ist zulässig, dass hier energetische Prozesse eine Rolle spielen. Zwei hessische Ärzte z. B. erklären die unerwartete Heilung eines zwölfjährigen Jungen von einem lebensbedrohenden Darmleiden durch einem "heilenden Kraftstrom".[50]

Die Orgontherapie von Reich, sozusagen Vril-Psychologie, wird in Deutschland u. a. vom Wilhelm-Reich-Institut in Berlin gelehrt. In den USA, wo der Begriff Orgon außer in wissenschaftlichen

Abhandlungen immer noch offiziell verboten ist, werden ab und zu Fall-Studien zur Orgontherapie veröffentlicht.[51] Vom Leiter des Wilhelm-Reich-Instituts wurde mitgeteilt, dass in den USA und Kanada sehr wohl Therapeuten mit Orgontherapie und Orgonakkumulatoren arbeiten, und auch im deutschen Sprachraum kommt es verstärkt zur Anwendung dieser Therapie. Zwar besteht auf Kongressen in den USA großes Interesse am Thema Orgonomie, entsprechende Vorträge können aber immer noch nur mit Scheintiteln angekündigt werden.

Ob die von einigen Medizinern vertretene These stimmt, das AIDS-Virus sei von der Weltgesundheitsorganisation WHO in die Welt gesetzt worden[52], mag dahingestellt sein. Allerdings ist AIDS ein Virus, das im Gegensatz zu allen bisher bekannten Viren bzw. Bakterien nicht partiell im Körper angreift, sondern den gesamten Organismus bzw. dessen Immunsystem sabotiert. Inwieweit eine energetische Behandlung gegen AIDS hilfreich wäre, ist mir nicht bekannt, aber, wie die Erfolge des Wilhelm-Reich-Instituts bei der Behandlung von Krebs zeigen, vielleicht möglich. Solange Reich in den USA weiterhin verfemt ist, wird man diese Möglichkeit der AIDS-Forschung trotz Dringlichkeit wohl nicht anwenden können. Hier stehen allerdings andere Interessen im Vordergrund. Es wäre jedoch ungewöhnlich, wenn die AIDS-Forschung nicht von machtpolitischen Interessen beeinflusst würde. Verschwörungstheoretiker mutmaßen sowieso hinter Pest, AIDS und anderen Seuchen gezielt zur Bevölkerungskontrolle eingesetzte Maßnahmen.[53]

Leider muss immer bedacht werden, dass Vril natürlich auch als Waffe genutzt werden kann. Schon Reich hat ja sein Spacegun damit betrieben. Teslas Wissen ist von amerikanischen Physikern zum Waffenbau verwendet worden, obwohl offiziell die meisten Unterlagen Teslas verschwunden sein sollen. Anscheinend ist aber noch genug greifbar.

Die amerikanischen Forscher Robert O. Becker und Gray Selden beschreiben in einem Buch über Körperelektrik russische Versuche mit elektromagnetischen Impulsen, "Schmerzstrahlen"-Versuche der Amerikaner Anfang der 70er Jahre und das Projekt MKULTRA, das die Beeinflussbarkeit von Menschen mittels Radiostrahlen untersuchte.[54] Weiter berichtet Becker in einem anderen Buch über zwei US-amerikanische Forschungsvorhaben, die mit elektromagnetischen Kräften arbeiten, wie sie auch Tesla beschrieben hat[55]: Zum einen nennt Becker das Ground-Wave Emergency Network (GWEN), das eine Kommunikation durch die Verwendung sich am Boden aufbauender elektromagnetischer Felder ermöglicht. Diesen Feldern wäre dann die ganze US-Bevölkerung ausgesetzt, was laut Becker zu Störungen der Wahrnehmung und damit des Verhaltens führen könnte. Als zweites wird das High-Power Pulsed Microwave-Programm (HPM) angesprochen. Hier werden extrem kurze, aber intensive Wellen für einen Einsatz gegen Weichziele (vulgo: Menschen) getestet. "Gegenüber den subtilen Veränderungen, die GWEN-Felder auslösen, kommen die Veränderungen im kognitiven Bereich und im Verhalten durch HPM der Wirkung eines Dampfhammers gleich."[56]

In diesem Zusammenhang soll erwähnt werden, dass der ehemalige Schachweltmeister Boris Spassky behauptet hatte, er habe seinen Titelkampf gegen Bobby Fischer nur verloren, weil er mit "Verwirrungsstrahlen" während der Partie "bombardiert" worden sei.

Geheimdienste sollen angeblich mit Medical-DOR-Bustern[57] einen Persönlichkeitstausch vornehmen können. Zu diesem Zweck werden die Persönlichkeiten von zwei Personen mittels des Busters in zwei Wassereimer geleitet, die Eimer getauscht und der Inhalt zum Trinken gegeben.

Ebensowenig nachprüfbar sind die Angaben eines Offiziers der Armee von Taiwan, die im Dezember 1995 in den Internet-Newsgroups verbreitet wurden. Dieser Offizier, Alan Yu, sagt von sich, er habe an der Erforschung von Technologien zur Bewusstseinskontrolle und an der Erprobung von Gedankenlesemaschinen mitgearbeitet. Über ähnliche, noch wesentlich weitergehende Forschungen berichten Preston B. Nichols und Peter Moon in ihren Büchern über das Montauk-Projekt.[58] Demzufolge soll es mit der Hilfe deutscher Maschinen aus den 40er Jahren und außerirdischer Technologie gelungen sein, Zeittunnel zu erschaffen, in ganzen Städten die Menschen in ihrem Verhalten zu beeinflussen, und in der Zukunft möglich sein, riesige Goldschätze der Nazis zu entdecken.

Inwieweit die Ergebnisse der Reichschen Wetterexperimente heute noch von der US-Regierung genutzt werden, ist nicht bekannt. Fest steht aber wohl, dass weltweit an militärisch nutzbarer Wetterkontrolle gearbeitet wird.[59] Schon 1973 hat Honduras die USA beschuldigt, das Wetter manipuliert zu haben, um einen Hurrikan von Florida fernzuhalten, weswegen in Honduras der Regen ausgeblieben sei.[60] Eine Nutzung des Cloudbusters zu solchen Zwecken hätte neben den direkten Umweltschäden und der Zerstörung von Menschenwerk eventuell auch einen unmittelbaren Einfluss auf die Psyche.[61] Auch hier bestehen Möglichkeiten einer systematischen, Vril-schädlichen Beeinflussung der Menschen durch das Wetter. Genau davor hat Reich am Ende seines Buches "OROP-Wüste" gewarnt, als er schrieb, es gäbe

> "Anlaß, ernsthaft über mögliche Schäden nachzudenken, die einer ahnungslosen Bevölkerung entstehen können, wenn nicht bald entsprechende Regelungen für Wetterbeeinflussungsoperationen wirksam und von Verwaltung und Bevölkerung dann auch effektiv befolgt werden."[62]

In Berlin wurde Ende der achtziger Jahre unter der Leitung des kalifornischen Wissenschaftlers James DeMeo das "Orgonomische Projekt Waldheilung" ins Leben gerufen, an dem sich u. a. deutsche, österreichische und schweizerische Mitglieder des Wilhelm-Reich-Instituts und der Wilhelm-Reich-Gesellschaft beteiligten. Man wollte testen, ob Reichs Cloudbuster etwas gegen die stagnierenden Inversionsschichten und die Luftverschmutzung im Großraum Berlin ausrichten könne. Besonders im Sommer 1994, der durch langanhaltende Trockenheit gekennzeichnet war, führte der Einsatz des Cloudbusters zum langersehnten Regen, durch den u. a. auch ein Waldbrand in der Umgebung gelöscht werden konnte. 1995 wurde das Projekt Waldheilung aufgegeben, da die Smog-Alarmmeldungen in Berlin drastisch zurückgegangen waren. Inwieweit dies tatsächlich auf die Cloudbusting-Experimente zurückzuführen ist, bleibt dahingestellt, da eine gründliche Auswertung der Daten leider derzeit noch nicht abgeschlossen ist. Obwohl man sich in Berlin der Gefahren eines Cloudbuster-Missbrauchs sowie der Möglichkeit bewusst war, durch die herbeigeführten Wetterbeeinflussungen bei wetterfühligen Menschen unvorhersehbare biometeorologische Reaktionen hervorzurufen, wurde James DeMeo zufolge in Berlin keine Zunahme von Erkrankungen registriert[63], die mitunter als Begleiterscheinung des Cloudbustings, hervorgerufen durch das DOR, auftreten kann.

Hingegen meldete in einem nicht näher bezeichneten Ort in Deutschland jemand, der sein Haus in der Einflugschneise eines UFO-Stützpunktes wähnt und der diese UFOs mit seinem zum Spacegun umgewandelten Cloudbuster beschoss, es würde seit diesem Beschießen viel mehr regnen und er selbst sei häufiger krank als zuvor. Angesprochen auf diese Folgen meinte er, sie würden von den UFOs hervorgerufen.

Gerade das letzte Beispiel ist u. a. der Grund, warum bestimmte Gruppen ihr Wissen nicht jedem preisgeben und die Vril- bzw. Orgon-Technologie allgemein zugänglich machen. Wilhelm Reich wusste um diese Gefahren und folgerte:

"Ist eine Wahrheit zu riesig, wird sie zu etwas Lästigem und damit nutzlos. Hält sich eine Wahrheit um des Überlebens willen klein und harmlos, geht sie in endlosen Gerede unter und bleibt wirkungslos."[64]

Auf einer Tagung in Heidelberg Anfang der 90er Jahre berichtete ein Cloudbuster-Anwender stolz, er habe mit seinem Buster den radioaktiven Fallout nach Tschernobyl von Heidelberg ferngehalten. Als in die bewundernde Stille des Publikums hinein sich ein Zuhörer mit der Frage meldete, ob wegen dieses Umleitens München die bekannterweise vielfach über dem Durchschnitt liegende Dosis abbekommen habe, brach im Saal Tumult aus.

Dieses Beispiel zeigt, dass der Einsatz von Vril-Technologie den einen guttut, den anderen aber schadet. Nur eine Gesellschaft, die sich dieser Eingriffe bewusst ist und nicht machtpolitische oder individuelle Eigeninteressen in den Vordergrund stellt, ist einer solchen Technologie würdig. Eine Gemeinschaft, die die Vril-Kraft zum Wohle anderer anwenden will, muss mehr Verantwortung im Umgang mit ihren Mitteln zeigen als die heutige materialistisch-egoistische Gesellschaft.

Doch, und auch das ist ein Lebensgrundsatz, nichts soll in negativen Gedanken enden. Neben all den Flugscheiben, Verhaltensbeeinflussungen und dem machtpolitischen Gerangel ist Vril immer noch die Lebenskraft und die Heilkraft, die uns umgibt und die überall spürbar ist. Die letzten Absätze führen denn auch zurück zur Natur, zum Menschen und zu seiner Heimat.

Bäume, Sinnbild für den Kreislauf der Jahreszeiten, der Natur und des Lebens, von der germanischen Welteiche bis hin zu unseren Maibäumen, verströmen heilsame Schwingungen. Schon Hildegard von Bingen wusste das zu schätzen. In der heutigen Zeit, im Zuge der spirituellen Hinwendung zur Natur, bedient man sich wieder dieser Energien des Holzes.[65] Jeder Mensch hat dabei seine besondere Baumsorte, deren Schwingungen ihm guttun, sagt der Naturarzt Jakob Hertner in seinem Buch "Die Kraft der Bäume" und ruft dazu auf, vom Herzen her auf die Bäume zuzugehen. Dieser Aufforderung eingedenk wird klar, welch unermesslichen Schatz wir an unseren Wäldern haben.

Wer nun in Wald und Flur nach seinem speziellen Baum Ausschau hält, der mag auch verweilen an "heiligen Orten" wie an den Grabhügeln unserer germanischen oder keltischen Vorfahren, an alten Kultstätten oder in Kirchen, Kapellen oder an Wegkreuzen. Viele dieser Orte sind Kraftorte, was den Geomantikern schon lange bekannt ist[66]. Ihr Besuch schenkt nicht nur Energie, er vermittelt auch etwas von Tradition und Geschichte der Region, in der sich diese Plätze befinden. Selbst wenn einer dieser Orte einmal kein Kraftplatz sein sollte, lohnt daher der Weg.

Die Welt, in der wir leben, mit all den verschiedenen Völkern, Kulturen und Landschaften, ist trotz aller Missstände ein wunderschöner Ort. Noch ist es Zeit, die vollständige Vernichtung unserer Mitwelt aufzuhalten und allen Völkern ein menschengerechtes Überleben zu sichern. Vril und seine Anwendung könnten dabei helfen. Vielleicht trägt dieses Buch dazu bei, dass ein klein wenig von dieser Hoffnung verwirklicht werden kann. In diesem Sinne sind die abschließenden Äußerungen von Alfred Judt Mahnung und Hoffnung zugleich, dass die Menschen es eines Tages schaffen, natur- und heimatverbunden friedlich miteinander zu leben:

> "Ich denke, daß als Fazit unserer Überlegungen festgestellt werden muß, daß die Strahlungsprobleme mehr als jede andere Wissenschafts- und Weistumsdisziplin der tiefschürfenden Erforschung bedürfen. Denn was wir davon wissen, zeigt uns nichts weniger, als daß alles Weltgeschehen auf Strahlung, Schwingung, Wellenfortpflanzung aufgebaut ist. (...) Wem es gelingt, ein universal brauchbares Meßgerät für Schwingungen aller Frequenzen und

Längen und aller Wellenamplituden zu schaffen und daneben ein Instrumentarium zur Erzeugung von Strahlungen beliebiger Frequenz, den wird die Weltgeschichte unter die Größten aller Großen einreihen. Denn er würde der Welt die Schlüssel zu allem Weltgeschehen gegeben haben. (...) Es gibt auf Erden nicht vieles, was so zu wissen verlohnt, wie die Kenntnis der Strahlungs- und Schwingungszusammenhänge."[67]

Anmerkungen TEIL I

Auf den Spuren eines Mythos (Dr. Peter Bahn)

Einleitung – Fährten durch Zeit und Raum ...

1 Wesentliche Ergebnisse der Vorarbeiten zu diesem Buch flossen bereits in einen Vortrag zum Thema ein, der im Rahmen des vom Jupiter-Verlag veranstalteten Kongresses "Neue Horizonte in Technik und Bewußtsein" im September 1995 in Gwatt/Schweiz gehalten wurde. Der Vortragstext wurde Anfang 1996 in einem Tagungsband zum Kongress veröffentlicht (vgl. Bahn 1996 a). Weitere Ergebnisse, vor allem zu den esoterischen Hintergründen Edward Bulwer-Lyttons und seines Romans "The Coming Race", wurden im Frühjahr 1996 in Form eines Aufsatzes in der schweizerischen Zeitschrift "New Scientific Times" veröffentlicht (vgl. Bahn 1996 b).

1. "The Coming Race": Eine abenteuerliche Geschichte

1 Bulwer-Lytton 1990, S. 17 f
2 Bulwer-Lytton 1990, S. 63
3 Bulwer-Lytton 1990, S. 48
4 Bulwer-Lytton 1990, S. 68
5 Bulwer-Lytton 1990, S. 82
6 Bulwer-Lytton 1990, S. 73
7 Bulwer-Lytton 1990, S. 129
8 Bulwer-Lytton 1990, S. 143

2. Die Vril-Kraft bei Bulwer-Lytton

2.1. Bulwer-Lyttons energetische Konzeption

1 Bulwer-Lytton 1990, S. 44
2 Bulwer-Lytton 1990, S. 37
3 Bulwer-Lytton 1990, S. 37
4 Bulwer-Lytton 1990, S. 44
5 Bulwer-Lytton 1990, S. 45
6 Bulwer-Lytton 1990, S. 18
7 Bulwer-Lytton 1990, S. 19
8 Bulwer-Lytton 1990, S. 74
9 Bulwer-Lytton 1990, S. 74 f
10 Bulwer-Lytton 1990, S. 75

11 Bulwer-Lytton 1990, S. 75
12 Bulwer-Lytton 1990, S. 77
13 Bulwer-Lytton 1990, S. 44
14 Bulwer-Lytton 1990, S. 99 f
15 Bulwer-Lytton 1990, S. 79
16 Bulwer-Lytton 1990, S. 79
17 Gebelein 1996, S. 15 f
18 Bulwer-Lytton 1990, S. 37
19 Bulwer-Lytton 1990, S. 37
20 Vgl. Bulwer-Lytton 1990, S. 37

2.2. Parallelen zum Mesmerismus

1 So die Bezeichnung im Untertitel der Mesmer-Biografie von Florey 1995
2 Florey 1995, S. 20-26 und Miers 1982, S. 232
3 Florey 1995, S. 29-32
4 Florey 1995, S. 60 f
5 Florey 1995, S. 62-64, Biedermann 1976, S. 207 f
6 Florey 1995, S. 65-67
7 Miers 1982, S. 280 und Florey 1995, S. 66-71
8 Florey 1995, S. 65
9 Bulwer-Lytton 1990, S. 37

2.3. Parallelen zu Reichenbachs odischen Kräften

1 Ferzak 1987, S. 9-12
2 Ferzak 1987, S. 17 f
3 Ferzak 1987, S. 32-40
4 Ferzak 1987, S. 25-28
5 Ferzak 1987, S. 157
6 Ferzak 1987, S. 62 f
7 Miers 1982, S. 298 und Ferzak 1987, S. 63-67
8 Zitiert nach Ferzak 1987, S. 67
9 Bulwer-Lytton 1990, S. 79
10 Bulwer-Lytton 1990, S. 37
11 Bulwer-Lytton 1990, S. 37 f. Die Schriften Reichenbachs sind mittlerweile nur noch schwer zugänglich, zu erwähnen ist die Neuauflage seiner "Odisch-Magnetischen Briefe" im Wiener Karolinger-Verlag 1980
12 King 1995, S. 14-17
13 Bergmann 1932, insbesondere S. 74-78. Zu Person und Werk Bergmanns vgl. Bahn 1994
14 King 1995, S. 11 f
15 Schepelmann 1975, S. 21-25
16 Göbel 1993, S. 239

3. Edward Bulwer-Lytton: Zur Person

3.1. Die Karriere eines Literaten

1 Bloch/Lindenstruth 1991, S. 1
2 Bloch/Lindenstruth 1991, S. 1 f
3 Bloch/Lindenstruth 1991, S. 2 f
4 Bloch/Lindenstruth 1991, S. 3
5 Göbel 1993, S. 153 f. Zu erwähnen sind in diesem Zusammenhang u. a. Bulwer-Lyttons ausführliche Gespräche mit dem Archäologen Sir

William Gell, den er 1833 in Rom besuchte und dem "The Last Days of Pompeii" gewidmet ist.

6 Zentner/Würz (Hrsg.) 1966, S. 191–195

7 Richter 1993, S. 36 f

8 Bloch/Lindenstruth 1991, S. 4 f

9 Göbel 1993, S. 163

10 Bulwer-Lytton 1994, S. 223

11 Bulwer-Lytton 1994, S. 97

12 Bulwer-Lytton 1994, S. 224

13 Bulwer-Lytton 1994, S. 232

14 Bloch/Lindenstruth 1991, S. 4

15 Bloch/Lindenstruth 1991, S. 4

16 Bloch/Lindenstruth 1991, S. 4

17 Die im Vergleich zu seinen Lebzeiten seit Jahrzehnten nur noch geringe Bekanntheit Bulwer-Lyttons schmälerte allerdings in keiner Weise die Wirkung einiger seiner wesentlichsten Romane, insbesondere von "The Coming Race", auf bestimmte, auch geschichtsmächtige, weltanschauliche Strömungen.

3.2. Das Umfeld: Die englischen Rosenkreuzer

1 Miers 1982, S. 141 f. Nardini 1994, S. 239-241 und Edighoffer 1995, S. 17 f. Hinsichtlich des Begräbnisortes von Rosencreutz ist von "Engelland" die Rede, was außer der geografischen Deutung auch noch eine mystisch-allegorische im Sinne von "Land der Engel" zulässt.

2 Edighoffer 1995, S. 11 f

3 Edighoffer 1995, S. 18

4 Biedermann 1976, S. 275

5 Biedermann 1976, S. 274 f und Edighoffer 1995, S. 19–26, S. 86–88

6 Edighoffer 1995, S. 13-15, zur Entwicklung in England vgl. auch S. 96–100

7 Edighoffer 1995, S. 100

8 Edighoffer 1995, S. 106

9 Frick 1978, S. 6 und 24 f sowie Edighoffer 1995, S. 109–111

10 Zum sog. "Neueren Rosenkreuzertum" seit Mitte des 19. Jahrhunderts vgl. kursorisch Edighoffer 1995, S. 121–127, zu den heute aktiven Gruppierungen dieser Strömung auch Schneider 1995, S. 209–235

11 Frick 1978, S. 351

12 Frick 1978, S. 25 f

13 Miers 1982, S. 433

14 Frick 1978, S. 26

15 Miers 1982, S. 253 f

16 Während Frick 1978, S. 352, das Jahr 1853 ohne weitere Datumsangabe nennt, glaubt Miers 1982, S. 254, den Besuch auf die Zeit zwischen Mai und Juli 1854 terminieren zu können.

17 Miers 1982, S. 254

18 Frick 1978, S. 352

19 Laarss 1922, S. 25

20 Laarss 1922, S. 25

21 Laarss 1922, S. 56–59 und Miers 1982, S. 49 f

22 Laarss 1922, S. 56 f

23 Frick 1978, S. 350

24 Frick 1978, S. 346

25 Frick 1978, S. 350
26 Frick 1978, S. 363, S. 367 und S. 376 f sowie Kaltenbrunner 1986, S. 46 f
27 Möller/Howe 1986, S. 126. In dieser Veröffentlichung, einer Biografie über Reuß, sind auch weitere Details über dessen vielfältige Querverbindungen zu Gemeinschaften und Kreisen in England und Deutschland zu finden.
28 Miers 1978, S. 86
29 Frick 1978, S. 350
30 Frick 1978, S. 351

4. Vril, Rosenkreuzer und Alchemie

1 Frick 1978, S. 356
2 Gebelein 1996, S. 18. Gebelein weist allerdings zu Recht darauf hin, dass gerade dieser Sorte von alchemistischen "Goldmachern" nicht wenige Grunderkenntnisse zu verdanken sind, von denen die Anfänge der modernen Chemie ihren Nutzen hatten.
3 Gebelein 1996, S. 15 f
4 Biedermann 1976, S. 22
5 Gebelein 1976, S. 46
6 Biedermann 1976, S. 300
7 Biedermann 1976, S. 328
8 Biedermann 1976, S. 328
9 Evola 1990, S. 53
10 Biedermann 1976, S. 304 f

5. In den Tiefen der Erde: Von den Mythen der Völker, der Hohlwelt-Lehre und Agartha

1 Cooper o. J., S. 80 f
2 Grimal 1967, S. 93 f
3 Graichen 1991, S. 358 f
4 Kiessling 1925 sowie Kadmon 1996
5 Silber o. J., S. 6
6 Silber o. J., S. 18-233
7 Silber o. J., S. 24
8 Silber o. J., S. 33-39
9 Silber o. J., S. 49
10 Silber o. J., S. 57
11 Silber o. J., S. 58 f
12 Hieronimus 1980, S. 325
13 Hieronimus 1980, S. 325-327, als Quellenschriften sei u. a. auf Schmid 1929 b, Lang 1936 und Neupert 1936 verwiesen.
14 Ossendowski 1923, S. 346
15 Ossendowski 1923, S. 346 f
16 Ossendowski 1923, S. 353
17 Guenon 1987, S. 14-17
18 Guenon 1987, S. 87 f
19 Charroux 1979, S. 258 f
20 Innere Erde Gemeinschaft (Hrsg.) 1996, S. 2. Zum Verhältnis Agartha/Shambhala vgl. auch Miers 1982, S. 11 f und 372 f; zu Shambhala ferner Bernbaum 1995
21 Petri 1908, S. 2-4
22 Petri 1908, S. 4-11

6. Bulwer-Lyttons Rezeption und Wirkung

1 Bloch/Lindenstruth 1991, S. 5
2 Opel 1971, S. 74
3 Originalzitate Blavatskys bei Maclellan 1982, S. 178 f
4 Wachsmuth 1990, S. 6. Wachsmuth war Sekretär und Schatzmeister der Allgemeinen Anthroposophischen Gesellschaft.
5 Wachsmuth 1990, S. 6
6 Dies gilt z. B. für die 1980 bei Suhrkamp erschienene Übersetzung von M. Walter unter dem Titel "Das kommende Geschlecht".
7 Wachsmuth 1990, S. 5
8 Wachsmuth 1990, S. 7
9 Wachsmuth 1990, S. 7

7. Die Entstehung des Mythos

7.1. Pauwels/Bergier, der "Aufbruch ins Dritte Jahrtausend" und die Hintergründe

1 Pauwels 1956
2 Pauwels/Bergier 1982, S. 24
3 Pauwels/Bergier 1982, S. 24
4 Pauwels/Bergier 1982, S. 533 f
5 Pauwels/Bergier 1982, S. 267
6 Pauwels/Bergier 1982, S. 274
7 Pauwels/Bergier 1982, S. 278
8 Pauwels/Bergier 1982, S. 303 f
9 Pauwels/Bergier 1982, S. 304-309
10 Pauwels/Bergier 1982, S. 357
11 Ley 1947, S. 90
12 Ley 1947, S. 90 f
13 Zur "Welteislehre" vgl. auch Hieronimus 1981, S. 321-324
14 Ley 1947, S. 92
15 Ley 1947, S. 92
16 Ley 1947, S. 92
17 Pauwels/Bergier 1982, S. 303 f
18 Ley 1947, S. 93
19 Auf deutsch auch unter dem Titel "Die heilige Lanze. Der Speer von Golgatha" erschienen.
20 Ravenscroft 1996, S. 251
21 Ravenscroft 1996, S. 251
22 Ravenscroft 1996, S. 251
23 Ravenscroft 1996, S. 252
24 Ravenscroft 1996, S. 252
25 Ravenscroft 1996, S. 252
26 Ravenscroft 1996, S. 252
27 Suster 1996, S. 118-125
28 Glowka 1981, S. 109
29 Eco 1992, S. 312 f
30 Eco 1992, S. 687
31 Webb 1991, S. 313

7.2. Mit Vril-Antrieb nach Aldebaran?

1 Jürgen-Ratthofer/Ettl 1992, S. 12
2 Rose 1994, S. 19-26 und S. 32-26. Zur Eigengeschichtsschreibung der Thule-Gesellschaft aufschlussreich ist die Darstellung von Sebottendorf 1933.
3 Rose 1994, S. 176 und 259 sowie die Haushofer-Biografie v. Jacobsen 1979

4 Jürgen-Ratthofer/Ettl 1992, S. 26
5 Jürgen-Ratthofer/Ettl 1992, S. 33-39
6 Jürgen-Ratthofer/Ettl 1992, S. 40-66, S. 101-109. Zahlreiche Abbildungen und angebliche Konstruktionspläne zeigen dabei einzelne Flugscheiben-Typen.
7 Jürgen-Ratthofer/Ettl 1992, S. 12-23
8 Jürgen-Ratthofer/Ettl 1992, S. 69-88 und S. 115
9 Jürgen-Ratthofer/Ettl 1992, S. 113
10 Jürgen-Ratthofer o. J.
11 Jürgen-Ratthofer/Ettl 1992, S. 111
12 Jürgen-Ratthofer/Ettl 1992, S. 3
13 Jürgen-Ratthofer/Ettl 1992, S. 113
14 Jürgen-Ratthofer/Ettl 1992, S. 113
15 Jürgen-Ratthofer/Ettl 1992, S. 118
16 Van Helsing, S. 124-153 und van Helsing 1995, S. 232-250
17 Van Helsing 1995, S. 240 f
18 Van Helsing 1995, S. 250-254
19 Van Helsing 1995, S. 331
20 Sendung ZAK des Ersten Deutschen Fernsehens vom 5. Mai 1996
21 Schneider 1994, S. 73-87
22 Video "Geheimnisse des Dritten Reiches"

8. Auf der Fährte der Vril-Technik

8.1. Die "Reichsarbeitsgemeinschaft 'Das kommende Deutschland'" als reale Vril-Gesellschaft

1 Täufer 1930, S. 1
2 Amtsgericht Charlottenburg, Berlin (Handelsregister-Auszug). Zur staatlichen Repression gegen die Astrologen im Zweiten Weltkrieg vgl. Howe, S. 259-272 und S. 294-312.
3 Howe 1995, S. 84-95 und S. 117
4 Howe 1995, S. 87
5 Howe 1995, S. 117
6 Howe 1995, S. 144
7 Nach den Unterlagen des Handelsregisters beim Amtsgericht Charlottenburg beschäftigte Becker zumindest in den zwanziger Jahren in Leipzig einen eigenen Kommissionär, was als Indiz für eine nicht unerhebliche und professionelle Verbreitung seiner verlegerischen Produktion angesehen werden kann.
8 Täufer 1930, S. 54 (Hervorhebungen im Original)
9 Täufer 1930, S. 54
10 Täufer 1930, S. 54 f (Hervorherbungen im Original)
11 Täufer 1930, S. 6
12 Täufer 1930, S. 6 f
13 Täufer 1930, S. 7 f
14 Täufer 1930, S. 11-14. Eine ähnliche Gleichsetzung von "Prana" und "Vril" findet sich auch in der neueren Untersuchung von King 1995, S. 14 f.
15 Täufer 1930, S. 10
16 Täufer 1930, S. 46
17 Täufer 1930, S. 46

18 Täufer 1930, S. 50 (Hervorhebungen im Original)
19 Täufer 1930, S. 51
20 Täufer 1930, S. 52
21 Dokumentation deutschsprachiger Verlage o. J., S. 37
22 Frick 1978, S. 416
23 Dokumentation deutschsprachiger Verlage o. J., S. 37
24 Kaltenbrunner 1986, S. 52
25 Schriftliche Mitteilung des Scherz-Verlages an den Verfasser. Nicht uninteressant ist die Tatsache, dass die deutsche Übersetzung des Werkes "Aufbruch ins Dritte Jahrtausend" von Pauwels und Bergier 1962 ausgerechnet im Scherz-Verlag erschien!
26 Täufer 1930, S. 55, und "Reichsarbeitsgemeinschaft 'Das Kommende Deutschland'" (Hrsg.) 1930, S. 2
27 "Reichsarbeitsgemeinschaft 'Das Kommende Deutschland'" (Hrsg.) 1930, S. 2
28 "Reichsarbeitsgemeinschaft 'Das Kommende Deutschland'" (Hrsg.) 1930, S. 3 f
29 "Reichsarbeitsgemeinschaft 'Das Kommende Deutschland'" (Hrsg.) 1930, S. 4 f (Hervorhebungen im Original)
30 Alexandersson 1994, S. 82-86
31 "Reichsarbeitsgemeinschaft 'Das Kommende Deutschland'" (Hrsg.) 1930, S. 25
32 "Reichsarbeitsgemeinschaft 'Das Kommende Deutschland'" (Hrsg.) 1930, S. 25
33 "Reichsarbeitsgemeinschaft 'Das Kommende Deutschland'" (Hrsg.) 1930, S. 22
34 u. a. Täufer 1930, S. 45
35 Möller/Howe 1986, S. 309
36 Möller/Howe 1986, s. 214
37 Möller/Howe 1986, S. 269 f
38 Miers 1982, S. 191
39 Hieronimus 1991, S. 18

8.2. Die technischen Vorstellungen der "Reichsarbeitsgemeinschaft" zur Vril-Energie

1 Täufer 1930, S. 46
2 Täufer 1930, S. 29 f
3 Täufer 1930, S. 31 f
4 Täufer 1930, S. 46 f
5 Täufer 1930, S. 46–51
6 Täufer 1930, S. 47
7 Täufer 1930, S. 47
8 Täufer 1930, S. 48
9 Täufer 1930, S. 49

9. Die Aurolzmünster-Connection

9.1. Schappellers Raumkraft

1 Raumkraft 1928, S. 3
2 Raumkraft 1928, S. 3
3 Raumkraft 1928, S. 4
4 Raumkraft 1928, S. 4–6

5 Raumkraft 1928, S. 7
6 Raumkraft 1928, S. 7
7 Raumkraft 1928, S. 14 f
8 Raumkraft 1928, S. 15
9 Raumkraft 1928, S. 16
10 Raumkraft 1928, S. 19
11 Raumkraft 1928, S. 24 f
12 Raumkraft 1928, S. 25
13 Raumkraft 1928, S. 25
14 Raumkraft 1928, S. 25
15 Schaffranke 1994, S. 56
16 Schaffranke 1994, S. 56
17 Schaffranke 1994, S. 58
18 Schaffranke 1994, S. 55
19 Schaffranke 1994, S. 55

9.2. Karl Schappeller: Zur Person

1 Freund, 1994
2 Schappellers Raumkraft 1929, S. 1
3 Schappellers Raumkraft 1929, S. 1
4 Schappellers Raumkraft 1929, S. 1
5 Schappellers Raumkraft 1929, S. 2. Bo-Yin-Ra (mit bürglichem Namen Joseph Anton Schneiderfranken, geb. 1876 in Aschaffenburg, gest. 1943 in Lugano) war zunächst Kunstmaler und wurde später, angeblich nach Kontakten mit einem Abgesandten einer mysteriösen "Weißen Loge", esoterischer Schriftsteller. Nach dem Ersten Weltkrieg soll er eine eigene esoterisch-mystizistische Gruppe, die "Ermächtigte Bruderschaft der alten Riten des hl. Grals im Großen Orient von Patmos (EDBAR)" gegründet haben, von der Einflüsse auch auf bestimmte rosenkreuzerische Gruppen der Gegenwart ausgingen (vgl. Miers 1982, S. 80 f und S. 133 f).
6 Schappellers Raumkraft 1929, S. 2
7 Freund 1994
8 Arbogast 1970
9 Kalmar 1932, S. 101
10 Rose 1994, S. 48 f. Da Arco auf Valley eine jüdische Mutter hatte, war er mit seinem Bemühen, Mitglied der Thule-Gesellschaft zu werden, gescheitert. Die Legende, dass er als deren Beauftragter gehandelt hatte, hielt sich jedoch noch lange (Rose 1994, S. 53 f).
11 Wach 1933, S. 38 f und Freund 1994. Zur Vorgeschichte des Schlosses vgl. Nadler 1990
12 Freund 1994
13 T.A. 1955, S. 3-5, hierin auch nähere Informationen über Wetzels Publikations- und Vortragstätigkeit nach dem Zweiten Weltkrieg
14 Schappellers Raumkraft 1929, S. 2 und Freund 1994
15 Lt. Information der Schloemann-Siemag-Aktiengesellschaft, zu der das Dahlbrucher Werk inzwischen gehört.
16 Siegerländer Geschlechterbuch 1965, S. 375 f
17 Klein 1924, S. 7
18 Klein 1924

19 Miers 1981, S. 296 f
20 Reichsarbeitsgemeinschaft "Das Kommende Deutschland" 1930, S. 2 und Täufer 1930, S. 55
21 Schappellers Raumkraft 1928, S. 27–33
22 Turel 1989, S. 255 f. Zu ähnlichen Theorien über Strahlungsenergie zu Beginn des 20. Jahrhunderts vgl. exemplarisch auch Crookes 1920 und Schmid 1929 a.
23 Entsprechende Anfragen des Autors bei der Schleomann-Siemag-Aktiengesellschaft und beim Stadtarchiv Hilchenbach wurden abschlägig beschieden.
24 Kalmar 1932, S. 99–105, Pilz 1957, R.L. 1960, Arbogast 1970 und Freund 1994
25 Kalmar 1932, S. 102
26 Mitteilungen Landesarchiv Berlin, Amtsgericht Charlottenburg und Detlev Rose, Berlin
27 Schappellers Raumkraft 1929, S. 17, Kalmar 1932, S. 105, und Freund 1994
28 Schappellers Raumkraft 1929, S. 16
29 Zu diesen Grabungsarbeiten und den ihnen zugrunde liegenden irrigen archäologischen Annahmen vgl. ausführl. Wach 1933, S.20–65
30 Kalmar 1933, S. 104 f
31 Freund 1994
32 Pilz 1957 und Freund 1994
33 Freund 1994
34 Schaffranke 1994, S. 55
35 Lt. schriftlichem "Promemoria" von Dompfarrer Daniel Etter (Salzburg) 1936 (Kopie im Konvolut Schappeller-Schriften)
36 Freund 1994
37 Mitteilung Hertha Hörmandinger, Aurolzmünster
38 Arbogast 1970 und Freund 1994
39 Freund 1994

10. Vril-Kraft und ihre technischen Anwendungen: Vermutungen und Möglichkeiten

1 Kalmar 1933, S. 104
2 Kater 1974, S. 24. Zu Person und Werk von Wirth vgl. einführend Mohler 1989, S. 347 f
3 Kater 1974, S. 27
4 Kater 1974, S. 28
5 Kater 1974, S. 215
6 Kater 1974, S. 218
7 Kater 1974, S. 219 f
8 Kater 1974, S. 221
9 Kater 1974, S. 220
10 Kater, S. 38
11 Vgl. zu dieser Thematik beispielhaft Epp 1994. Über den sogenannten "Schrieverschen Flugkreisel" berichtete das Nachrichtenmagazin "Der Spiegel" bereits in seiner Ausgabe vom 30. März 1950 in ausführlicher Weise.
12 So berichtete das Nachrichtenmagazin "Der Spiegel" von entsprechenden Prototypen der amerikanischen

Flugzeugfirma Sikorsky Aircraft (Ausgabe vom 21.3.1994) und der russischen Gesellschaft "Ekip" (Ausgabe v. 3.4.1995), wobei Letztere sogar mit der Konstruktion eines flügellosen Großraum-Flugzeugs befasst war.

13 Epp 1994, S. 30-34

14 Alexandersson 1994, S. 101 f

15 Alexandersson 1994, S. 82-96

16 Alexandersson 1994, S. 179 f. Zu den Funktionsprinzipien der Schaubergerschen Flugkreisel vgl. auch die ausführliche Darstellung bei Wiedergut 1995.

17 Alexandersson 1994, S. 102 f

18 King 1995, der Autor verwendet dabei die Bezeichnung "Vril" durchgängig für bestimmte traditionelle und mythologische Beschreibungen freier Energien wie auch für sein eigenes energetisches Konzept.

11. Verwandte Forschungen: Auf dem Weg zur Freien Energie

1 Vgl. zur Thematik des Mythos in politischen und gesellschaftlichen Bewegungen Gugenberger/Schweidlenka 1993

2 Vgl. King 1995, S. 11

3 Vgl. King 1995, S. 12

4 Verschiedene Autoren haben sich in den letzten Jahren eben dieser Fragestellung genähert, vgl. exemplarisch Fiebag 1989 und Hancock 1994.

5 Vgl. zu Tesla exemplarisch Verlag für außergewöhnliche Perspektiven (Hrsg.) 1994

6 Vgl. Arndt1996

7 Vgl. Rho Sigma 1994, S. 331 f.; zur Komplexität und Methodik der dahinterstehenden Interessengruppen vgl. auch Engdahl 1992

8 Rho Sigma 1994, S. 332

9 Vgl. Alexandersson 1994, S. 133-135

Anmerkungen TEIL II

Vril-Energie, Körper und Seele (Heiner Gehring)

– Einleitung –

1 Wilson, 1987, S. 41. Robert Anton Wilson ist einer der schärfsten Kritiker von Ignoranz und Behäbigkeit in den Wissenschaften. Seine Bücher werden von vielen als genial bezeichnet.

2 Bulwer-Lytton 1990, S. 57

3 Wilson, 1987.

1. Die Orgonomie von Wilhelm Reich

1 vgl. Hemminger, 1993
2 Ernst, H., 1975, S. 34
3 gemäß Beschluss des United States District Judge for the District of Maine, Civil Action No.1056, March 19, 1954
4 Hoppe, 1984
5 aus den Gerichtsakten zum Reich-Prozess
6 Hoppe, 1984
7 Wilson, 1987
8 vgl. u. a. Boadella, 1973, oder Lassek, 1995
9 Bischof, 1995
10 Nach Angaben der "Initiative Philosophie Osnabrück" von 1995 hat der Forscher Dr. Walter von Lucadou aus Freiburg hat eine Apparatur entwickelt, die durch den 'Geist' beeinflusst werden kann.

1.1. Die Orgon-Energie

1 Raknes, 1973
2 Raknes, 1973
3 Reich, 1995
4 Raknes, 1973
5 Reich, 1976
6 Die Abkürzung 'OR' weist laut Reich darauf hin, dass es sich um wissenschaftlich gewonnene, funktionale energetische Erkenntnisse über Orgon handelt (Reich, 1995 b, Vorwort).
7 Reich, 1995 b
8 Reich. 1995 b
9 Bechmann, 1995
10 Bechmann, 1995
11 Reich, 1995 b

1.2. Der Ursprung des Lebens

1 Eidam, 1985. Eidam ist katholischer Theologe.
2 Eidam, 1985
3 vgl. Lassek & Gierlinger, 1986
4 Caitns-Smith, 1985
5 Reich, 1995 a
6 Martin, 1996
7 DeMeo, 1994
8 Schilken, 1995
9 Kelley, 1985
10 Reich, 1974
11 Reich, 1974
12 Gebauer & Müschenich, 1987
13 Lassek, 1995

1.3. Flugscheiben und Wetterbeeinflussung

1 Reich, 1995 b, S. 43 f
2 Es soll hier nicht geklärt werden, ob es UFOs gibt, was es mit ihnen auf sich hat und ob sie nun vom Sirius oder Beteigeuze kommen. Darüber 'wissen' andere mehr.
3 Reich, 1995 b
4 Ollendorf-Reich, 1969
5 Placzek, 1989, S. 565)
6 Reich, 1995 b
7 Hoppe, 1984
8 Gaddis, 1967

9 zitiert nach Placzek, 1989, S. 579
10 Ollendorff-Reich, 1969
11 Ollendorff-Reich, 1969
12 zitiert nach Dvorak, 1989, S. 430. Der Titel des Buches von Dvorak, "Satanismus", mag in diesem Zusammenhang verwundern, aber Dvorak ist Psychoanalytiker und zumindestens er sieht in Reich keinesfalls einen Satanisten. Andere dagegen sahen in Reich den Leibhaftigen selber, der er nun wohl wirklich nicht war.
13 Martin, 1996
14 Reich, 1995 b
15 Reich, 1995 b, S. 152
16 gemäß Reich, 1995 b
17 Nichols & Moon, 1994
18 vergl. Nichols & Moon, 1994, wo auch Pläne abgedruckt sind
19 Nichols & Moon, 1994
20 Small, 1996
21 Reich, 1995 b, S. 49 f
22 vgl. Farkas, 1995, und die aktuellen Beiträge in den einschlägigen Magazinen

1.4. Das Experiment XX

1 Hoppe, 1984
2 Hoppe, 1984
3 Reich, 1995 a, S. 30 f
4 Ilse Ollendorf-Reich lebte von 1939 bis 1954 mit Reich zusammen.

1.5. Verschwörung gegen Reich?

1 Eidam, 1985
2 Eden, 1994/95
3 Martin, 1995 a
4 Martin, 1995 b
5 Matusov, 1995
6 Thomas, 1995
7 Thomas, 1995
8 Thomas, 1995
9 zitiert nach Eidam, 1985, S. 208

2. Das Energiekonzept des menschlichen Körpers bei Reich

1 Eidam, 1985
2 Kriz, 1985
3 vgl. u. a. Hemminger, 1989
4 Lassek, 1994
5 Gross, 1994. Es sei bemerkt, dass viele dieser 'Sektenexperten' selbst sehr einseitig sind und, was erschwerend dazu kommt, kaum Hintergrundwissen über philosophische und esoterische Traditionen haben.
6 nach Ernst, 1991

2.1. Der unbekannte Reich

1 Auch einige der heutigen psychotherapeutischen Richtungen müssen sich den Vorwurf gefallen lassen, lediglich für Frustrierte aus der oberen Mittelschicht hilfreich zu sein, wie z. B. die Gesprächspsychotherapie.

2 Fischer, 1995
3 Dahmer, 1975, S. 41. Ähnlich unbedarfte Kommentare kann man auch heute noch von Leuten hören, die in den 70ern Reich gelesen zu haben glauben.
4 aus den noch unveröffentlichten Gesprächen Reichs mit seinen Ärzten, Wilhelm-Reich-Institut Berlin
5 Eidam, 1985
6 Eidam, 1985, S. 174
7 Ernst, H., 1975
8 Wilson, 1990
9 Schloss Tegal ist erschienen bei Artware Audio, Wiesbaden; INADE ist erschienen bei Cold Spring Records, Northampton, England.
10 Fischer, J., 1997

3. Orgonomie und Vril: Gleichheit von Konzept und Anwendung

3.1. Uraltes Wissen über Vril und Orgonomie

1 Dommer, 1990
2 Dommer, 1990
3 Schmidt, 1992
4 Hagena & Hagena, 1995
5 Reich, 1927

3.2. Agartha und Wilhelm Reich

1 David-Neel, 1952
2 David-Neel, 1952, S. 117 ff
3 David-Neel, 1953, S. 199
4 David-Neel, 1953, S. 199
5 David-Neel, 1993
6 vgl. Bernbaum, 1995, und MacLellan, 1982
7 pers. Mitteilung
8 zitiert nach Godwin, 1993, S. 101
9 Ossendowski, 1924, S. 348

4. Strahlenkräfte und Gesundheit: Ein Überblick über energetische Heilverfahren im deutschsprachigen Raum

4.1. Die Zeit bis zum Ersten Weltkrieg

1 beide vgl. King, 1995
2 Bumke, 1932
3 Feerhow, o. J., S. 88
4 Feerhow, o.J.
5 Schmidt, 1928

4.2. Die Zwischenkriegszeit

1 Völler, 1926, S. 200
2 Bachmann, 1926, S. 1 f

4.2.1. Ein neues Verständnis von Arzt und Medizin

1 Wizenmann, 1930, S. 7
2 Wizenmann, 1930, S. 15
3 Wizenmann, 1930, S. 16
4 Wizenmann, 1930, S. 67
5 Wizenmann, 1930, S. 91 ff
6 Wizenmann, 1930, S. 92

7 Wizenmann, 1930, S. 92
8 Wizenmann, 1930, S. 1240
9 vgl. Wiedl, 1993
10 Wizenmann, 1930, S. 1188 f
11 Wizenmann, 1930, S. 1420
12 Wizenmann, 1930, S. 1174
13 Wizenmann, 1930, S. 1174

4.2.2. Biologische Medizin und Selbstheilung

1 Bachmann, 1930
2 Bachmann, 1930
3 Bachmann, 1930, S. 40
4 Bachmann, 1930, S. 24
5 womit sie die gleiche geistige Grundhaltung bezeugen wie Julius Evola oder Oswald Spengler
6 Bachmann, 1916 a, S. 4
7 Schaub, 1993
8 Mayer-Gross, 1920
9 Mayer-Gross, 1920, S. 207
10 Müller, 1930, S. 2
11 Schultz, 1936, S. 200
12 Klaesi, 1922, S. 606
13 Schultz-Henke, 1934
14 Bachmann, 1916 b, S. 380
15 vgl. Hauri, 1926, und Schürer-Waldheim, 1926
16 Braun, 1929
17 Braun, 1929, S. 40

4.2.3. Strahlen, Energien, Schwingungen und andere Kräfte

1 Wachsmuth, 1924
2 Blos, 1932
3 Lahkovsky, 1931
4 Judt, 1932
5 Kaul, 1929
6 Lakhovsky, 1930
7 Daim; Der Mann, der Hitler die Ideen gab
8 Eidam, 1985
9 vergl. Eidam, 1985
10 Schmidt, 1930
11 Bossert, 1931
12 Behm, 1929
13 Kolisko, 1927
14 Blos, 1932
15 Judt, 1932
16 Nüßlein, 1932, S. 268
17 Buttersack, 1933
18 Buttersack, 1933, S. 194
19 Schwartz-Bostunitsch, 1929/1930
20 Schwartz-Bostunitsch, 1929/1930, S. 9 f
21 Böhm, 1917, S. 9
22 Böhm, 1917, S. 10
23 Böhm, 1917, S. 16
24 Böhm, 1917, S. 19 ff
25 Böhm, 1917, S. 19
26 Böhm, 1917, S. 22

4.2.4. Strahlenforschung

1 Plauson, 1920, S. 16
2 Schmidt, 1929 a
3 Schmidt, 1929 b
4 Schmidt, 1928, S. 9
5 Schmidt, 1930, S. 68
6 Schmidt, 1930, S. 69

7 Schmidt, 1930
8 Kallenberg, 1913, S. 11
9 Kallenberg, 1913, S. 23
10 Kallenberg, 1930. Der Wünschelring ist dann wohl eine Art Schmuckausgabe der Wünschelrute?
11 Aebly, 1933
12 Rambeau, 1933, S. 341

4.2.5. Energetische Behandlungsarten und Heilweisen

1 Kern, 1931, S. 135
2 Schär, 1922, S. 9
3 Schär, 1922, S. 11
4 Hennes, 1931
5 Missriegler, 1931
6 Missriegler, 1931
7 Helwig, 1930
8 Boksan, 1932
9 Stankewitz, 1930 a und b
10 Steffens, 1932
11 Beyer, 1926 und 1927
12 Völler, 1931
13 Baur, 1927
14 Kohorn, 1932
15 Reich, 1933, S. 17
16 Reich, 1933, S. 38
17 Reich, 1933, S. 48
18 Reich, 1933, S. 72
19 Reich, 1933, S. 93
20 Reich, 1933, S. 169
21 Determann, 1930
22 Determann, 1930, S. 99
23 Determann, 1930, S. 104

5. Weitere energetische Forschungsansätze vom Zweiten Weltkrieg bis zur Gegenwart

1 Müller, 1991
2 Schwarz, 1977
3 Mayer & Winkelbaur, 1983
4 Meckelburg, 1992, und Schwartz, 1976
5 Takata, 1951
6 Charroux, 1973
7 siehe dazu grundlegend Hofstede, 1980, und Triandis, 1989 und 1996
8 Kumpe, 1993/94
9 Bischof, 1995
10 vgl. Bischof, 1995, S. 400 ff
11 Miketta, 1991, Rossi, 1991, und Rossi, 1995
12 Boksan, 1932
13 Bischof, 1995
14 Tesla, 1992, und Cheney, 1995
15 Bischof, 1995, und Weigerstorfer, 1994
16 Gaddis, 1967
17 Baumgartl, 1994
18 Steinhäuser, 1971, S. 159
19 vgl. Helsing, 1992, oder Jürgen-Ratthofer, o. J.
20 Kapfelsberger & Pollmer, 1992
21 Bischof, 1995
22 Bischof, 1995, S. 332
23 Kervran, 1988
24 die sog. "Hardline"-Bewegung hat für diesen Kampf entsprechende Vorschläge
25 Jahreskreis, 1995

26 Schilken, 1995
27 Ehlers, 1993
28 Jahreskreis, 1995
29 Nordseezeitung vom 25.06.1996
30 Der Spiegel, 1995, Nr. 21
31 Jahreskreis, 1995, S. 74
32 Der Spiegel, 1995, 21, S. 188
33 Jahreskreis, 1995
34 Kumpe, 1993/94
35 F. Schmid, 1930
36 Soeder & Hitzroth, 1992
37 Soeder, 1993
38 Bischof, 1995
39 Arndt, 1994
40 Krause, 1995
41 Schweidlenka & Gugenberger, 1995
42 List, 1996
43 Cater, 1984
44 Beim Searl-Effekt handelt es sich um Energiegewinnung durch die Ausnutzung von elektrischen Potentialunterschieden zwischen sich drehenden Magnetfeldern.
45 Schenk, 1993
46 Oberbach, 1980
47 Der wissenschaftliche Eindruck allerdings ist kein Garant für einen sinnvollen Inhalt eines Buches. Umgekehrt gilt das Gleiche.
48 Von etlichen Reichianern wird ausdrücklich vor solchen Geräten gewarnt. Orgon wirke ganzheitlich, eine punktuelle Anwendung könne unabsehbare Folgen für den Organismus haben.
49 O'Regan & Hirschberg, 1993
50 Wiesendanger, 1995
51 Konia, 1975
52 magazin 2000, 1993/94
53 The Cosmic Grand Deception, 1995
54 Becker, 1993
55 Becker & Selden, 1985
56 Becker & Selden, 1985, S. 178
57 ein für medizinische Zwecker entwickelter spezieller DOR-Strahler
58 Nichols & Moon, 1994
59 Albrecht, 1983
60 Helsing, 1993
61 Pawlik & Buse, 1994
62 Reich, 1995 b, S. 148
63 Brief von James DeMeo vom 18.07.1997 an den Omega-Verlag
64 zitiert nach Eidam, 1985, S. 184
65 Strauß, 1995
66 Brönnle, 1995
67 Judt, 1932, S. 88

Quellenverzeichnis TEIL I

1. Mündliche und schriftliche Auskünfte

Amtsgericht Charlottenburg, Berlin

Börsenverein des Deutschen Buchhandels e.V., Archiv und Bibliothek, Frankfurt/M.

Deutsche Bibliothek, Frankfurt/M.

Landesarchiv Berlin

Marktgemeinde Aurolzmünster/Oberösterreich

Scherz-Verlag GmbH, München

SMS Schloemann-Siemag AG, Düsseldorf

Stadtarchiv Hilchenbach/Siegerland

Hertha Hörmandinger, Aurolzmünster/Oberösterreich

Detlev Rose, Berlin

2. Filme, Fernsehsendungen

Video "Geheimnisse des Dritten Reiches", Chemnitz o. J.

Sendung "ZAK" (Erstes Deutsches Fernsehen), 5. Mai 1996

3. Archivalien

Bundesarchiv Koblenz, NS 26/865

Oberösterreichisches Landesarchiv Linz: Bestand der Bezirkshauptmannschaft Ried, Schachtel-Nr. 152, Zl. 1217/1925, II. Abteilung Konvolut mit Kopien diverser Schriftstücke von und über Karl Schappeller aus privaten Quellen (im Besitz des Verfassers)

4. Literatur

Alexandersson, Olof: Lebendes Wasser. Über Viktor Schauberger und eine neue Technik, um unsere Umwelt zu retten. 2. Aufl. Steyr/Österreich 1994

Angebert, Jean-Michel: Le Livre de la Tradition. Genf 1972

Arbogast, Th.: Mysteriöses Aurolzmünster. In: Neue Illustrierte Wochenschau v. 13.12.1970

Arndt, Ulrich: Strom aus dem All? In: Esotera, Nr. 4/1996, S. 98 f

Aziz, Philippe: Les Sociétés secrètes Nazies. Genf 1978

Bahn, Peter: Ernst Bergmann. Von der deutschen Philosophie zur "Deutschen Volksreligion". In: Jahrbuch zur Konservativen Revolution 1994. Köln 1994, S. 231-250

Bahn, Peter: Das Geheimnis der Vril-Energie. Berichte und Erfahrungen zu einer mächtigen Naturkraft. In Jupiter-Verlag Schneider, Adolf und Inge (Hrsg.): Neue Horizonte in Technik und Bewußtsein. Vorträge des Kongresses 1995 im Gwatt-Zentrum am Thunersee. Bern 1995, S. 137-146 (Bahn 1996 a)

Bahn, Peter: Im Zeichen des Rosenkreuzes. Der Esoteriker, Literat und Visionär Edward Bulwer-Lytton (1803-1873). In: New Scientific Times, Nr. 2/96, S. 31-33 (Bahn 1996 b)

Bergmann, Ernst: Die Entsinkung ins Weiselose. Seelengeschichte eines modernen Mystikers. Breslau 1932

Bernbaum, Edwin: Der Weg nach Shambhala. Freiburg 1995

Biedermann, Hans: Handlexikon der magischen Künste von der Spätantike bis zum 19. Jahrhundert. Vom Autor bearb. Tb-Ausgabe München 1976

Bracker, Klaus J.: Anthroposophische Esoterik und die hermetische Tradition des 19. Jahrhunderts. In: Novalis - Zeitschrift für spirituelles Denken, Nr. 4/1996, S. 23-29

Bronder, Dietrich: Bevor Hitler kam. Eine historische Studie. Hannover 1964

Brosse, Jacques: Les maîtres spirituels. Paris 1988

Bulwer-Lytton, Edward: Zanoni. Die sieben Stufen der Einweihung, der Liebe und des Opfers. Metaphysischer Roman. Interlaken 1994

Bulwer-Lytton, Edward: Vril oder eine Menschheit der Zukunft. 4. Aufl. Dornach 1990

Buttlar, Johannes von: Auf den Spuren der Weltformel. Die Wächter von Eden. München 1993

Charroux, Robert: Verratene Geheimnisse. Aus biblischen und vorbiblischen Dokumenten. Dt. Tb-Ausgabe München 1979

C.N.H.: Crookes, Sir William. In: The Dictionary of National Biography 1912–1921. London 1927, S. 136 f

Cooper, J.C.: Illustriertes Lexikon der traditionellen Symbole. Wiesbaden o. J.

Cranston, Sylvia: HPB. Leben und Werk der Helena Blavatsky, Begründerin der Modernen Theosophie. Unter Mitarbeit von Carey Williams, mit einem Vorwort von Johannes v. Buttlar. Satteldorf 1995

Crookes, William: Strahlende Materie oder der Vierte Aggregatzustand. Vortrag mit 21 Figuren. 6., unveränderter Neudruck Leipzig 1920 Dokumentation deutschsprachiger Verlage, 11. Ausgabe, München o. J. Eco, Umberto: Das Foucaultsche Pendel. Roman. Dt. Tb-Ausgabe München 1992

Edighoffer, Roland: Die Rosenkreuzer. München 1995

Engdahl, William F.: Mit der Ölwaffe zur Weltmacht. Der Weg zur neuen Weltordnung. Wiesbaden 1992

Epp, J. Andreas: Die Realität der Flugscheiben. Ein Leben für eine Idee. Rosenheim 1994 (Efodon-Dokumentation, Nr. 25)

Evola, Julius: Die Hermetische Tradition. Von der alchemistischen Umwandlung der Metalle und des Menschen in Gold. Entschlüsselung einer verborgenen Symbolsprache. 2. Auflage Interlaken 1990

Ferzak, Franz: Karl Freiherr von Reichenbach (1788–1869). München 1987

Fiebag, Johannes/Fiebag, Peter: Die Entdeckung des Grals. Auf den Spuren der Manna-Maschine, der Bundeslade und des Templerordens. München 1989

Florey, Ernst: Ars Magnetica. Franz Anton Mesmer 1734–1815. Magier vom Bodensee. Konstanz 1995

Freund, René: Der Herr der Raumkraft. In: Wiener Zeitung v. 23.12.1994

Freund, René: Braune Magie? Okkultismus, New Age und Nationalsozialismus. Wien 1995

Frick, Karl R.H.: Licht und Finsternis. Gnostisch-theosophische und freimaurerisch-okkulte Geheimgesellschaften bis an die Wende zum 20. Jahrhundert. Wege in die gegenwart. Teil 2: Geschichte ihrer Lehren, Rituale und Organisationen. Graz 1978.

Frick, Karl R.H.: Weltanschauungen des "modernen" Illuminismus. In Peisl, Anton/Mohler, Armin (Hrsg.): Kursbuch der Weltanschauungen. Berlin 1980 (Schriften der Carl Friedrich von Siemens-Stiftung, Bd. 4), S. 245–300

Frick, Karl R.H.: Die Rosenkreuzer als erdichtete und wirkliche Geheimgesellschaft. In Kaltenbrunner, Gerd-Klaus (Hrsg.): Geheimgesellschaften und der Mythos der Weltverschwörung. Freiburg/Basel/Wien 1987 (Herderbücherei Initiative, Nr. 69), S. 104–128)

Gebelein, Helmut: Alchemie. Die Magie des Stofflichen. München 1991

Gehring, Heiner: Orgonomie, Flugscheiben und alte Überlieferungen. Erweiterte Fassung eines Vortrages an der Universität Osnabrück v. 16. Juni 1994 (vervielfältigtes Manuskript)

Glowka, Hans-Jürgen: Deutsche Okkultgruppen 1875–1937. München 1981 (Hiram-Edition, Band 12)

Göbel, Walter: Edward Bulwer-Lytton, Systemreferenz, Funktion, literarischer Wert in seinem Erzählwerk. O. O. 1993

Götz von Olenhusen, Albrecht: Bürgerrat, Einwohnerwehr und Gegenrevolution Freiburg 1918-1920. Zugleich ein Beitrag zur Biographie des Rudolf Freiherr von Sebottendorf. In: Wege und Abwege. Beiträge zur europäischen Geistesgeschichte der Neuzeit. Festschrift für Ellic Howe zum 20. September 1990. Hrsg. v. Albrecht Götz von Olenhusen in Verbindung mit Nicolas Barker, Herbert Franke und Helmut Möller. Freiburg 1990, S. 115–134

Goodrick-Clarke: The Occult Roots of Nazism. The Ariosophists of Austria and Germany. Wellingborough 1985

Gorsleben, Rudolf John: Hoch-Zeit der Menschheit. Faksimile-Nachdruck der Ausgabe Leipzig 1930, Bremen 1993

Graichen, Gisela: Das Kultplatzbuch. Ein Führer zu den alten Opferplätzen, Heiligtümern und Kultstätten in Deutschland. München 1991

Grimal, Pierre (Hrsg.): Mythen der Völker. Band 3. Frankfurt 1967

Guénon, René: Der König der Welt. Mit einem Vorwort von Leopold Ziegler. Freiburg i.Br. 1987

Gugenberger, Eduard/Schweidlenka, Roman: Die Fäden der Nornen. Zur Macht der Mythen in politischen Bewegungen. Wien 1993

Hancock, Graham: Die Wächter des Heiligen Siegels. Auf der Suche nach der verschollenen Bundeslade. Bergisch-Gladbach 1994

Heller, Friedrich Paul/Maegerle, Anton: Thule. Vom völkischen Okkultismus bis zur neuen Rechten. Stuttgart 1995

Helsing, Jan van (Pseud.): Geheimgesellschaften und ihre Macht im 20. Jahrhundert oder wie man die Welt nicht regiert. Ein Wegweiser durch die Verstrickungen von Logentum mit Hochfinanz und Politik, Trilaterale Kommission, Bilderberger, CFR, UNO. Meppen 1993

Helsing, Jan van (Pseud.): Geheimgesellschaften 2. Interview mit Jan van Helsing. Die Verbindungen der Geheimregierung mit dem Dritten Weltkrieg, dem Schwarzen Adel, dem Club of Rome, AIDS, UFOs, Kaspar Hauser, der reichsdeutschen Dritten Macht, dem Galileo-Projekt, dem Montauk-Projekt, der Jason-Society, dem Jesus-Projekt, dem Anti-Christ u. v. m. Playa del Ingles (Gran Canaria) 1995

Hermand, Jost: Der alte Traum vom neuen Reich. Völkische Utopien und Nationalsozialismus. Frankfurt/M. 1988

Hieronimus, Ekkehard: Okkultismus und phantastische Wissenschaft. In Peisl, Anton/Mohler, Armin (Hrsg.): Kursbuch der Weltanschauungen. Berlin 1980 (Schriften der Carl Friedrich von Siemens-Stiftung, Bd. 4), S. 301–349

Hieronimus, Ekkehard: Lanz von Liebenfels. Eine Bibliografie. Toppenstedt 1991

Howe, Ellic: Uranias Kinder. Die seltsame Welt der Astrologen und das Dritte Reich. Weinheim 1995

Innere Erde Gemeinschaft (Hrsg.): Franz Philipp und Nicholas Roerich - zwei Eingeweihte und ihr Vermächtnis. O.O. 1996

Jacobsen, Hans-Adolf: Karl Haushofer - Leben und Werk. Band 1: Lebensweg 1869–1946 und ausgewählte Texte zur Geopolitik. Band 2: Ausgewählter Schriftwechsel 1917–1946. Boppard a. Rh. 1979 (Schriften des Bundesarchivs, Bde. 24/I und 24/II)

Jürgen-Ratthofer, Norbert/Ettl, Ralf: Das Vril-Projekt. Wien 1992

Jürgen-Ratthofer, Norbert: Demnächst "Endkampf um die Erde?!" Wien o. J.

Kadmon: "Tausend". Der deutsche Goldmacher Franz Tausend, der in einem KZ starb. Wien 1991 (Reihe "Aorta", Heft 4)

Kadmon: Viktor Schauberger. Wien 1995 (Reihe "Ahnstern", Heft I) Kadmon: Heimliche Welt. Wien 1996 (Reihe "Ahnstern", Heft IV) Kalmar, Rudolf: Schappeller, der Magier des Kaisers. Was ist Raumkraft? In Olten, Rudolf (Hrsg.): Propheten in deutscher Krise. Das Wunderbare oder die Verzauberten. Eine Sammlung. Berlin 1932, S. 85–105

Kaltenbrunner, Gerd-Klaus: Alle Macht den Rosenkreuzern? Ein Blick hinter die Kulissen des modernen Okkultismus. In: MUT, Nr. 230 (Oktober 1986), S. 43–59

Kaltenbrunner, Gerd-Klaus: Vorwort des Herausgebers. In ders. (Hrsg.): Geheimgesellschaften und der Mythos der Weltverschwörung. Freiburg/Basel/Wien 1987 (Herderbücherei Initiative, Nr. 69), S. 7-23

Kater, Michael H.: Das "Ahnenerbe" der SS 1935-1945. Stuttgart 1974

Kiessling, Franz: Über das "Rätsel der Erdställe". Ein Beitrag zur Kennzeichnung des Wesens, vermutlichen Alters und ursprünglichen Zweckes dieser künstlichen Höhlen. 2., vermehrte und verbesserte Aufl. Wien 1925

King, Serge Kahili: Erd-Energie. Die Suche nach der verborgenen Kraft des Planeten. Freiburg/Br. 1995

Klein, Fritz: Logos und Bios. Die Zweiwertigkeit der Welt als Einheit und Fundament einer noetischen Weltanschauung. Witten 1929

Klein, Fritz: An der Schwelle des vierdimensionalen Zeitalters. Darmstadt/Berlin 1934

Laars, R. H. (d. i. Hummel, Richard): Eliphas Levi. Der große Kabbalist und seine magischen Werke. Wien/Berlin/Leipzig/München 1922

Lang, Johannes: Die Hohlwelttheorie. Frankfurt a. M. 1936

Ley, Willy: Pseudoscience in Naziland. In: Astounding Science Fiction, Vol. 39, Mai 1947, S. 90-98

Lindenstruth, Gerhard/Bloch, Robert N.: Edward Bulwer-Lytton. In Körber, Joachim (Hrsg.): Bibliographisches Lexikon der utopischphantastischen Literatur. Meitingen 1984 f., 26. Ergänzungslieferung (Juni 1991), S. 1-90

Maclellan, Alec: The lost world of Agharti. The Mystery of Vril Power. London 1982

Miers, Horst E.: Lexikon des Geheimwissens. 5. Aufl. München 1982

Möller, Erich/Howe, Ellic: Merlin Peregrinus. Vom Untergrund des Abendlandes. Würzburg 1986

Mohler, Armin: Die Konservative Revolution in Deutschland 1918/1932. Ein Handbuch. Dritte, um einen Ergänzungsband erweiterte Auflage Darmstadt 1989 (Korrigenda im Ergänzungsband)

Mysteriöses Schloß in Aurolzmünster. Tritt der neue Schloßherr in die Fußstapfen Schappellers? Welthochschule für Wassermannzeit. In: Nachrichten für den Sonntag (Linz/OÖ.) v. 10. März 1962, S. 1 und 7

Nadler, Stefan: Schloß Aurolzmünster. Ein fast vergessenes Denkmal kurbayerisch-österreichischer Hofkultur im oberösterreichischen Innviertel. In:

Schönere Heimat. Erbe und Auftrag (herausgegeben vom Bayerischen Landesverein für Heimatpflege e. V.), 79. Jg. (1990), Heft 1, S. 37–41

Nardini, Bruno: Das Handbuch der Mysterien und Geheimlehren. Dt. Tb-Ausgabe München 1994

Neupert, Karl: Der "Richtige" Himmel. Das Universum ein Trugbild! Die Erde ist DER Weltkörper, das ALL. Einwandfreie physikalische Beweise. Sarnen/Schweiz 1936

Opel, Horst: Englisch-Deutsche Literaturbeziehungen. Bd. II: Von der Romantik bis zur Gegenwart. Berlin 1971

Ossendowski, Ferdinand: Tiere, Menschen und Götter. Frankfurt a. M. 1923

Pauwels, Louis: Gurdjew, der Magier. München 1956

Pauwels, Louis/Bergier, Jacques: Aufbruch ins dritte Jahrtausend. Von der Zukunft der phantastischen Vernunft. Genehmigte Tb-Ausgabe, 2. Aufl. München 1982

Petri, A.: "The Coming Race" von Edward Bulwer-Lytton. Eine Quellenuntersuchung. Schmölln/Sachsen-Anhalt 1908 (Wissenschaftliche Beilage zum Programm der Herzoglichen Realschule zu Schmölln S.-A.)

Pilz, Hanns H.: Karl Schappeller. Das verkannte Genie von Aurolzmünster. In: Zeit und Welt (Wochenendbeilage) v. 16. Februar 1957

Raumkraft. Ihre Erschließung und Auswertung durch Karl Schappeller. München 1928

Ravenscroft, Trevor: Die heilige Lanze. Der Speer von Golgatha. 2. Aufl. München 1996

Reichenbach, Karl von: Odisch-magnetische Briefe. Neudruck Wien 1980

Reichsarbeitsgemeinschaft "Das Kommende Deutschland" (Hrsg.): Weltdynamismus. Streifzüge durch technisches Neuland an Hand von biologischen Symbolen. Berlin 1930

Reichstein, Herbert: Totgeschwiegene Forscher: In: Zeitschrift für Geistes- und Wissenschaftsreform, Jg. 1930, Doppelheft 9/10, S. 201–206

Rho Sigma (Pseudonym für Rolf Schaffranke): Forschung in Fesseln. Wiesbaden 1994

Richter, Karl: Richard Wagner. Visionen. Vilsbiburg 1993

R.L.: Was ist aus ihnen geworden? Wiedersehen mit alten Bekannten der "Wochenschau"-Leser. Folge VIII: Carl Schappellers "Raumkraft" geistert nicht mehr durch Aurolzmünster. In: Neue Illustrierte Wochenschau v. 8. Mai 1960

Rose, Detlev: Die Thule-Gesellschaft. Legende - Mythos - Wirklichkeit. Tübingen 1994 (Veröffentlichungen des Instituts für deutsche Nachkriegsgeschichte, Bd. 21)

Schaffranke, Rolf: Schappellers kosmischer Energie-Extraktor. In: Raum & Zeit-special Nr. 7, Sauerlach 1994, S. 89-92

Schappeller entlarvt. In: Oberösterreichischer Tageszeitung v. 30. Mai 1929

Schappellers Raumkraft. Enthüllungen der Geheimnisse im Schloß Aurolzmünster. Tatsachen von X.X. Linz 1929

Schauberger, Viktor: Die geniale Bewegungskraft. Physikalische Grundlagen der Biotechnik. Bearbeitet und herausgegeben von Aloys Kokaly. Neviges 1960

Schepelmann, Wolfgang: Die englische Utopie im Übergang: von Bulwer-Lytton bis H. G. Wells. Strukturanalysen an ausgewählten Beispielen der ersten evolutionistischen Periode. Wien 1975 (Dissertationen der Universität Wien, Bd. 122)

Schmid, Frenzolf: Die neue Strahlenlehre. Dreistrahlenbündel mit Ur-Strahlen (Todesstrahlen), Rein-Strahlen (Lebensstrahlen) und Ur-Nebenstrahlen (indifferenten Strahlen). Eine wissenschaftliche Entdeckung. Halle - Zürich - Wien 1929 (Schmidt 1929 a.)

Schmid, Frenzolf: Es gibt keine Sterne. Der Sternenhimmel eine optische Täuschung. Der Irrtum des heutigen Weltbildes. Durch Strahlungsmessung nachgewiesen. Halle - Zürich - Wien 1929 (Schmid 1929 b) Schneider, Adolf: Energien aus dem Kosmos. Theoretische und praktische Grundlagen einer neuen Technologie. 2. Fassung, Jupiter-Verlag, Bern 1994

Schneider, Inge: Neue Technologien zur Freien Energie, Jupiter-Verlag, Bern 1994

Schneider, Inge: Countdown Apokalypse. Hintergründe der Sektendramen, Jupiter-Verlag, Bern 1995

Schuster, Georg: Die geheimen Gesellschaften, Verbindungen und Orden. Faksimile-Nachdruck der Ausgabe 1905 Dreieich o. J.

Sebottendorf, Rudolf von: Bevor Hitler kam. Urkundliches aus der Frühzeit der nationalsozialistischen Bewegung. München 1933

Siegerländer Geschlechterbuch, 2. Band, Limburg/Lahn 1965 (Band 139 des Deutschen Geschlechterbuches)

Silber, O.H.P.: Die Erde eine Hohlkugel. Leicht verständlich in Wort und Bild bewiesen. Berlin-Steglitz o. J.

Staudenmaier, Ludwig: Die Magie als experimentelle Naturwissenschaft, 2., vermehrte Aufl. Leipzig 1922

Suster, Gerald: Hitler Black Magician. 2. Aufl. London 1996

T.A.: Von der weltanschaulichen Kampffront. In: Mensch und Schicksal. Halbmonatsschrift für das Gesamtgebiet der Geisteswissenschaft. 7. Jg. (1954), Nr. 22, S. 3-5

Täufer, Johannes (Pseud.): "Vril". Die Kosmische Urkraft. Wiedergeburt von Atlantis. Herausgegeben im Auftrage der Reichsarbeitsgemeinschaft "Das Kommende Deutschland". Berlin 1930

Tholen, Th. von: Das Thule-Geheimnis. Verborgenes Wissen aus der Chronik von Thule. In: Das Neue Zeitalter, Nr. 29/1978 v. 15.6.1978

Turel, Adrian: Bilanz eines erfolglosen Lebens. Autobiographie. Zürich/Hamburg 1989

Vailant, Bernard: Westliche Einweihungslehren. Druidentum, Gral, Templer, Katharer, Gesellenbruderschaften, Rosenkreuzer, Alchemie, Freimaurer, Martinismus. 2. Aufl. München 1986

Verlag für außergewöhnliche Perspektiven (Hrsg.): Nikola Tesla. Das Genie unserer Zukunft. Freie Energie statt Blut und Öl! 2., aktualisierte Aufl. Wiesbaden 1994

Verlagsveränderungen im deutschen Buchhandel 1937-1943. Bearbeitet von der Bibliographischen Abteilung des Börsenvereins des Deutschen Buchhandels. Leipzig 1943

Verlagsveränderungen im deutschsprachigen Buchhandel 1942–1963. Bearbeitet vom Börsenverein des Deutschen Buchhandels. Sonderdruck des Anhangs zu: Deutsche Bibliographie. Fünfjahres-Verzeichnis 1956–1960, Bücher und Karten, Teil I. Frankfurt/M. 1969

Wach, Aloys: Schin, der Herr der Zahl 22. Die Wahrheit über Schloß Aurolzmünster. O. O. 1933

Wachsmuth, Günther: Vorwort des Übersetzers. In Bulwer-Lytton, Edward: Vril oder eine Menschheit der Zukunft. 4. Aufl. Dornach 1990, S. 5–7

Webb, James: The Occult Establishment. 3. Tb-Ausgabe La Salle/Illinois 1991

Weißbecker, Manfred: Thule-Gesellschaft (ThG) 1918–1933/34. In: Lexikon zur Parteiengeschichte. Die bürgerlichen und kleinbürgerlichen Parteien und Verbände in Deutschland (1789/1945), Bd. 4. Köln 1986

Weissmann, Karlheinz (Bearb.): Bibliographie der in deutscher Sprache veröffentlichten Bücher und Aufsätze Julius Evolas. In Evola, Julius: Menschen inmitten von Ruinen. Tübingen/Zürich/Paris 1991, S. 403-406

Wiedergut, Wolfgang: Die Flugkreisel Viktor Schaubergers. Konstruktion und mögliche Funktionsweise außergewöhnlicher Flugkörper gegen Ende des Zweiten Weltkrieges. In: Raum & Zeit, Nr. 78 (November/Dezember 1995), S. 5-13

Zentner, Wilhelm/Würz, Anton (Hrsg.): Reclams Opern- und Operettenführer. 24. Aufl. Stuttgart 1966

Quellenverzeichnis TEIL II

Mitteilungen

Wilhelm-Reich-Institut, Berlin

Nicholas Roerich Museum, New York City

Jan Lamprecht, South Africa

Literatur

Aebly, Jakob (1933). Erdstrahlen, Wünschelrute und "siderisches" Pendel. Biologische Heilkunst, 22, 337-340.

Albrecht, Ulrich (1983). Wetter-Rüsten. natur, 8, S. 50 59 und 103. Arndt, Ulrich (1994). Die neue Dimension der Diagnose. esotera, 7, S. 22-27.

Bachmann, Franz (1916 a). Die große Umkehr. Blätter für Biologische Medizin, 1, 1-6.

Bachmann, Franz (1916 b). Die alte und die neue Heilkunde. Blätter für biologische Medizin, 24, 372-380.

Bachmann, Franz (1926). An alle Lebensreformer: Ziel und Aufgaben. Naturocultura, August, 1-2.

Bachmann, Franz (1930). Abbruch der Schulmedizin. Berlin (Liga-Verlag). Baumgartl, Karlheinz (1994). Es gibt keine "Schwarzen Löcher"! Synesis, 6, 29.

Baur, Dr.med. (1927). Die Heilprinzipien der Philomed-Methode. Naturocultura, November, 123-124.

Bechmann, Arnim. (1995). Über Wilhelm Reichs OROP Wüste. Frankfurt: Zweitausendeins.

Becker, Robert O. (1993). Heilkraft und Gefahren der Elektrizität. München, Wien (Scherz-Verlag).

Becker, Robert O. & Selden, Gary (1985). The Body Electric, Electromagnetism and the Foundation of Life. New York (Morrow).

Behm, Hans Wolfgang (1929). Leben in kosmischer Verbundenheit. Jahrbuch für Kosmo-Biologische Forschung, 2, 115-130.

Bernbaum, Edwin (1995) Der Weg nach Shambhala. Freiburg (Bauer KG). Beyer, W. (1926). Die geistige oder Lebenskraft Heilbehandlung. Blätter für biologische Medizin, 14, 12, 345-357; 15, 1, 6-15 und 15, 2, 43-51. Beyer, W. (1927). Organo-Elektrizität und geistige Lebenskraft. Blätter für Biologische Medizin, 5, 118-120.

Biermann, Gerd (1931). Weltraumschiffahrt? Eine kurze Studie des Problems. Bremen (Verlag Franz Leuwer).

Bischof, Marco (1995). Biophotonen. Frankfurt (Zweitausendundeins). Blos, Dietrich (1932). Magische Erdstrahlen. Karlsruhe (Kairos Verlag). Boadella, David (1973). Wilhelm Reich: The evolution of his work. London (Vision Press).

Böhm, Joseph (1917). Kann das Lebensrätsel gelöst werden. Nürnberg

(Verlag Fehrle & Sippel).

Boksan, Slavko (1932). Nikola Tesla und sein Werk und die Entwicklung der Elektrotechnik, der Hochfrequenzund Hochspannungstechnik und der Radiotechnik. Leipzig, Wien und New York (Deutscher Verlag für Jugend und Volk).

Bossert, Dr. med. (1931). Licht, Luft, Erde, Wasser. Biologische Heilkunst, 5, 78-79.

Braun, P. (1929). Die Kunst und Wissenschaft der Selbstheilung ohne Medizin und Operation im eigenen Hause. Leipzig (Baumann Verlag). Bulwer-Lytton, Edward (1990). Vril oder eine Menschheit der Zukunft. Dornach/Schweiz (Rudolf Geering-Verlag).

Bumke, Oswald (1932). Handbuch der Geisteskrankheiten. Spezieller Teil, Band 5. Die Schizophrenie. Berlin (Springer).

Buttersack, Felix (1933). Seelische Erschütterungen als Ursache des Erkrankens. Biologische Heilkunst, 14, 13, 193-194.

Cairns-Smith, A.G. (1985). Bestanden die ersten Lebensformen aus Ton? Spektrum der Wissenschaft, 8, 82-91.

Cater, Joseph H. (1984). The Awesome Force. Winter Haven (Cadake Industries).

Charroux, Robert (1973). Unbekannt, Geheimnisvoll, Phantastisch. München (Knaur).

Cheney, Margaret (1994). Nikola Tesla Erfinder, Magier, Prophet. Düsseldorf (Omega).

Dahmer, Helmut (1975). Rückblick auf Wilhelm Reich. Psychologie heute, Mai, 39-41.

David-Neel, Alexandra (1952). Liebeszauber und schwarze Magie. München (Planegg).

David-Neel, Alexandra (1993). Magic and Mystery in Tibet. New Delhi (Harper).

DeMeo, James (1994). Der Orgonakkumulator. Ein Handbuch. Frankfurt (Zweitausendundeins)

Determann, Prof. (1930). Umstimmung als Behandlungsweg. Vortragsreihe, gehalten zu Wiesbaden veranstaltet vom Wiesbandener Ortsausschuß für das ärztliche Fortbildungswesen in Preußen. Leipzig (Thieme Verlag). Dommer, Willi (1990). Wie die alten Götter weiterleben, Freiburg (Verlag Bauer).

Dvorak, Josef (1989). Satanismus. München (Heyne).

Eden, Jerome (1994/95). UFOs over Orgonon. Paranoia, Winter 94/95, 10-13.

Ehlers, Hans-Joachim (1993). Roland Plocher: Eine Idee setzt sich durch. raum & zeit, 61, S. 70-76.

Eidam, Robert (1985). Verleiblichung. Leben und Werk Wilhelm Reichs als Herausforderung für Therapie und Praxis der Seelsorge. Europäische Hochschulschriften, Reihe 23, Theologie, Band 164. Frankfurt, Bern, New York (Peter Lang).

Ernst, Alexander (1991). New Age ein neuer Weg zu körperlicher und seelischer Gesundheit? Materialdienst der EWZ, 1, 15-25.

Ernst, Heiko (1975). Freuds verlorener Sohn: Wilhelm Reich. Ein Gespräch zwischen Ilse Ollendorf Reich und Heiko Ernst. Psychologie heute, Mai, 32-38.

Farkas, Viktor (1995). Unerklärliche Phänomene jenseits des Begreifens. Frankfurt (Umschau Verlag).

Fischer, Jürgen (1995). Orgon-Energie. Natur & Heilen, 3, S. 128–134. Fischer, Jürgen (1997), Der Engel-Energie-Akkumulator nach Wilhelm Reich – Mediale Gespräche mit dem Entdecker der Orgon-Energie, Düsseldorf (Omega-Verlag).

Gaddis, Vincent H. (1967). Mysterious Fires and Lights. New York (McKay Company).

Gebauer, Rainer & Müschenich, Stefan (1987). Der Reichsche Orgonakkumulator. Frankfurt (Nexus).

Godwin, Joscelyn (1993). Arktos. Grand Rapids (Phanes Press)

Gross, Werner (Hg.) (1994). Psychomarkt, Sekten, Destruktive Kulte. Bonn (Deutscher Psychologen Verlag).

Hagena, Christian u. Hagena, Christina (1995). Konstitution und Bipolarität. Heidelberg (Hang).

Hauri, Rudolf (1926). Biologisch-medizinische Bewegungen in der Schweiz. Naturocultura, Oktober, 22–23.

Helsing, Jan van (Pseudonym) (1992). Geheimgesellschaften und ihre Macht im 20. Jahrhundert. Band 1. Meppen (Ewert).

Helsing, Jan van (1995). Geheimgesellschaften und ihre Macht im 20. Jahrhundert. Band 2. Meppen (Ewert).

Helwig, Dr.med. (1930). Fortschritte der Lichttherapie. Biologische Heilkunst, 11, 34, 529–531.

Hemminger, Hansjörg (1989). Körpertherapien auf dem Vormarsch. Materialdienst der EWZ, 9, 257–270.

Hemminger, Hansjörg (1993). Kinesiologie Marktführer beim Alternativen Helfen und Heilen. Materialdienst er EWZ, 7, 208–214.

Hennes, Dr. med. (1931). Eine neue Heilweise. Biologische Heilkunst, 40, 654–655.

Hofstede, Geert (1980). Culture's Consequences: International Differences in work-related Values. Beverly Hills (Sage).

Holthusen, Hermann (1930). Umstimmung durch Bestrahlung. In: Umstimmung als Behandlungsweg. S. 95–104. Wiesbaden (Thieme).

Hoppe, Walter (1984). Wilhelm Reich und andere große Männer der Wissenschaft im Kampf mit dem Irrationalismus. Münschen (Verlag Jürgensen).

Jahreskreis (1995). Das Plocher Energie-System. 3, 74–76.

Judt, Alfred (1932). Grundsätzliches über Schwingungen I–II. Zeitschrift für Geistes- und Wissenschaftsreform, 7, 2, 41–51 und 3/4, 87–94. Jürgen-Ratthofer,

Norbert (o. J.). Das Vril-Projekt. Ardagger (Damböck). Kallenberg, Friedrich (1913). Offenbarungen des siderischen Pendels. Diessen vor München (Verlagsanstalt Huber).

Kallenberg, Friedrich (1920). P-Strahlen. Das Neuland des siderischen Pendels. Leipzig (Verlag Altmann).

Kapfelsberger, Eva u. Pollmer, Udo (1992). Iß und stirb. Chemie in unserer Nahrung. Köln (Kiepenheuer & Witsch).

Kaul, Ludwig (1929). Atomenergie und Weltallkräfte. Berlin (Verlag Hoffmann).

Kelley, Charles R. (1985). Eine neue Methode der Wetterkontrolle. Berlin (Plejaden).

Kern, Karl (1931). Töne und Farben. Zeitschrift für Geistes- und Wissenschaftsreform, 6, 5, 134-137.

Kervran, C. Louis (1988). Biological Transmutations. Los Angeles (Happiness Press).

King, Serge Kahili (1995). Erdenergien. Freiburg i. Br. (Verlag Alf Lüchow).

Klaesi, Jakob (1922). Einiges über Schizophreniebehandlung. Zeitschrift für die gesamte Neurologie und Psychiatrie, 76, 606-620.

Knapke, Friedrich (1932). Strahlungen und Krankheit. Zeitschrift für Geistes- und Wissenschaftsreform, 7, 8/9, 266-271.

Kohorn, Maximilian (1932). Praktische Einführung in die heilmagnetische Behandlung. Biologische Heilkunst, 11, 168-169 und 20, 320-321. Kolisko, L. (1927). Sternenwirken in Erdenstoffen. Stuttgart (Orient-Occident-Verlag).

Konia, Charles (1975). Orgone Therapy: A Case Presentation. Psychotherapy Theory, Research and Practise, 12, 2, S. 192-197.

Krause, Karsten (1995). Die diophysikalische Messtechnik I II. raum & zeit, 75/76, S. 37-44.

Kriz, Jürgen (1985). Grundkonzepte der Psychotherapie. München u. a. (Urban & Schwarzenberg).

Kumpe, Walter R.G. (1994). Am Puls des Lebens. Elektrosmog und heilende Felder. Magazin 2000, 94, S. 44-56.

Lakhovsky, Georges (1931). Das Geheimnis des Lebens. München (Beck'sche Verlagsbuchhandlung).

Laska, Bernd A. (1993). Wilhelm Reich. Hamburg (Rowohlt).

Lassek, Heiko (1994). Erfahrungen eines Arztes mit der Vegeto-/Orgontherapie Wilhelm Reichs und Gedanken zur Wirkkraft der Behandlung. Energie &

Character. Zeitschrift für Biosynthese und Somatische Psychotherapie. 10, 76–134.

Lassek, Heiko (1995). Über Wilhelm Reichs Bionexperimente. Frankfurt (Zweitausendeins).

Lassek, Heiko & Gierlinger, Michael (1986). Blutdiagnostik und Bionforschung nach Wilhelm Reich. Emotion 6.

List, Peter (1996). Versuchung oder Chance? Bioregionalismus und volkstreue Politik an der Schwelle zum 3. Jahrtausend. Hamburg: Deutsch-Europäische Studien.

magazin 2000 (1993/ 4). Der Mann, der Aids erfand. 94, S. 26–39. MacLallan, Alec (1982). The Lost World of Agarthi. London (Corgi Books).

Martin, Jim (1995 a). Operation Weather Control: Part One. Flatland Magazine, 12, 9–14.

Martin, Jim (1995 b). Tail-Gunner Joe meets Cockyboo the Clow. Flatland Magazine, 12, 38–40.

Martin, Jim (1996). Operation Weather Control: Part Two. Flatland Magazine, 13, 29–34.

Matusov, Harvey J. (1995). The Death of Wilhelm Reich. Flatland Magazine, 12, 41–43.

Mayer-Gross, W. (1920). Über die Stellungnahme zur abgelaufenen akuten Psychose. Zeitschrift für die gesamte Neurologie und Psychiatrie, 60.

Mayer, Hans & Winklbaur, Günther (1983). Biostrahlen. Wien (Pietsch). Meckelburg, Ernst (1992). Transwelt. München (Langen Müller). Miketta, Gaby (1991). Netzwerk Mensch Psychoneuroimmunologie: Den Verbindungen von Körper und Seele auf der Spur. Stuttgart (Thieme). Missriegler, A. (1931). Gedanken zur Strahlenbehandlung. Biologische Heilkunst, 22, 362–363.

Müller, G. (1991). Die fünfte Naturkraft. Bild der Wissenschaft, 7, 102–105.

Müller, Max (1930). Über Heilungsmechanismen in der Schizophrenie. Abhandlungen aus der Neurologie, Psychiatrie, Psychologie und ihren Grenzgebieten. Heft 37. Berlin (Verlag Karger).

New Paradigm Projekt (1995). Related Resources Page/Conspiracy/Illuminati. jhdaugh@a-albionic.com

Nichols, Preston B. u. Moon, Peter (1994). Das Montauk-Projekt. Fichtenau (E. T. Publishing).

Nüßlein, Heinrich (1932). Lebensübertragung Heilmagnetismus Zerstörende Kräfte. Zeitschrift für Geistesund Wissenschaftsreform, 8/9, 268-271.

Oberbach, Joseph (1980). Feuer des Lebens. München (DBF-Verlag). Ollendorf-Reich, Ilse (1969). Wilhelm Reich. München (Kindler). O'Regan, Brendan u. Hirshberg, Caryle (1993). Spontaneous Remission. An annotated bibliography. Sausalito (Institut of Noetic Sciences). Pawlik, Karl u. Buse, Lothar (1994). "Psychometerologie": Zeitreihenanalytische Ergebnisse zum Einfluß des Wetters auf die Psyche aus methodenkritischer Sicht. Psychologische Rundschau, 45, S. 63-78. Placzek, Beverley R. (Ed.) (1989). Zeugnisse einer Freundschaft. Der Briefwechsel zwischen Wilhelm Reich und A. S. Neill 1936-1957. Frankfurt (Fischer).

Plauson, Hermann (1920). Gewinnung und Verwertung der atmosphärischen Energie. Hamburg (Verlag von Boysen und Maasch).

Pozdena, Dr. Rudolf (1938). Alte Selbstverständlichkeiten Neue Probleme. Das Weltbild des XX. Jahrhunderts. Wien (Deutscher Verlag für Jugend und Volk).

Raknes, Ola (1973). Wilhelm Reich und die Orgonomie. Frankfurt (Fischer).

Rambeau, V. (1933). Bemerkungen zur kritischen Betrachtung. Biologische Heilkunst, 22, 341.

Reich, Heinrich Wilhelm (1933). Grundlagen und neue Wege der Strahlenbehandlung. Stuttgart und Leipzig (Hippokrates-Verlag).

Reich, Wilhelm (1927). Die Funktion des Orgasmus. Wien (Internationaler Psychoanalytischer Verlag).

Reich, Wilhelm (1974). Die Entdeckung des Orgons II. Köln (Kiepenheuer & Witsch).

Reich, Wilhelm (1976). Ausgewählte Schriften. Eine Einführung in die Orgonomie. Köln (Kiepenheuer & Witsch).

Reich, Wilhelm (1984). Äther, Gott und Teufel. Frankfurt (Nexus). Reich, Wilhelm (1995 a). Die Bionexperimente. Zur Entstehung des Lebens. Frankfurt (Zweitausendeins).

Reich, Wilhelm (1995 b). OROP-Wüste. Frankfurt (Zweitausendeins). Reichstein, Herbert (1930). Totgeschwiegene Forscher. Zeitschrift für Geistes- und Wissenschaftsreform, 5, 9/10, 201-206.

Rossi, Ernest Lawrence (1991). Die Psychobiologie der Körper-Seele-Heilung. Synthesis-Verlag.

Rossi, Ernest Lawrence (1995). Der Geist manipuliert die Gene. esotera, 2, 18–24.

Schär, O. (1922). Menschliche Energielehre gegen Nerven- und Leistungsschwäche. Dresden (Verlag Emil Pohl).

Schaub, Annette (1993). Formen der Auseinandersetzung bei schizophrener Erkrankung. Frankfurt, Berlin, Bern, New York, Paris & Wien (Peter Lang).

Schenk, Rainer (1993). Die Metronfeldtheorie. Rüsselsheim (EFODON). Schilken, Alfred (1995). Auf der Suche nach Orgon. PORE, www.ime.net/~pore/shilk1.htm. Update vom 20.11.1995.

Schmid, Frenzolf (1928). Die Ur-Strahlen. München (Verlag Ewald Paul). Schmid, Frenzolf (1929 a). Die neue Strahlenlehre. Halle, Zürich und Wien (Verlag Terhorst).

Schmid, Frenzolf (1929 b). Das Neue Strahlen-Heilverfahren. Halle, Zürich und Wien (Verlag Terhorst).

Schmid, Frenzolf (1930). Heilung, Verjüngung, Lebensverlängerung. Ein Beitrag zur Neuen Strahlen-Therapie. Frankfurt (Reinstrahlen-Gesellschaft).

Schmidt, Walter (1992). Bund der Runenforscher Deutschlands wieder aktiv. Materialdienst der EWZ, 6, 185–187.

Schürer-Waldheim, Dr.med. (1926), Entstehung, Entwicklung und gegenwärtiger Stand der Lebens- und Heilreform in Oesterreich. Naturocultura, Oktober, 21–22.

Schultz, I.H. (1936). Die Bedeutung primitiv-aktiver Methoden in der Psychotherapie. Zentralblatt für Psychotherapie, 193–200.

Schultz-Henke, H. (1934). Die Tüchtigkeit als psychotherapeutisches Ziel. Zentralblatt für Psychotherapie, 84–97.

Schwartz, E. (1976). A high frequency filter model for Kirlian photography. Psychoenergetic Systems, 1. 205–206.

Schwartz, R. (1930). Das ariosophische Heilverfahren. Zeitschrift für Geistes- und Wissenschaftsreform, 5, 9/10, 213–217.

Schwartz-Bostunitsch, Gregor (1929/30). Die Aura der Städte. Der Vorkämpfer, 1, 8–13.

Schwarz, Rudolf (1977). Heilmethoden der Außenseiter. Hamburg (Rowohlt).

Schweidlenka, Roman & Gugenberger, Eduard (1995). Bioregionalismus. Bewegung für das 21. Jahrhundert. Osnabrück (Packpapier-Verlag).

Small, Marie-Luise (1996). America's UFO Cover-up. Bournemouth (Paragon Publishing).

Soeder, Alfons (1993). Biologische Transmitter der Freien Energie. Raum & zeit, 66, S. 21-23.

Soeder, Alfons & Hitzroth, Heinz (1992). Die Vis Vitalis und die "Freie Energie". raum & zeit, 60, S. 53-55.

Stankewitz, Bernhard (1930 a). Indicationen der Hochfrequenztherapie und ihre Heilerfolge. Biologische Heilkunde, 26, 403-404 und 27, 424-425. Stankewitz, Bernhard (1930 b). Grundsätzliches zur Hochfrequenztherapie und Theorie ihrer Wirkung. Biologische Heilkunst, 24, 369-371 und 25, 388-390.

Steffens, Paul (1932). Über die physiologischen Wirkungen der Luftelektrizität. Biologische Heilkunst, 13, 697-698 und 716-718.

Steinhäuser, Gerhard L. (1971). Heimkehr zu den Göttern Chrononauten durchbrechen die Zeitmauer. München und Berlin (Herbig).

Strauß, Roland (1995). Die Heilkraft aus dem Baum. esotera, 11, 62-65. Takata, Maki (1951). Über eine neue biologisch wirksame Komponente der Sonnenstrahlung. Archiv für Meteorologie, Geophysik & Bioklimatologie, 486-508.

Tesla, Nikola (1992). Freie Energie statt Blut und Öl. Wiesbaden (Verlag für außergewöhnliche Perspektiven).

The Cosmic Grand Deception (1995). alt.conspiracy newsgroup, 02. August 1995, steve@linex.

Thomas, Kenn (1995). Who killed Wilhelm Reich? St. Louis (Steamshovel Press)

Triandis, Harry C. (1989). The self and social behavior in differing cultural contexts. Psychological Review, 96, 506-520.

Triandis, Harry C. (1996). The psychological measurement of cultural syndroms. American Psychologist, 51, 4, 407-415.

Völler, Walther (1926). Energetische Komplextherapie. Blätter für Biologische Medizin, 7, 200-203.

Völler, Walther (1931). Energetische Therapie. Biologische Heilkunst, 5, 87-88.

Wachsmuth, Günther (1924). Die ätherischen Bildekräfte in Kosmos, Erde und Mensch. Stuttgart (Verlag Der Kommende Tag).

Weigerstorfer, Richard (1994). Orgon-Energie, eine neue Betrachtungsweise. Info Brief Orgon, 2, 29-41.

Wiedl, Karl Heinz (1993). Ansatzpunkte therapeutischer Interventionen bei schizophren Erkrankten auf der Grundlage des Bewältigungsparadigmas. Schizophrenie, 8, 1, 9-19.

Wiesendanger, Harald (1995). Heilender Kraftstrom. esotera, 10, 89-90. Wilson, Robert Anton (1987). The New Inquisition. Irrational Rationalism and the Citadel of Science. Phoenix (Falcon Press).

Wilson, Robert Anton (1990) Wilhelm Reich in Hell. Phoenix (New Falcon Publications).

Wizenmann, Karl (1930). Heilung und Heiligung. Ein Hausbuch für Kranke und Suchende. Band 1 6. Feuerbach (Selbstverlag des Verfassers).

Register

Die Autoren

Dr. phil. Peter Bahn M. A.

Peter Bahn wurde 1953 in Koblenz geboren. Er studierte in Mainz Deutsche Volkskunde, Germanistik, Buchwesen, Vergleichende Literaturwissenschaft und Publizistik. Es folgten berufliche Stationen in Lehre und Forschung an den Universitäten Mainz und Oldenburg, in der Erwachsenenbildung, in der kommunalen Kulturarbeit und im Museumswesen. Im In- und Ausland veröffentliche er zahlreiche Bücher und Zeitschriftenbeiträge zu geistes-, kultur-, sozial- und regionalgeschichtlichen Themen.

Heiner Gehring

Heiner Gehring, Jahrgang 1963, war Diplompsychologe und wissenschaftlicher Mitarbeiter an der Universität Osnabrück. Er studierte Psychologie mit forensischen und anthropologischen Zusatzfächern in Bielefeld, Salzburg und Osnabrück. Neben der Mitarbeit in studentischen und ökologisch-politischen Verbindungen widmete er sich der vielfältigen Erkenntnissuche bei nichtkonformen Vereinigungen und deren Forschungen. Heiner Gehring verstarb am 25. Juli 2004 mit nur 41 Jahren, er war Anfang jenes Jahres schwer an Krebs erkrankt.

Margret Cheney

Nikola Tesla – Erfinder, Magier, Prophet

Über ein außergewöhnliches Genie und seine revolutionären Entdeckungen

Das Buch berichtet ausführlich über Leben und Werk von Nikola Tesla (1856-1943), der vielfach als »der größte Erfinder aller Zeiten« bezeichnet wurde. Als Entdecker der »Freien Energie« ist er für einige fast zu einem Mythos geworden. Margaret Cheney zeichnet nicht nur sehr lebendig und kompetent das Portrait einer zweifellos exzentrischen, schillernden und nahezu übernatürlich begabten Persönlichkeit; sie beschreibt auch ein Stück spannender Zeit- und Wissenschaftsgeschichte.

403 Seiten, gebunden · ISBN 978-3-930243-01-3

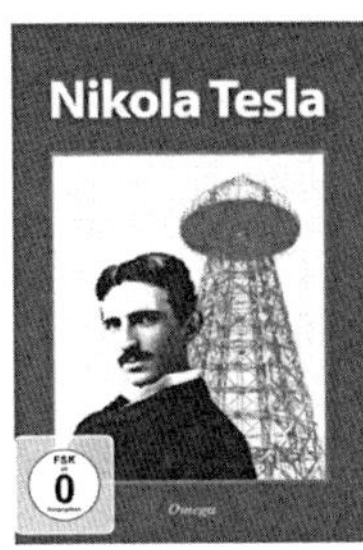

The Tesla Memorial Society – New York
Tesla-Museum – Belgrad

Nikola Tesla – DVD

Das passende Video-Begleitmaterial zur Tesla-Biographie!
Der Film dokumentiert mit historischen Originalaufnahmen die wichtigsten Stationen von Leben und Werk des genialen Erfinders. Ein Rundgang durch das Tesla-Museum in Belgrad mit Prof. Aleksander Marincic, dem ehemaligen Leiter des Museums, bei dem viele von Teslas Geräten in Aktion gezeigt werden, erklärt und veranschaulicht eindrucksvoll die Erfindungen des visionären Genies, das seiner Zeit damals so weit voraus war.

DVD, 41 Minuten · ISBN 978-3-930243-37-2

Bernd Senf

Die Wiederentdeckung des Lebendigen

Die Erforschung der Lebensenergie durch Reich, Schauberger, Lakhovsky, Schmidt, Plocher, Herbert und Knapp

Die Entdeckung der Lebensenergie durch Wilhelm Reich sowie die Forschungen von Viktor Schauberger und Georges Lakhovsky ermöglichen ein grundlegendes Verständnis lebendiger Prozesse und ihrer Störungen in uns, zwischen uns und in der »äußeren« Natur sowie der Entstehung von Gewalt. Und sie zeigen Perspektiven ihrer Überwindung, Wege der inneren und äußeren Heilung, auf. Die Wiederentdeckung der Lebensenergie in uns eröffnet Perspektiven, die die Menschen und die Erde wieder heilen lassen.

384 Seiten, mit Farbfotos, gebunden · ISBN 978-3-89845-636-4

Wilhelm Mohorn

Raumenergie – Das decodierte Rätsel

Neue Energiequellen zum Nulltarif

Unsere Energiequellen versiegen nach und nach und neue Energien werden sind teuer und nicht immer ausreichend vorhanden. Wir brauchen dringend eine Alternative für eine neue, preiswerte, saubere Energie. Wilhelm Mohorn erläutert eine der faszinierendsten Entdeckungen auf dem Energiesektor. Die Raumenergie ist unerschöpflich, umweltfreundlich, ungefährlich und kann kostenfrei genutzt werden. Er erklärt die konkrete Anwendung der Raumenergie und zeigt, dass jeder bereits heute von dieser Energie-Revolution profitieren und sich diese neue Energiequelle zum Nulltarif zunutze machen kann.

240 Seiten, gebunden · ISBN 978-3-89845-517-6

Callum Coats

Naturenergien verstehen und nutzen

Viktor Schaubergers geniale Entdeckungen zur alternativen Energiegewinnung

Ein revolutionäres Buch, das zur Versöhnung von Technik und Natur beiträgt, gerade jetzt wo unsere lebensfeindliche Technologie Mensch und Umwelt zerstört. Callum Coats gewährt uns Einsicht in Schaubergers Unterlagen über die Naturenergien des Planeten und deren Gewinnung und Nutzen und führt den Leser in die Geheimnisse der Natur ein mit Themen wie: die Levitationsenergien des Wassers, die Wirbelbewegung als energetische Grundlage, Bäume als energetische Biokondensatoren, sich selbst reinigende Flüsse als Nährer der Landschaft, der Wald als fundamentale Lebensgrundlage uvm.

480 Seiten, mit Abbildungen, gebunden · ISBN 978-3-96933-034-0

Jeane Manning

Freie Energie für unsere Zukunft

Die Revolution des 21. Jahrhunderts

Die Revolution der neuen Energien wird unser Leben, unsere Landschaft, unsere Umwelt und unsere Wirtschaft für immer verändern. Die Einführung freier Energiequellen bedeutet das Ende der vom Erdöl beeinflussten Politik und den Beginn einer Zeit, in der wir alle über unsere eigenen grenzenlosen, sauberen Energiequellen verfügen werden.

Die Autorin geht auf potenzielle neue Energiequellen ein und erörtert die Veränderungen, die nötig sein werden, um den Schritt von unserer durch herkömmliche Energien bestimmte Gegenwart in eine Zukunft der freien Energien zu gehen.

368 Seiten, broschiert · ISBN 978-3-96933-073-9

John Davidson

Das Geheimnis des Vakuums

Schöpfungstanz, Bewußtsein und Frei Energie
Die neue Physik aus mystischer Sicht

Vakuum herrscht im Weltall sowie in den Atomen physischer Körper vor. In der konventionellen Physik gilt das Vakuum als leer. Davidson aber zeigt, dass der vermeintlich leere Raum selbst bei absoluter Nullpunkttemperatur noch Energie enthält – freie, kostenlose Energie, die man zum Betreiben von Anlagen und Maschinen anzapfen kann. Anhand mehrerer Erfinderbeispiele wird nachgewiesen, dass das in der Praxis durchaus funktioniert. Ein inspirierendes Werk zur Freien Energie!

460 Seiten, gebunden · ISBN 978-3-930243-02-0

Ulrich F. Sackstedt

Quanten-Äther

Die Raumenergie wird nutzbar – Wege zur Energiewandlung im 21. Jahrhundert

Ulrich F. Sackstedt stellt Energiewandlungsverfahren aus Quellen vor, die von der Schulphysik kaum akzeptiert sind. Diese könnten das drohende Szenario zukünftiger Energieengpässe abwenden. Er erläutert Grundlagen der Quantenäther-Vorstellung und präsentiert Zukunftstechnologien zur Energiewandlung und -nutzung, sowie zur Informationsübertragung und zu Materialtechniken. Mehrere Beiträge von Kennern der Materie der Raumenergie Erkenntnisse von Nikola Tesla und Viktor Schauberger, den »Vätern der freien Energie«, kommen zur Sprache.

360 Seiten, gebunden · ISBN 978-3-930243-66-2

Grażyna Fosar & Franz Bludorf

Vernetzte Intelligenz

Kollektives Bewusstsein & Hyperkommunikation aller Lebewesen

Alles im Universum ist über Frequenzen miteinander verbunden. Wir leben in einem riesigen Netzwerk, vergleichbar einem kosmischen Internet.Aber was bedeutet das genau?
Die Autoren diskutieren zusammen mit renommierten Gesprächspartnern über spannende Forschungsergebnisse aus Quantenphysik, Astronomie, Medizin und Bewusstseinsforschung. Kritisch hinterfragen sie etablierte Theorien und legen ein besonderes naturwissenschaftliches Buch vor, das ohne Zahlen und Formeln keine Fragen offen lässt.

352 Seiten, broschiert · ISBN 978-3-96933-041-8

Werner Hartung & Anne Stallkamp

Neue Geomantie

Heilung des Menschen und der Erde
Neuauflage – überarbeitet & ergänzt

Die beiden Autoren bieten neueste Erkenntnisse, wie wir mit geomantischem Wissen Mensch und Erde wirksam und nachhaltig heilen können. Methoden der Kraftlenkung sowie der geomantischen Imprägnatur und die Verknüpfung mit astrologischem Wissen sind Schwerpunkte der angewandten Geomantie.

Menschliche Heilung und Gesundheit sind untrennbar verbunden mit der Heilung unseres Planeten. Mit den Methoden der »Neuen Geomantie« können wir einen wertvollen Beitrag dazu leisten.

296 Seiten, 2-farbig, Flexocover · ISBN 978-3-96933-125-5

Otto Höpfner

Die feinstoffliche Strahlungsenergie

Anwendungsmöglichkeiten für den Alltag

Otto Höpfner zeigt uns, wie wir die feinstoffliche Strahlungsenergie für uns nutzen können. Anschaulich erklärt er, welchen Einfluss die Strahlungsenergie auf den Menschen hat und mit welchen Mitteln und wirkungsvollen Geräten sie jeder positiv einsetzen kann. Denn bei wirksamer und gezielter Anwendung können Störzonen aufgespürt und entstört, schädliche Erdstrahlen eliminiert, Wasser und Lebensmittel entgiftet und Allergien verbessert werden.

Die praktischen Anleitungen Höpfners dazu helfen jedem Gesundheitsbewussten, sein Leben bedeutend zu verbessern.

176 Seiten, mit Abbildungen, gebunden · ISBN 978-3-89845-545-9

Vadim Zeland

Ausstieg aus dem technogenen System

Vadim Zeland macht klar, dass technischer Fortschritt nicht dem Menschen sondern nur dem System selbst dienlich ist und zeigt Ihnen, wie Sie sich aus dem System ausklinken können. Er bietet Ihnen dadurch die Chance, Ihre individuelle Lebensqualität zu steigern. Entdecken Sie, wie Sie sich von den Abhängigkeiten und Konventionen des Systems loslösen können. Ihr Bewusstsein wird wieder frei, die Kraft Ihrer Intelligenz und Ihrer Kreativität wird steigen und es wird Ihnen nicht mehr schwerfallen, Ihre Ziele zu erreichen.

572 Seiten, broschiert · ISBN 978-3-89845-494-0

Weiterführende Informationen zu Büchern, Autoren und den Aktivitäten des Silberschnur Verlages erhalten Sie unter:
www.silberschnur.de

Natürlich können Sie uns auch gerne den **Antwort-Coupon** aus dem beiliegenden Lesezeichenflyer zusenden.

Ihr Interesse wird belohnt!